中国石油大学（北京）学术专著系列

能源转型：汽油需求的“突变与预测”

孙仁金　李喆　著

中国经济出版社
CHINA ECONOMIC PUBLISHING HOUSE
·北京·

图书在版编目（CIP）数据

能源转型：汽油需求的“突变与预测”／孙仁金，李喆著．--北京：中国经济出版社，2023.10

ISBN 978-7-5136-7478-2

Ⅰ.①能… Ⅱ.①孙… ②李… Ⅲ.①汽油-能源需求-研究-中国 Ⅳ.①F426.22

中国国家版本馆 CIP 数据核字（2023）第 178642 号

责任编辑　李玄璇
责任印制　马小宾
封面设计　原创在线

出版发行　中国经济出版社
印 刷 者　河北宝昌佳彩印刷有限公司
经 销 者　各地新华书店
开　　本　710mm×1000mm　1/16
印　　张　15.25
字　　数　220 千字
版　　次　2023 年 10 月第 1 版
印　　次　2023 年 10 月第 1 次
定　　价　98.00 元
广告经营许可证　京西工商广字第 8179 号

中国经济出版社 **网址** www.economyph.com **社址** 北京市东城区安定门外大街 58 号 **邮编** 100011

本版图书如存在印装质量问题，请与本社销售中心联系调换（联系电话：010-57512564）

丛书序 Preface

科技立则民族立，科技强则国家强。党的十九届五中全会提出了坚持创新在我国现代化建设全局中的核心地位，把科技自立自强作为国家发展的战略支撑。高校作为国家创新体系的重要组成部分，是基础研究的主力军和重大科技突破的生力军，肩负着科技报国、科技强国的历史使命。

中国石油大学（北京）作为高水平行业领军研究型大学，自成立起就坚持把科技创新作为学校发展的不竭动力，把服务国家战略需求作为最高追求。无论是建校之初为国找油、向科学进军的壮志豪情，还是师生在一次次石油会战中献智献力、艰辛探索的不懈奋斗；无论是跋涉大漠、戈壁、荒原，还是走向海外，挺进深海、深地，学校科技工作的每一个足印，都彰显着“国之所需，校之所重”的价值追求，一批能源领域国家重大工程和国之重器上都有我校的贡献。

当前，世界正经历百年未有之大变局，新一轮科技革命和产业变革蓬勃兴起，“双碳”目标下我国经济社会发展全面绿色转型，能源行业正朝着清洁化、低碳化、智能化、电气化等方向发展升级。面对新的战略机遇，作为深耕能源领域的行业特色型高校，中国石油大学（北京）必须牢记“国之大者”，精准对接国家战略目标和任务。一方面要“强优”，坚定不移地开展石油天然气关键核心技术攻坚，立足油气、做强油气；另一方面要“拓新”，在学科交叉、人才培养和科技创新等方面巩固提升、深化改革、战略突破，全力打造能源领域重要人才中心和创新高地。

为弘扬科学精神，积淀学术财富，学校专门建立学术专著出版基金，出版了一批学术价值高、富有创新性和先进性的学术著作，充分展现了学校科技工作者在相关领域前沿科学研究中的成就和水平，彰显了学校服务国家重大战略的实绩与贡献，在学术传承、学术交流和学术传播上发挥了重要作用。

科技成果需要传承，科技事业需要赓续。在奋进能源领域特色鲜明世界一流研究型大学的新征程中，我们谋划出版新一批学术专著，期待学校广大专家学者继续坚持“四个面向”，坚决扛起保障国家能源资源安全、服务建设科技强国的时代使命，努力把科研成果写在祖国大地上，为国家实现高水平科技自立自强，端稳能源的“饭碗”作出更大贡献，奋力谱写科技报国新篇章！

中国石油大学（北京）校长

2021年11月1日

序言 Preface

2020年9月22日，中国国家主席习近平在第75届联合国大会一般性辩论上发表重要讲话，强调中国将提高国家自主贡献力度，采取更加有力的政策和措施，二氧化碳排放力争于2030年前达到峰值，努力争取2060年前实现碳中和。“碳中和”的目标，是以习近平同志为核心的党中央经过深思熟虑作出的重大战略决策。这既是中国对世界各国的庄严承诺，彰显中国始终坚持以世界眼光、全球视野推动构建人类命运共同体的大国担当，也是我国在“十四五”期间坚定贯彻新发展理念、构建新发展格局、实现高质量发展的必由之路。

2021年7月30日，中共中央政治局会议提出“要统筹有序做好碳达峰、碳中和工作，尽快出台2030年前碳达峰行动方案，坚持全国一盘棋，纠正运动式‘减碳’，先立后破，坚决遏制‘两高’项目盲目发展”。2021年10月24日，为完整、准确、全面贯彻新发展理念，做好碳达峰、碳中和工作，中共中央、国务院发布《关于完整准确全面贯彻新发展理念做好碳达峰碳中和工作的意见》，10月26日，为深入贯彻落实党中央、国务院关于碳达峰、碳中和的重大战略决策，扎实推进碳达峰行动，国务院又发布《关于印发2030年前碳达峰行动方案的通知》。党的二十大报告提出：“积极稳妥推进碳达峰碳中和。……立足我国能源资源禀赋，坚持先立后破，有计划分步骤实施碳达峰行动。……深入推进能源革命，加强煤炭清洁高效利用，加大油气资源勘探开发和增储上产力度，加快规划建设新型能源体系。……积极参与应对气候变化全球治理。”国家对碳达峰碳中和的高度重视再次得到充分体现，显示我国在“双碳”目标的实现上更加坚定，更加自信。在本书的写作过程中，碳中和的“1 + N”政策体系和技术路线图还未全面提出，然而基于能源转型的趋势已经不可逆转。随着碳达峰、碳中和战略部署的推进和落实，可以预见，本书提出的中国汽油需求的突变，可能提前实现。

能源利用和能源转型有着深刻的历史背景，人类社会的发展史几乎就是人类能源利用水平的进步史。从用火加工熟食，到烧制陶器，再到青铜器、铁器的冶炼，人类的发展进步过程几乎也是人类对能源利用方式的发展进步过程。能源转型的概念本身有着宏大的历史背景。按照当前学术界广泛接受的定义，能源转型是指在能源结构中占主体地位的能源在能源种类之间的转换。按照这一定义，人类历史上已经发生过两次能源转型，即煤炭替代薪柴和石油天然气替代煤炭的两次能源转型。两次能源转型分别与两次科技革命有着非常紧密的联系。

第一次能源转型是煤炭替代薪柴成为主体能源。在工业革命以前的很长一个历史时期，人类对能源需求的主要用途是炊事、取暖和照明。在以上三个方面，薪柴可以提供比煤炭更好的用户体验，有着比煤炭更低的价格，而且薪柴的供应也是相当充足的。直到工业革命前夕，当时的英国因为资本主义的发展，造船、冶铁、玻璃、制糖等消耗了大量的森林资源，木材供不应求价格高涨，迫使英国不得不开始加大煤炭的生产，并在能源上增加对煤炭的依赖。随后，随着蒸汽机的发明，能源开始有了新的用途，开始提供人类生产所需的动力；随着焦炭冶铁技术的出现，煤炭开始替代木炭成为炼铁的主要能源。英国发生的煤炭替代薪柴的历史前后大约共经历了三百年时间。随着工业革命在全球发展，世界范围开始了煤炭替代薪柴的能源转型，到 1900 年前后，煤炭用量超过薪柴，成为世界最主要能源。

第二次能源转型是石油天然气替代煤炭的能源转型。人类使用石油天然气也有着悠久的历史，然而在很长一段历史时期，石油天然气始终未成为主流，直到1911年洛克菲勒成立的标准石油公司被拆分为止，石油的主要用途不过是用于提炼煤油和照明，少部分的也被用于机械润滑。但是随着内燃机的发明和改进、汽车的生产和普及、中东石油的大发现，1965年前后，石油取代煤炭成为世界能源结构中占比最大的能源。如果再加上天然气，毫无疑问，油气是当今世界能源的主流。从2006年到2009年美国发生的页岩气革命，无疑使油气作为主体能源的地位更加稳固。电力是非常特殊的能源。在第二次能源转型中，电力的发明和使用同样发挥了重要作用。电力作为一种二次能源，可以由几乎任何类别的一次能源转化得到，而且电力既可以用作动力，也可以用作发热和照明。可以说在电动汽车大规模发展以前，除了交通运输领域必须更多地依赖石油以外，其他的能源利用领域都可以用电力替代。

人类必须面对的是第三次能源转型。不论是从化石能源的不可再生性，还是从全球气候和环境问题的限制出发，第三次能源转型都是一种不可逆转的发展趋势。

化石能源的不可再生性决定了依靠化石能源发展模式难以实现可持续。在1980年以前，世界能源领域关注的主要是化石能源的不可再生性问题，特别是经过1975年前后的石油危机，世界各石油进口国普遍开始思考化石能源的安全供应问题，进而对化石能源的不可再生性产生一定的担忧。1979年，全球气候变暖的概念被提出，但是当时并没有引起足够的重视。

20世纪90年代，越来越严峻的气候和环境变化形势迫使世界各国在化石能源远没有达到耗竭之前就开始探求新能源转型。1992年，随着《联合国气候变化框架公约》的签署，二氧化碳排放引起的全球气候变暖问题逐渐受到世界各国的广泛关注。全球气候和环境问题，相对于化石能源发展而言，可能成为比化石能源资源耗竭更早的条件限制。

尽管第三次能源转型从发生到实现，都可能需要很长的时期，就像已经发生的第一次能源转型，煤炭替代薪柴用了300年（标志性事件是煤炭在一次能源中的占比超过薪柴）；第二次能源转型，石油天然气替代煤炭用了50年（标志性事件是石油在一次能源中的占比超过煤炭）。第三次能源转型面临的问题同样艰巨和复杂。但是能源转型的趋势，已经不可逆转。

本书以中国汽油中长期需求为研究对象，针对中长期汽油需求预测面临的“外推法失效”问题，在数据和影响因素分析的基础上，根据数据分析和论证，创新提出了“中国汽油需求突变理论”，包括该理论的理论范式、基本内涵和应用范式，构建了基于突变理论的汽油需求预测理论和模型框架，并进行了该理论的应用研究。

在能源转型的背景下，新能源汽车产业快速发展，消费者能源消费理念持续变化，汽油需求增长率持续下降，使得中国汽油需求系统的内部蕴含了突变的势能。本书据此提出“汽油需求是一个稳定系统；汽油需求下降的趋势不可逆转；技术突变可能导致汽油需求突变；技术不突变，汽油需求依然可能突变”，即中国汽油需求突变理论。该理论来源于“控制变量连续变化，系统状态发生突变”的突变理论思想。同时，通过数据分析和研究证明，中国汽油需求突变有充分的现实基础：第一，中国汽油需求增长率全国数据持续下降，省级数据具有周期性特征但是波峰随时间递减。第二，中国汽油需求符合库兹涅茨曲线；全国大部分省区的汽油需求与人均GDP呈倒U形关系，表明汽油需求出现了系统性下降趋势。第三，汽油需求的人均GDP弹性随时间先升后降，表明汽油消费的边际效用开始下降；汽油需求的汽车保有量弹性随时间持续下降，表明汽车的平均油耗在持续下降；汽油边际效用下降和汽车油耗下降，表明中国汽油需求系统的内部发生了结构性下降。

根据本书的预测结果，最大突变情景下2035年中国汽油需求将为1.08亿吨，该结果比国际能源署（International Energy Agency，IEA）、石油输出国组织（Organization of the Petroleum Exporting Countries，

OPEC）等的预测结果低23%，比指数平滑法的预测结果低58%，比蒙特卡洛法的预测结果低46%。不同方法的预测结果出现了较大差异，根本原因是预测指导思想上的差异，考虑新型能源体系建设加快，未来我们的预测可能更加符合实际。

综上所述，汽油需求增长率持续下降，汽油需求系统内部发生结构性变化，新能源汽车即将对汽油需求产生更大规模替代。在此背景下，汽油需求预测需要而且必然产生新思想、新理论和新方法。希望本书提出的中国汽油需求突变理论、应用范式和预测方法，可以为未来的研究提供参考。

本书不仅是科学和严肃的科学专著，而且包含了大量关于“能源转型”和“汽车能源”的科普内容。即使对能源行业以外的读者，本书同样具有很强的可读性。希望本书可以为所有对“能源转型”和“汽车能源”感兴趣的读者提供借鉴。

本书的出版要感谢中国经济出版社编辑李玄璇的审稿。中国石油大学（北京）经济管理学院张宝生教授、唐旭教授、王建良教授对本书的写作都提出了宝贵建议，在此一并表示感谢。本书的所有错误，由作者本人负责。

作者

2023 年 7 月

目录 Contents

第1章　汽油需求预测的背景和理论基础

随着经济和社会发展，中国汽车保有量持续增长，汽油需求可能在一定时期维持稳定或保持增长，但是在中国能源转型背景下，中国面临的气候问题带来了碳排放限制、环境问题带来了大气污染物排放限制，人民群众对健康生活和良好空气质量的向往更加强烈，以及新能源汽车技术的进步，以上因素将在一定程度上抑制中国汽油需求，中国汽油需求预测的背景和前提发生了前所未有的全新变化。

1.1　汽油需求预测的背景和前提

中国汽油需求短期可能继续增长，但是新能源汽车的发展可能造成汽油需求的远期下降。随着汽车保有量的增加，中国的汽油需求也将在短期保持增长趋势。根据中国汽油需求的历史数据，中国的汽油需求增长已经有所放缓，增长率开始下降，但是短期的增长趋势可能仍将持续。然而，新能源汽车的发展可能造成汽油需求的远期下降。预计环境规制和新能源汽车产业发展都将促使中国远期汽油需求的下降。其中，环境规制是外生因素，将发挥次要作用；新能源汽车产业发展是内生（自生）因素，将发挥主要影响作用。根据2019年12月工业和信息化部正式发布的《新能源汽车产业发展规划（2021—2035年）》（征求意见稿），2025年新能源汽车销售占比将达到25%，875万辆左右。这一销量目标是相当惊人的，即使工业和信息化部的文件作为政策变量具有一定的外生性，依然可以预计，中国的远期汽油需求将会受到新能源汽车的较大影响，从而使汽油需求下降成为大概率事件。IEA、美国能源信息署（Energy Information Administration，EIA）、OPEC 等国际能源机构都对中国中长期汽油需求进行预测，认为中国汽油需求会在 2025 年达到峰值，并在达峰后下降。

根据以上分析，中国汽油需求中长期预测面临“外推法失效”问题。根据汽油需求的历史数据外推，只能得到中国汽油需求将持续增长的预测结果，不能得到中国汽油需求将在 2025 年达峰、之后逐渐下降的预测结果。从中国人口和国内生产总值（Gross Domestic Product，GDP）增长的角度分析，2025 年前后中国人均 GDP 和人口的预期都是增长的，所以对中国人口和 GDP 增长的分析也难以支撑中国汽油需求将在 2025 年达峰、之后逐渐下降的预测结论。从汽车保有量的角度，国际能源组织认为欧美发达国家千人汽车保有量远离于中国，从汽车保有量的趋势分析，也不能得出汽油需求下降的结果。从新能源汽车的角度分析，中国新能源汽车的销售量从 2012 年起才开始大于 1 万辆/年，新能源汽车销量仅有 8 年（2012—2019 年）的有效历史数据，也不足以支撑对中国汽油需求将在 2025 年达峰的预测结果。并且 IEA、EIA、OPEC 对中国汽油需求做出预测时，都使用了“清洁能源汽车技术不发生重大突破”的假设，但是未来 20 年中，清洁能源汽车技术可能发生重大突破。

综上所述，中国汽油需求中长期预测遇到了“外推法失效”的问题，即历史数据直接外推法预测中国汽油需求的失效。理论上，中国经济发展方式的变化、社会主要矛盾的变化和新能源汽车技术的进步是造成外推法不能适应新形势下中国汽油需求预测的主要原因。本书将在以上背景下，结合对汽油需求历史规律的分析，借鉴发达国家汽车保有量增长规律和汽油需求增长规律，提出考虑新能源汽车替代效应，提出中国汽油需求中长期预测理论和方法，并进行应用研究。

1.1.1 中国的能源转型趋势

随着时代的发展，中国的汽车需求持续增长，汽油消费需求也将一定时期继续保持较快增长，然而在中国能源转型的大背景下，中国面临的气候和环境问题带来的碳排放限制和大气污染物排放限制，以及汽车清洁能源技术的进步将在一定程度上抑制中国汽油需求，并将在未来对中国汽油的中长期需求产生重大影响。因此，本书的研究背景包括全球气候问题带来的碳减排要求、技术进步带来的新能源汽车替代、中国大气污染问题带来的环境限制、中国消费者偏好和价值观念的转变等。改革开放以来（特别是 2003 年以来）中国经济高速增长，中国能源消费总量随之快速增长，其中煤炭等化石能源的比重较高，大量化石能源的使用带来一定的环境问题，已经引起中国政府和人民的关注。中国面临着环保问题的同时，世界主要发达国家正在尝试解决低碳和能源安全问题，由化石能源向清洁能源的转型在世界范围内普遍发生。在这样的大背景下，中国积极应对全球气候和环境问题，开始了以清洁能源替代化石能源的能源转型。

1.1.2　轻型汽车领域的能源转型

在轻型汽车能源领域，解决碳排放和污染物排放的问题是轻型汽车能源转型的动力，清洁能源汽车是轻型汽车能源转型的发展方向。

1.1.2.1　解决碳排放和污染物排放的问题是轻型汽车能源转型的动力

（1）气候变化问题带来的碳排放限制。

气候变化问题日益引起学术界和普通民众的广泛关注，全球气温持续升高将会对地球两极冰川、农业畜牧业生产和人类日常生活等产生重要影响，而化石能源燃烧引起的二氧化碳排放被认为是全球气温升高的主要因素之一。中国作为世界经济总量和世界碳排放大国有义务承担防止全球气温持续升高的责任。防止全球气温持续升高不仅是中国提升大国影响力开展大国外交的需要，更加关系到中国切身的利益。中国有漫长的海岸线和大量的沿海滩涂地，海平面上升必然对中国沿海地区产生较大影响。中国是农业大国，也是粮食消耗大国，全球气温升高引起的农业产量变化必然对中国农业产生较大影响。中国在地理区域上南北跨度大，有部分地理区域属于热带、亚热带地区，全球气温升高必然影响这些地区居民的日常生活。因此中国需要采取相应行动和相关措施，统筹规划合理布局中国的二氧化碳减排事业。

汽油的直接消耗者包括以汽油为燃料的机动车和螺旋桨飞机等。汽油消费是二氧化碳排放的重要原因。除少量航空内燃机和柴油发电机消耗的汽油外，汽油的最主要消费者是燃油车船。汽油的含碳量因汽油油品的不同而有所差异，汽油的化学组成一般为 $C_5 \sim C_{11}$，芳香烃的含量较高。汽油的化学组成和各组分中碳的质量分数见表 1－1，由表 1－1 可以估算汽油中碳的质量分数约为 86%。

表 1－1　汽油的化学组成和各组分中碳的质量分数

油品名称	组分类别	组分名称	分子式	碳的质量分数（%）	组分含量（%）
汽油	烷烃	戊烷、……、壬烷	C_5H_{12}，…，C_9H_{20}	83.3，…，84.4	≥36
	环烷烃	环戊烷、环己烷	C_xH_{2x}	85.7	
	烯烃	单烯烃、二烯烃	C_xH_{2x}，C_xH_{2x-2}	85.7，…，88.2	≤24
	芳香烃	苯、甲苯、二甲苯	C_6H_6，C_7H_8，C_7H_{10}	89.4，…，92.3	≤40

（2）华北空气污染问题带来的污染物排放限制。

华北的空气污染问题主要是 $PM_{2.5}$超标问题，也就是雾霾问题。雾霾是一种天气现象，反映了空气中悬浮颗粒物，尤其是空气动力学当量直径小于等于 2.5 微米的颗粒物（$PM_{2.5}$）的超标；电厂、工业锅炉窑炉、居民取暖等的燃煤废气，机动车等的燃油废气，建筑扬尘等，被认为是 $PM_{2.5}$的来源和成因。$PM_{2.5}$由于空气动力学直径渺小，可以直接穿过人的呼吸过滤系统进入肺部，并进入血液，会对人的呼吸系统、心血管系统等造成伤害，严重的甚至可能致癌。2018 年北京重度污染 15 天，平均 $PM_{2.5}$浓度 205 微克/米^3，达到了世界卫生组织建议指标的 20.5 倍。2018 年北京 $PM_{2.5}$年均浓度 51 微克/米^3，是中国国家标准的 1.46 倍，是世界卫生组织建议指标的 5.1 倍。表 1－2 为 2018 年中国华北部分城市的 $PM_{2.5}$年平均浓度。从表 1－2 中数据可以看出，雾霾问题在中国华北地区普遍存在。

表 1－2　2018 年中国华北部分城市 $PM_{2.5}$年平均浓度

城市	年均 $PM_{2.5}$浓度（微克/米^3）	城市	年均 $PM_{2.5}$浓度（微克/米^3）	城市	年均 $PM_{2.5}$浓度（微克/米^3）
北京	73.0	安阳（河南）	85.7	聊城（山东）	85.7

续表

城市	年均 $PM_{2.5}$ 浓度（微克/米^3）	城市	年均 $PM_{2.5}$ 浓度（微克/米^3）	城市	年均 $PM_{2.5}$ 浓度（微克/米^3）
天津	68.8	新乡（河南）	83.9	德州（山东）	81.7
石家庄（河北）	98.8	焦作（河南）	83.4	菏泽（山东）	81.2
保定（河北）	92.1	郑州（河南）	78.3	济南（山东）	75.6
衡水（河北）	86.6	漯河（河南）	76.8	咸阳（陕西）	81.5
邢台（河北）	86.5	长治（山西）	68.8	渭南（陕西）	76.0
邯郸（河北）	81.7	太原（山西）	66.1	西安（陕西）	71.4

数据来源：《中国环境统计年鉴（2018）》。

汽油消费是空气污染物排放的重要原因。作为汽油的主要消耗者，首先，燃油汽车直接向空气中排放一氧化碳、硫氧化物、氮氧化物、挥发性有机物（VOCs）等多种污染物质；其次，在阳光作用下，这些污染物质发生光化学反应聚合，易形成小直径颗粒物（$PM_{2.5}$）。图1-1显示了2015年纪念抗日战争胜利七十周年阅兵仪式前后北京 $PM_{2.5}$ 检测数据。为保障纪念抗日战争胜利七十周年阅兵仪式时北京的空气质量达标，北京市全市污染企业

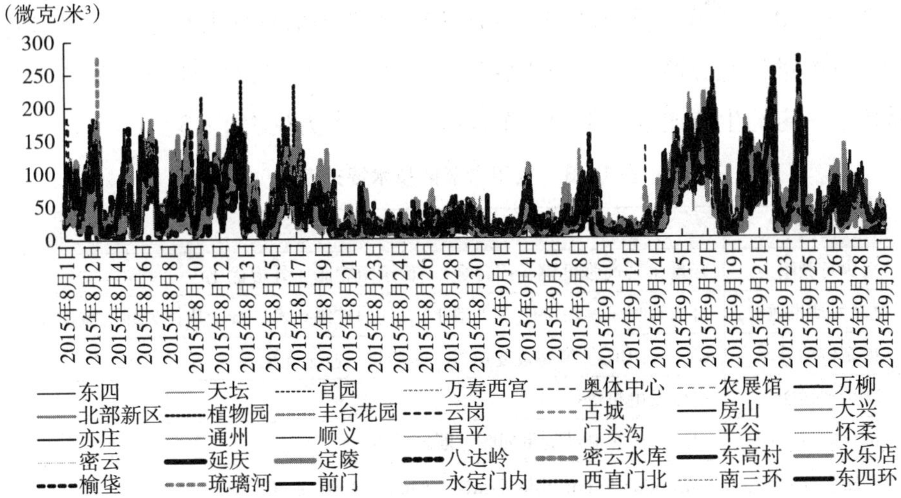

图1-1　纪念抗日战争胜利七十周年阅兵仪式前后北京 $PM_{2.5}$ 检测数据

数据来源：北京市环保检测中心。

注：该图现象的分析框架来自清华大学何继江。

停产日期为8月20日至9月4日，北京市机动车临时管制时间为8月20日至9月3日。9月4日北京全市污染企业依然停产，机动车单双号限行取消，且当天上午北京天气晴朗无风，市内各处$PM_{2.5}$急剧升高，机动车排放是当日的最大疑似$PM_{2.5}$产生原因。9月4日下午北京突降中到大雨，$PM_{2.5}$受降雨影响回落。综上所述，汽油消费是空气污染源的重要原因。

1.1.2.2 清洁能源汽车是轻型汽车能源转型的发展方向

汽车清洁能源技术的发展主要表现在燃油效率的提高、生物质混合燃料的普及、混合动力技术的发展、燃料电池技术的发展和“电动汽车+无人驾驶+新型出行方式”5个方面。

（1）燃油效率的提高。

随着技术的进步，燃油汽车的能耗不断降低。世界各国均对燃油汽车的能耗及能耗的发展目标作出规定和规划。例如，日本提出2020年乘用车燃料消耗达到20.3千米/升。欧盟提出2020年乘用车碳排放降至95克/千米。美国提出燃油经济性2025年达到每加仑54.5英里（约合百千米4.3升）油耗。中国工业和信息化部提出乘用车2020年、2025年能耗分别降至5升/100千米和4升/100千米的目标。工业和信息化部在提出乘用车能耗标准前进行充分调研，认为所提标准在技术上是可以实现的，在经济上将增加一定的生产成本。乘用车节能技术提升潜力见表1-3。

表1-3 乘用车节能技术提升潜力

类型	措施
减少行驶阻力	轻量化（高强度钢+铝合金）、低滚阻轮胎+外形优化
提高发动机效率	缸内直喷+涡轮增压（小型化）、气门控制技术、减少热损失和机械损失
提高传动效率	CVT[①]+DCT[②]等高效变速器、多挡化+速比优化
减少辅助能耗	高效发电机等
优化能量管理	怠速启停+制动能量回收、断缸燃烧

注：①CVT：Continuously Variable Transmission，无级变速器。
②DCT：Dual Clutch Transmission，双离合变速器。

（2）混合动力技术的发展。

油电混合动力技术是针对内燃机在低速运转时油耗高、扭矩小、污染物排放高的特点开发的汽车节能技术，具体是指在汽车内部安装内燃机和电动机两套动力装置，在汽车启动、加速或低速行驶时使用电动机辅助内燃机工作或完全由电动机工作（不使用内燃机）。混合动力汽车的内燃机依然依靠汽油燃烧提供动力，电动机依靠电池提供动力。电池充电过程分为汽车制动时的动力回收充电和外接电源充电（插电式混合动力汽车）两种。中国生产和销售的混合动力汽车主要是插电式混合动力汽车。2018 年全年，中国纯电动汽车产销分别完成 98.6 万辆和 98.4 万辆，其中纯电动乘用车产销分别完成 79.2 万辆和 78.8 万辆。

（3）纯电动汽车和燃料电池汽车。

纯电动汽车是指汽车内不安装内燃机只安装电动机，依靠电动机提供动力，依靠电池供电的汽车，主要指动力电池电动汽车。动力电池电动汽车主要指锂电池电动汽车（锂电池主要有三元材料锂电池、磷酸铁锂电池、锰酸锂电池 3 类），依靠锂电池为电动机供电。2012—2018 年中国电动汽车（包括纯电动汽车和插电式混合动力汽车）销量见表 1－4。

表 1－4　2012—2018 年中国电动汽车销量　　单位：万辆

年份	1 月	2 月	3 月	4 月	5 月	6 月	7 月	8 月	9 月	10 月	11 月	12 月	合计
2012	0.04	0.05	0.08	0.05	0.06	0.04	0.03	0.05	0.05	0.07	0.11	0.38	0.99
2013	0.10	0.03	0.10	0.09	0.08	0.06	0.06	0.08	0.09	0.08	0.12	0.61	1.50
2014	0.2	0.2	0.3	0.4	0.4	0.4	0.5	0.3	0.6	0.5	0.7	1.4	5.9
2015	0.5	0.4	1.0	0.8	1.1	1.3	1.1	1.4	1.8	2.0	2.5	3.7	17.7
2016	1.4	1.0	1.6	2.1	2.6	3.4	2.9	3.0	3.0	3.1	4.2	3.8	32.0
2017	0.5	1.7	2.8	3.0	3.9	4.3	4.4	5.5	6.1	6.8	8.3	9.8	57.1
2018	2.7	2.3	5.2	6.5	8.2	6.2	6.0	7.3	9.4	11.1	13.8	19.7	98.4

数据来源：中国汽车协会。

燃料电池汽车是以氢为主要能源的氢燃料电池汽车。氢燃料电池的原理是利用质子交换膜阻隔，使得氢原子核通过交换膜而电子被阻挡，进而形成电流。《中国制造 2025》提出中国 2020 年生产燃料电池汽车 1000 辆，2025 年实现小规模运营。

1.1.3 中国汽油消费现状

1.1.3.1 中国汽油需求短期将继续增长

（1）中国经济的增长趋势。

2012年以来，中国GDP增长速度逐渐放缓，由2000年到2011年8%~14%的增长速度降低到7%左右。中国经济总量已经达到2018年的90.03万亿元，7%的增长速度使得中国依然是世界经济增长的主要动力之一。2018年中国人均GDP达到64521元。1996年到2018年中国GDP和GDP增速数据如图1-2所示。

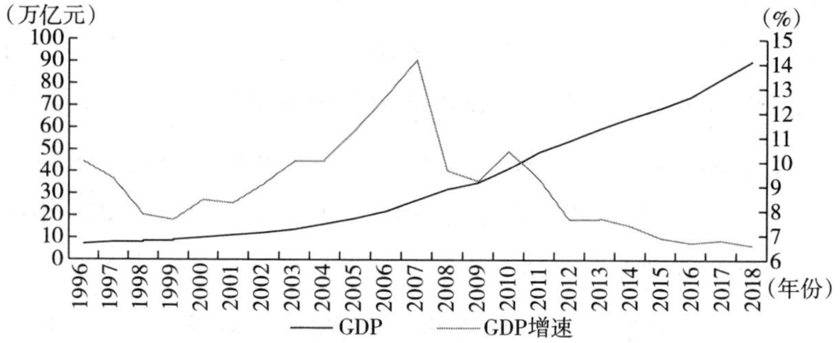

图1-2 1996—2018年中国GDP和GDP增速

数据来源：《中国统计年鉴（2019）》。

（2）中国汽车保有量的增长趋势。

随着经济增长和人均可支配收入的增加，中国的汽车保有量逐年递增。拥有一辆汽车是人民对美好生活向往的一部分。1996—2018年中国汽车保有量和汽车驾驶员人数如图1-3所示。

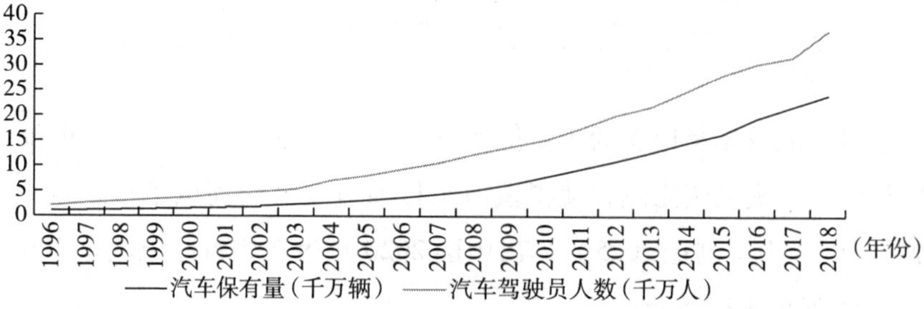

图1-3 1996—2018年中国汽车保有量和汽车驾驶员人数

数据来源：国家统计局。

（3）中国汽油需求的增长趋势。

随着汽车保有量的增加，中国的汽油需求也呈现逐年增长的趋势，预计中国汽油需求的增长趋势将持续一段时间。2000—2018 年中国汽油产销情况如图 1－4 所示。

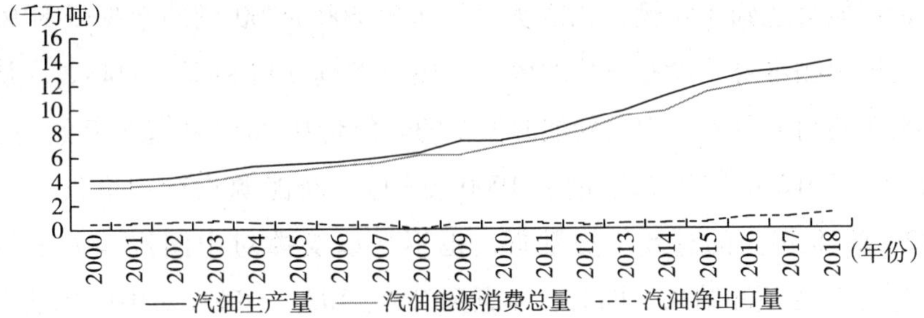

图 1－4　2000—2018 年中国汽油产销情况

数据来源：国家统计局。

1.1.3.2　世界主要能源组织对中国汽油需求的预测

IEA、EIA、OPEC 都对中国中长期汽油需求进行了预测，无一例外使用了“清洁能源汽车技术不发生重大突破”的假设，并且认为中国汽油需求会在 2025 年达到峰值。世界能源组织中国汽油需求中长期预测见图 1－5。

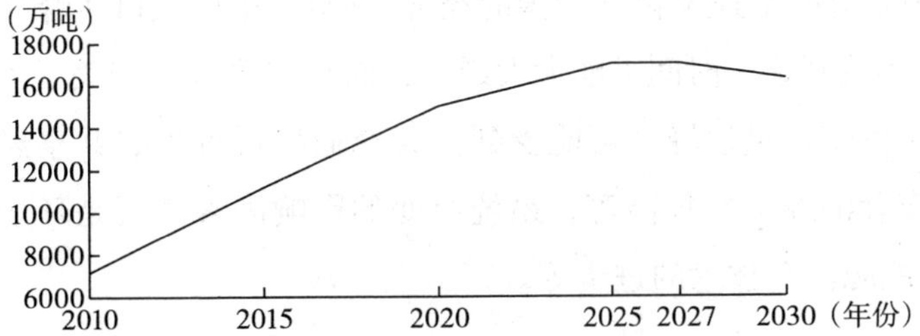

图 1－5　世界能源组织中国汽油需求的中长期预测

数据来源：IEA World Energy Outlook。

1.1.4　研究背景总结

需要注意的是，从汽油需求的历史数据来分析，只能得到中国汽油需求将持续增长的预测结果，不能得到中国汽油需求将在 2025 年达峰、之后逐渐下降的预测结果。从中国人口和 GDP 增长的角度分析，因为对中国人口和 GDP 的预测本身具有不确定性，汽油需求与人口、GDP 的关系也不是直接因果关系，所以对中国人口和 GDP 增长的分析可能难以支撑中国汽油需求将在 2025 年达峰、之后逐渐下降的预测结果。从汽车保有量的角度，国际能源组织等认为根据目前中国的城市交通和停车条件，中国千人汽车保有量可能会达到 400 辆，比欧美发达国家 600 ~ 700 辆的数据低 50% 以上，这种预测本身并没有充分的依据，还有继续探讨和研究的必要。从新能源汽车的角度分析，中国新能源汽车的销售量从 2012 年起才开始大于 1 万辆/年（2012 年汽车总销量为 1900 万辆），新能源汽车销量仅有 7 年（2012—2018 年）的有效历史数据，也不足以支撑对中国汽油需求将在 2025 年达峰的预测结果。同时，注意到 IEA、EIA、OPEC 对中国汽油需求做出预测时，都使用了“清洁能源汽车技术不发生重大突破”的假设，但是未来 20 年中，清洁能源汽车技术是可能发生重大突破的。

综上所述，对中国汽油需求的中长期预测遇到了“历史数据预测失效”的问题，即外推法预测中国汽油需求的失效。从理论上分析，系统状态可能的突变是造成外推法不能适应新形势下中国汽油需求预测的主要原因。在本书中，影响中国汽油中长期需求系统状态的影响因素包括（但不限于）中国 GDP 增速变化（中国的经济转型）、中国人口达峰（随着“两孩”政策的放开这一时间可能大大延迟，而且需要等待相关学者的继续研究）、中国汽车销量达峰（可能受到公共交通发展程度、共享经济等的影响）、汽车燃油经济性提高等；系统突变的影响因素主要是环境政策的变化、清洁能源汽车技术的进步等。

1.2 汽油需求预测研究所需的相关理论

本书所使用理论主要包括逻辑学、行为学、系统学、回归分析、非连续性理论、突变理论和人工智能的相关原理。本书从这些基本原理中演绎了可以用于中国汽油中长期需求预测的理论基础，本节即是对这些理论基础及其演绎过程的叙述。

1.2.1 逻辑学及其在本书的应用

不同于黑格尔在其《逻辑学原理》中所阐释概念（黑格尔把事物之间的本质性、真理性的联系叫作逻辑，是直指万物中形而上的本质而言的），逻辑学的一般概念仅仅是指“形式逻辑”，即“假设是肯定的，结论为真”这一论证逻辑。这一概念甚至不是真理本身，而仅仅是真理的表达形式，即一般真理往往是用形式逻辑的形式表达。从表达的范围而言，形式逻辑通常也不能用于表达形而上的道或者宗教中的神，一般用作表达形而下的一般定理、定律或某种规律。综上所述，所谓符合逻辑的表达，并不能证明假设和结论之间的本质联系，仅仅是在形式上符合了形式逻辑的表达。即便如此，形式逻辑依然是科学研究的基础，保证研究中的每一条假设推出的结论是符合逻辑的，而不是诡辩的或任意编造的。

从一般意义上而言，本书的研究力求符合形式逻辑的表达方式，即保证所有假设和结论之间的推导是科学和有效的。从本书的逻辑框架而言，本书首先立足于系统学的角度；使用历史数据拟合和回归分析等数学方法确定系统间各元素的相互关系；对于灰色预测的方法采取大胆创新，作为对分层系统预测的补充；研究过程同时考虑了人类行为学的理论，分析新能源汽车、自动驾驶、共享经济等新技术、新业态等对消费者汽油消费行为的影响。

显然，仅限于“形式逻辑”的概念，已经不能满足本书在新技术、新业态等快速发展的背景下对中国汽油需求预测方法研究的需要。因此，从逻辑的真理性而言，本书将尽最大可能探究经济社会发展以及人们消费观改变的方方面面对中国汽油需求预测的影响，提炼出汽油需求预测的研究方法。这种方法是立足于真理的本质联系，是对现实的高度抽象。就其形式而言可能也确实如此，现实的系统过于复杂，对现实做完全的考虑几乎是完全不可能的，至少以现在的科技能力（主要是计算能力）是达不到的，或者说因为超出了时限而没有意义。本书对逻辑学原理应用的示意如图 1－6 所示。

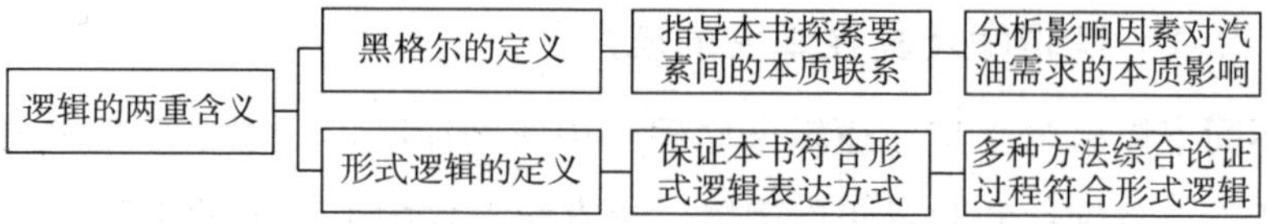

图 1－6　本书对逻辑学原理应用的示意

1.2.2　行为学和心理学及其在本书的应用

本书的研究对象是中国的汽油需求预测及其方法，在预测过程中需要考虑中国各种汽油需求的影响因素在未来的变化，及其对中国汽油需求的影响。然而，很显然，仅仅依靠逻辑学并不足以分析各种因素的影响，因为汽油消费的主体是人，人类的行为受到外界刺激和人类心理的共同影响，特别是未来中国的汽油需求将受制于人们对新能源汽车、环境保护、共享经济等新技术和新业态的接受程度和社会心理变化。要研究清楚人的思想和行为及其对中国汽油需求的影响，不可避免地需要借助人类行为学和社会心理学的研究成果。

行为学是研究动物在外界刺激下反应规律的科学。人类行为学是研究人类在应对外界环境变化时反应规律的科学。显然，人的反应要比其他任何动物复杂得多，因为人有自我意识，即在刺激和反应之间人可以意识到自我的存在，人可以自主地决定自己的反应，不同的人在同一种刺激下会产生不同甚至完全相反的反应。按照德国哲学家康德的说法，“人类的自由在于完全的自主”。尽管如此，对于某些外界刺激，比如汽油降价，大部分人的反应依然是类似的，那就是增大汽油的购买和消费量，这是本书的理论基础。

社会心理学主要研究人群在社会的心理变化规律，显然，对新能源汽车、自动驾驶、共享经济、环境保护等的认识转变过程，不仅是一个科学问题，也是一个社会问题，或者说是社会心理转变的问题，即人们对于新能源汽车和环境保护的观念转变不仅受到科技进步（现实中便利性的提升）的影响，而且受到社会舆论，以及他人观点的影响，某种社会观念的传播可能未必科学，但是历史上已经多次证明它确实发生了。本书对社会心理学理论的借鉴集中在人们环境保护观念和对新能源汽车的认识等方面，其中大部分的因果关系基于前人的研究成果，少部分关系依据假设，在使用某些特定的假设之前，我们都将予以说明。本书应用逻辑学、人类行为学和社会心理学的示意如图 1 -7 所示。

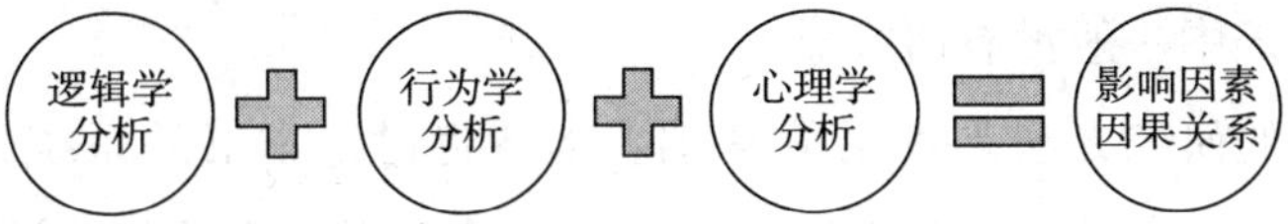

图 1 -7 本书应用逻辑学、人类行为学和社会心理学的示意

1.2.3 系统学及其在本书的应用

本书在整体上使用系统学原理作为主要的理论基础。本书的对象是中国汽油需求，把汽油需求及其影响因素当作一个系统，从产生汽油需求的物质实体入手，把汽油需求当作燃油车数量、燃油车单位里程的平均油耗、燃油车年平均行驶里程三者的乘积，进而分别预测这三者的数值，其中燃油车数量将极大地受到新能源汽车替代作用的影响。在影响因素分析方面，汽油需求的所有影响因素将根据系统学原理，划分为直接影响因素和间接影响因素。影响因素之间的关系一般是直接的因果关系，除了逻辑因果关系以外将进行计量回归分析，确定相应的数值关系。在系统的简化和优化方面，初步筛选的影响因素数量繁多，并对具备同质性的因素进行合并，这一过程使用的依然是系统学原理。在应用研究阶段，本书使用系统原理把不同影响因素的预测结果相综合，得到汽油需求预测结果。最后，使用系统动力学建模方法研究了模型参数和预测结果的摄动关系。

系统学的概念来自系统论，比系统论的概念更抽象，更具有普遍的适用性，是规定利用“系统”开展研究的方法和规则的学科。系统的设立通常是为了研究若干个目的元素在其他因素影响下的变化规律。系统的概念是包含特定的元素，元素之间有相互联系，这些元素和关系统称为系统，有时系统还要包含一些本系统特有的运行规则或运算法则。元素属于系统通常是指元素与系统的研究目的元素之间存在直接或间接的因果关系。从系统包含元素这一概念而言，可以借鉴集合的定义“属于集合的元素是明确的”“元素与元素间是有差别的”，即集合包含的元素“不重不漏”。元素间相互联系的概念，可以借鉴因果关系的定义，通常是一个元素与另一个元素不存在相互引起对方的关系、一个元素是另一个元素的起因或原因、两个元素互相成为起因或原因；对于与所有其他元素都没有因果关系的元素在系统中一般没有研究意义。

系统学的研究方法是本书的基础。本节将讨论本书的系统元素选取、系统关系确定、系统简化和系统应用。突变论在数学和系统理论中都有涉及，但是由于对本书的意义重大，突变论将在专门的小节予以讨论。

首先是系统元素的选取。本书的研究目的元素（研究对象）是中国汽油需求，所有影响中国汽油需求的元素是本书设立系统的元素，即本书涉及系统的元素是中国汽油需求本身及其影响因素。

其次是系统关系的确定。所有影响因素中，一些因素可以直接影响中国汽油需求，而其他因素通常通过这些直接的因素起作用。影响因素之间的关系一般是直接的因果关系。本书将结合逻辑学原理，全面地分析中国汽油需求的各个影响因素及其对中国汽油需求的影响，如果是间接影响因素还将分析它是通过哪些直接或间接因素进而对中国汽油需求起影响作用。

再次是系统的简化和优化。这里的系统优化主要是指对中国汽油需求影响因素的简化和对系统关系的梳理优化。中国汽油需求的影响因素数量繁多，一些影响因素具备同质性应予以合并，比如轻型燃油汽车和不插电油电混动汽车尽管油耗差异较大，可以通过折算的方式合并计算；一些影响因素的影响过于间接也适合与其他影响因素合并，比如影响中国汽油市场供应的因素，它们都是通过汽油价格影响消费者的选择。简化后的影响因素体系依然是复杂的，影响因素间的关系就显得复杂和混乱，本书将使用解释结构模型，划分影响因素的层次结构，从而把系统的关系区分出条理，实现优化。

最后是系统的应用。在系统应用之前当然还涉及突变论和各因素影响系数的确定。本书的系统应用是指应用已经构建的中国汽油需求预测系统，对中国未来中长期汽油需求进行预测。本书对系统学原理应用的示意如图 1 – 8 所示。

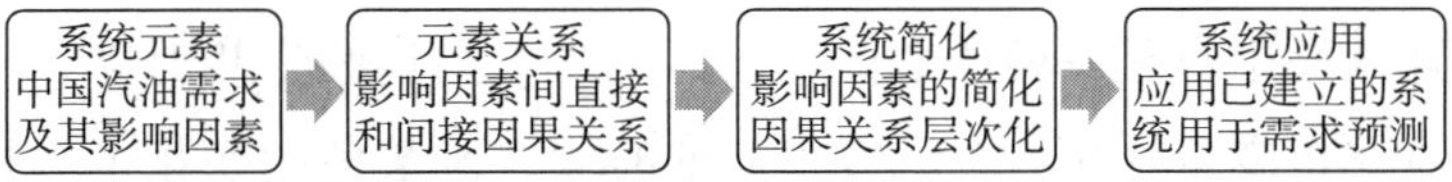

图 1 – 8　本书对系统学原理应用的示意

1.2.4　数值分析及其在本书的应用

作为一门基础学科，数学的范畴非常广泛，从最基础的数论和实数论，到复杂的微分方程、空间理论，数学几乎渗透在自然科学的所有抽象研究成果。有时系统论、突变论也被包含在数学理论的范畴。本书所谈论的系统与数学中严格定义的系统有一定的差异，本书所讨论的突变理论也不是发生在数学意义上符合某种特定数学公式的数学上所谓的突变系统。本书只是把直接与数字计算及其逻辑相关的理论，即数值分析和灰色预测理论，直接地归并到数学的理论这一节加以阐述。

在数学方法上，拟合和回归所使用的方法有时几乎完全相同。但是在逻辑上，拟合和回归显然有着非常显著的差异。回归是从样本数据出发，找到不同变量之间的关系；拟合是用数值分析的方法找到通过某些已知点的近似函数。从发展源流分析，回归是从统计学发展而来，在对收集到的数据进行整理的过程中，应用数值分析的方法，找寻样本的各个变量之间的关系，再用各种检验方法验证所找到的关系是真实存在的；拟合则是从插值法发展而来，是对插值条件的适当放松和近似计算，一般研究如何计算出近似通过某些已知点的函数的表达式。

回归和拟合在数学计算方面，有时使用完全相同的方法，比如最小二乘法。本书将尽可能地区分回归和拟合的定义，因为本书的研究本身是对中国汽油需求预测方法的研究，属于方法论的范畴，不能也不应该在基础概念方面有所混淆，但现实是两种方法有时确实很难区分。总体来说，本书将在分省份的面板数据分析以确定中国汽油需求预测系统的部分参数时使用回归方法；而在时间序列分析时使用拟合方法，这种分析有时是为了确定某些关系系数，有时是为了预测某个变量随时间推移的增长率。

1.2.5 非连续性理论及其在本书的应用

非连续性本身是一种数学概念，在定义上与连续性相对立。连续性是指函数具有自变量变化一个无穷小量的时候，函数值的变化也必是一个无穷小量，通俗地讲，即当把函数用图形表示时，函数既没有趋向于无穷的点，也没有“中断点”。那么，所有图形有“中断点”的函数都是不连续的。自然界见到的自然现象很少有这种不连续性，一般情况下是近似的不连续，即在较短的时间发生了巨大的变化，尽管变化的发生在每时每刻都是连续的，但是当对比观察变化前后，可以发现巨大的差异，比如政变和经济危机的爆发。

非连续性发展理论的实质是事物的发展轨迹不再取决于过去的惯性，而是以一种突变的形式，从原有轨道突然地跳跃到一条新的轨道继续发展，从而在整体轨迹上呈现“不连续”的特点。特别是在技术演进过程中，非连续性屡见不鲜，并且最终影响到经济领域。鉴于新能源汽车技术进步的不确定性，本书认为新能源汽车的技术演进具有非连续性，能源转型背景下的中国汽油需求变化也具有非连续性。非连续性理论在数字经济发展过程中被多次验证，例如传统手机向智能手机的转化，传统相机向数码相机的转型，电脑的移动化和小型化，零售模式由线下走向线上，网约车的兴起，自动驾驶技术的开发，等等。

把不连续的概念引入经济学的发展理论中，可以得到经济学的非连续性发展理论。非连续性发展理论有着丰富的内涵，与本书密切相关的部分是：当颠覆性创新发生时，新旧产业之间在市场地位方面可能发生巨大变化。非连续性发展理论在颠覆性创新方面的表现如图 1 -9 所示。

本书对非连续性发展理论的应用体现在提出中国汽油需求可能发生突变的假设上，如果将图 1 -9 左边的曲线假设为传统轻型燃油汽车，右边曲线表示为不使用汽油的新能源汽车，那么新能源汽车技术的颠覆性创新，可能影响整个汽车产业，进而影响中国的汽油需求，甚至有可能彻底消灭中国的汽油需求。

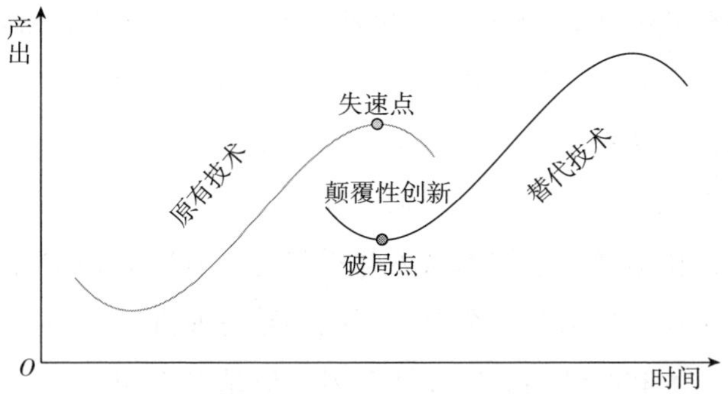

图 1－9　非连续性发展理论在颠覆性创新方面的表现

在非连续性理论的研究方面，Vecchiato[1]研究了手机企业诺基亚在手机软件上选择接受微软的 Windows Phone 而不是谷歌的 Android 并最终导致市场失败的案例，指出诺基亚其实从很早就注意到并且开始研究技术的非连续性可能对企业造成的影响，但是最终诺基亚的管理者过于自信地做出了错误的判断。Blume 等[2]指出产品生命周期的缩短伴随着新产品的快速开发和行业边界的瓦解，对颠覆性创新的早期识别决定了企业的兴衰。Triulzi 等[3]指出专利数量的增长率与技术性能的提高正相关，技术的不连续性演进可能决定一个新产业的崛起或者一个旧产业的衰落。Hoisl 等[4]研究内部专家和外部专家对非连续性潜在信号敏感程度的差异，结果显示内部专家对规范和技术标准更敏感，而外部专家对利润率和技术重组的潜力更敏感。Sydow 等[5]从行业整体的视角研究了半导体产业的国际技术路线图，指出技术开发的全球互联共享和开放式创新使得技术进步的前景更加广阔。Spedale[6]指出在技术非连续性演进引发的行业变革时，合作对于现有企业和新进入者都是一种可行的战略，结构化和非结构化的合作，对企业发展和技术进步产生促进作用，从而也使得非连续性的技术演进过程更加快速和活跃。Munir[7]指出当原有技术中断、几项新技术同时开始争夺市场时（可参考液晶电视和等离子电视的例子），企业的战略能力可以促进其中某项技术最终胜出，即使有时这项技术在初期被认为是“低劣的”和“缺陷严重的”。Bullini 等[8]指出利用社交媒体可以加深对技术非连续性和变化的理解，即通过对社交媒体数据的分析可以帮助技术研发者把握消费者偏好的变化，并不断修正非连续性技术创新成果，从而更快被市场接受。Bergek 等[9]指出非连续性的技术变革对现有产业的创造性破坏是产业创新和技术发展文献中的一个中心主题；通过对汽车和燃气轮机行业的应用研究，指出现有企业确实会受到“破坏性”创新的攻击，但是原有的企业也可能会很快地感知新技术潜力并将其与现有能力相结合。此外，完全由原有企业驱动的技术非连续性也可能导致行业洗牌；因此破坏性创新尽管可能促进技术和经济的非连续性发展，但是造就非连续性企业的也可能是传统企业，或者有传统企业参与其中。

综上所述，技术的非连续性进而引起的产业变革，不仅多次发生，反复被验证，使得非连续性逐渐上升为一种理论；而且随着技术开发的全球互联和共享，开放式创新逐渐成为主流，技术非连续性甚至成为一种新常态。现代化的企业也在努力构建一种可以适应技术非连续性创新带来的变革的能力，从而更快地调整战略把握市场。多方面的努力都在使得新的创新层出不穷，可以预计未来的市场必然和以前大不相同，而这些新变化必然影响新能源汽车产业的发展，进而影响中国汽油需求。

1.2.6 突变理论及其在本书的应用

突变理论有两种英文翻译：一种是 The Mutation Theory（也可以译作变异理论）；另一种是 Catastrophe Theory（也可以译作灾变理论）。本书的建模方法使用的实际上是 Catastrophe Theory（灾变理论）的方法，所以本书以下称 Catastrophe Theory 为突变理论，而称 The Mutation Theory 为变异理论，以示区别。变异理论本身是指遗传学中的基因变异，尽管这一定义可以被引申至其他领域，但是本书不再做这方面的考虑。直接借鉴遗传学而诞生的数值分析的遗传算法中的变异算子、计算机算法的变异检测技术等都是变异理论的应用，鉴于本书也涉及一些计算方法的研究，所以后文的文献综述中，将介绍部分变异理论的算法应用研究成果。

突变理论（Catastrophe Theory）在经济学领域的应用曾经遭遇重大危机。结果如 Rosser[10]所总结的那样，“婴儿被和洗澡水一起扔掉”。20 世纪 80 年代直接使用基于梯度系统的突变理论模型在经济学中的应用被认为是生搬硬套的，因而受到了严重的质疑；随后，突变理论被经济学家们“弃如敝屣”，但是实际情况是突变理论的价值被过分地低估了，就像当初它被过分神话过一样。

仅仅是英文 Catastrophe Theory 所对应的突变理论依然可以分为广义和狭义。广义的突变理论没有固定的范式，侧重于突变思想；狭义的突变理论有固定的范式，但是过于固定不利实际应用。本书对突变理论的应用，在借鉴狭义的突变理论公式和基本应用范式的基础上，提出回归突变思想，使狭义突变理论与广义突变思想相结合。在本书的研究中，狭义的突变理论也得到了大量的应用。突变理论在经济学研究领域曾经遭受重大挫折，为了重新使突变理论在经济学领域焕发生机，本书构建了基于经济学均衡理论的中国汽油需求系统稳定性理论，从而为突变理论和突变思想的应用提供了系统化前提。不同于历史上任何时期的中国汽油需求预测，当代能源转型背景下的中国汽油需求预测越来越受到来自科技进步（新能源汽车、电池储能等）、环保政策、消费者消费观念变革等因素的影响，而这些影响都在未来存在非常大的不确定性，这种不确定性外推法难以表述和预测，即这些因素的变化带有很强的突变性，这种突变表现为影响中国汽油需求的某种因素的突然变化，进而引起汽油需求突变。因此，根据突变理论本书提出了中国汽油需求突变理论；给出了突变理论预测中国汽油需求的应用范式；提出使用尖点突变公式构建新能源汽车保有量突变的边界条件；提出用突变范式进行中国汽油需求预测研究（本书的第 6 章也确实使用以上理论进行了应用研究）。需要注意的是，使用突变理论，或者说把突变思想引入中国汽油需求预测，比预测范式本身具有更加重要的理论和实际意义，即（在当前中国汽油需求随时可能发生突变的大背景下）突变思想比突变模型更有意义。

深究突变理论的思想内核，它借助于梯度动力系统的数学模型表达的是一种具有普遍意义的哲学思想，即在稳定控制系统的控制变量连续变化中系统依然可能从一种稳态非连续地突变到另一种稳态。在本书中，为了重新使突变理论在经济学领域焕发生机，第 5 章构建了基于经济学均衡理论的一整套经济学理论假设，从而保证突变理论和突变思想在经济学中的应用是科学和合理的。

突变理论中的尖点突变的图形如图 1－10 所示。图中下平面显示控制变量，上曲面显示系统状态，当控制变量沿着下平面的箭头方向连续变化时，上曲面显示的系统状态在 Q 点发生了一次突变。这一图形解释了控制变量连续变化时系统状态发生突变的现象。

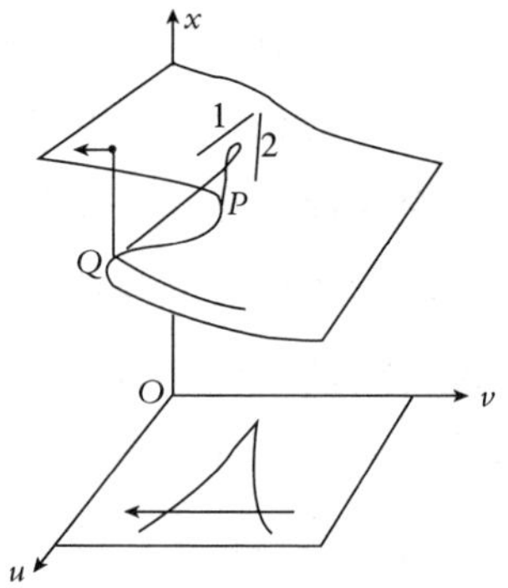

图 1－10　尖点突变流形和控制向量平面

突变理论有特殊的数学内涵，只有符合“稳定控制系统的控制变量连续变化，系统稳定状态出现跳跃或者滞后”现象的方程所描述的问题，才被严格地称为符合突变理论（Catastrophe Theory）。但是很显然，随着突变理论的传播和发展，越来越多的社会学、经济学、物理学现象开始使用突变来表示其在一段时间急剧变化的特征，例如日本明治维新这一历史事件、智能手机替代传统手机这一社会经济学现象。把以上原理应用于中国汽油需求预测，可以得到一种全新的预测理念和方法。

不同于历史任何时期的中国汽油需求预测，当代能源转型背景下的中国汽油需求预测越来越多地受到来自科技进步（新能源汽车、电池储能等）、环保政策、消费者消费观念变革等因素的影响，而这些影响都在未来存在非常大的不确定性，这种不确定性是回归分析、灰色预测、指数平滑、BP[①] 神经网络等任何外推法都难以表述和预测的，即这些因素的变化带有很强的突变性，这种突变表现为影响中国汽油需求的某种因素的突然变化，进而引起预测系统的重大变革，例如新能源汽车技术进步，造成传统汽油车保有量降低，直接影响中国汽油需求的根基。当然，某些环境保护政策方面的突然变化也可能造成中国汽油需求的急剧变化，这种情况一般很难发生，但是历史上有过类似的先例。比如苏联切尔诺贝利核电站发生核泄漏事故后，几乎所有欧洲国家出台了对核电的严格限制政策。类似能影响到汽油需求的突发事件发生的可能性尽管不大，但是某些细微的政策变化已经发挥关键性作用，比如工业和信息化部对汽车生产厂商的双积分政策，已经促使中国汽车生产企业积极调整产能分配，以使得所生产全部汽车的平均油耗满足工业和信息化部的要求（例如纯电动车油耗为零，可以摊薄部分高油耗车型油耗）。

本书对突变理论的主要应用即是在预测新能源汽车技术进步和国家环境政策方面的分析和假设，具体将会使用一个具有传导机制的模型模块来实现，把技术进步或环保政策等的变化，通过模型设定传导到影响汽油需求的直接因素，进而影响汽油需求预测结果。需要注意的是，使用突变理论，或者说把突变思想引入中国汽油需求预测中，相比于模型设定本身，具有更加重要的理论和实际意义。因为突变思想的引入可以促使学术界和产业界思考，如果类似智能手机替代传统手机的革命性变革真的到来，整个石油产业将如何应对随之而来的挑战，政府又当出台何种政策以抓住可能出现的有利机遇，实现中国汽车产业和能源产业的“弯道超车”和转型升级。

1.3　文献综述

根据本书的研究对象，首先梳理汽油需求预测的相关文献综述，从这

① BP：Back Propagation，网络模型。是一种按误差逆传播算法训练的多层前馈网络，是应用较广泛的神经网络模型之一。

类文献中可以找到对汽油需求预测方法、汽油需求影响因素和汽油需求预测结果的相关理论和实践成果。其次本节将从已有文献重点分析和总结需求预测的各种方法，并在各种方法的分析比较中提出已有方法在应用于能源转型背景下的汽油需求预测方面的不足。最后根据本书的实际需要总结已有文献的理论和实践成果。

1.3.1 汽油需求影响因素的文献综述

汽油需求的影响因素分析是汽油需求预测的基础。在已有的文献中，以汽油需求影响因素为独立研究对象并发表论文的研究非常少。大量研究是从汽油需求预测或者汽油需求的价格弹性方面涉及汽油需求影响因素的选取和相互关系进行的。以上这些研究都将为本书的研究提供重要参考。

对汽油需求弹性和汽油需求预测的研究通常离不开对汽油需求影响因素选取的研究。Baranzini 等[11]在研究瑞士汽油需求弹性时指出，丰富的季度数据资料使得他们可以使用比一般文献更多的解释变量——除了传统的价格和收入变量，他们还考虑了诸如汽车保有量、邻国的汽油价格、石油（供应）危机和燃油税等变量。Scott[12]认为行为习惯对汽油购买决策具有重要影响，即把前一期的汽油消费量作为汽油需求的影响因素。Pock[13]在研究欧洲各国汽油需求价格弹性时指出，以往的研究忽略了欧洲乘用车中柴油车的数量，从而放大了居民收入、汽油价格和汽车保有量的弹性系数。该文章在研究中特别使用了乘用车中柴油车的数量这一影响因素，虽然柴油乘用车在中国非常罕见，该研究的思路可以为本书研究插电混动汽车的汽油消耗提供重要参考。袁磊等[14]在对中国成品油供需进行系统仿真时，所使用的系统动力学模型中包含的汽油需求影响因素包括汽油车数量、摩托车数量、汽油车油耗、汽油车平均行驶里程、汽油价格和汽车养护成本等。以上文献的共同特点是使用时间序列数据（例如汽油价格、居民收入、燃油税、人口、汽车保有量、前一期汽油消费量等）作为影响因素研究某地区的汽油需求。Li 等[15]在预测中国汽油中长期需求时特别指出，环境保护政策、技术进步（包括电池技术和自动驾驶技术）、网约车、共享汽车等非数据型因素，也对中国汽油需求产生了重要影响。以上文献对汽油需求影响因素的选取，为本书的研究提供了参考。

一方面，关于汽油需求影响因素的逻辑分类和相互关系，并没有专门的研究，但是已有的研究汽油需求的文献中，在一定程度上涉及了对各影响因素相互关系的研究。Rivers 等[16]在研究加拿大汽油价格对消费者购车偏好的影响时指出，汽油需求等于汽油车保有量、平均油耗和平均行驶里程的乘积，他们认为这三种因素是汽油需求的直接影响因素，而其他因素都是间接的。袁磊等[14]尽管没有明确指出，但在其仿真模型中可以看出，三种因素被作为直接影响因素，其他因素通过这三种因素起作用。另一方面，在汽油需求价格弹性的相关研究中，汽油需求的影响因素通常是不作区分地被用于模型回归和参数估计。

综上所述，文献中筛选出的汽油需求影响因素包括居民收入、汽油价格、汽车保有量等常见因素和燃油税、人口、前一期汽油消费量等影响因素，甚至包括了环境保护政策、技术进步、网约车、共享汽车等非数据型因素，以上研究都为本书的研究提供了参考。在汽油需求影响因素的层次结构方面，有些文献简要地划分为直接因素和间接因素，有些文献不作划分。当然，这种划分方式完全是根据文献的研究内容，并没有高下之分。

1.3.2　汽油需求预测方法的文献综述

汽油需求预测对油气产业发展具有重要参考意义，相关的研究很多。这些研究使用了不同的预测方法，主要包括线性和非线性回归预测方法、系统学原理建模方法、弹性系数法、灰色系统方法等。

在各种预测方法中，线性回归和非线性回归预测方法的相关文献最多。例如，任玉珑等[17]应用格兰杰误差修正模型①，预测中国交通能源（汽油和柴油）需求，从模型形式的角度来看，该方法属于线性回归预测方法，即建立线性回归模型的外推法。与该论文类似，Swamy 等[18]给出了

---

① 格兰杰误差修正模型：经济学家开拓了一种试图分析变量之间的格兰杰因果关系的办法，即格兰杰因果关系检验。该检验方法为 2003 年诺贝尔经济学奖得主克莱夫·格兰杰所开创，用于分析经济变量之间的格兰杰因果关系，其定义为“依赖于使用过去某些时点所有信息的最佳最小二乘预测的方差”。

某个给定计量经济模型的改进，计算给定模型描述的因变量最佳线性无偏预测值的均方误差，用美国汽油需求的历史数据进行误差分析，并改进原有模型对以上方法加以验证，该方法的预测也属于线性回归。Al - Ghandoor 等[19]收集并分析 1988—2009 年的数据，利用不同的自变量建立多元线性回归模型，预测约旦汽油需求。不同于线性回归，一些研究使用了非线性回归的预测方法，例如 Azadeh 等[20]基于人工神经网络和自适应智能算法提出一种新颖的汽油需求预测自适应智能算法，预测 1992—2005 年日本、美国、科威特、加拿大和伊朗的汽油月度需求量，该文献使用的人工神经网络（ANN）方法本质上是一种非线性的回归方法，即通过 ANN 找到影响因素变量（自变量）与汽油需求的关系，然后根据自变量的预测值估算汽油需求。Melikoglu[21]根据土耳其 2023 年远景目标，使用半经验模型预测土耳其汽油、柴油、液化石油气、生物乙醇和生物柴油需求，该文献使用的半经验模型是一组非线性模型，该文献所使用的预测方法也属于非线性回归方法。

系统学原理建模方法也是已有的汽油需求预测文献中使用较多的一类方法。袁磊等[14]直接使用系统仿真和系统模拟的方法，应用系统动力学建模，预测中国的成品油（包括汽油）需求，该文献在预测汽油需求时，把汽油需求分解为汽车保有量和单车平均油耗，再把汽车保有量和单车平均油耗分别分解，最终根据每一个分解变量的预测结果，综合给出汽油需求预测结果。任静等[22]根据汽车保有量发展趋势，基于因果关系，根据每种原因的发展趋势，预测中国汽柴油需求，该方法也是基于系统学原理的分析与分解，而不是参数回归。王红[23]分析交通能耗变化趋势，预测 2016—2020 年交通运输行业能源需求，该研究是从交通物流、客运需求角度出发，所以该研究具有完全的需求端特性，该文献使用的方法也是从因果关系角度的系统学分析方法。从新兴[24]使用年增长率规律分析，结合对中国汽油车保有量的预测，预测出中国汽油需求可能比一些国际机构原先的预测更早地达到峰值，该文献从原理上与袁磊等[14]的原理类似，也是把汽油需求分解为汽车保有量和单车平均油耗，不过没有使用系统动力学建模。

关于汽油需求预测的其他文献，使用的方法较为多样，其中几种预测方法，如指数平滑法、弹性系数法等，也是需求预测常用的主流方法。例如，Bhaskara 等[25]利用五种时间序列技术估算斐济汽油需求，这些方法主要是外推法，包括指数平滑、灰色系统等用汽油消费数据直接回归的直接外推法和使用其他经济社会数据的间接外推法，该研究发现斐济汽油需求对价格和收入无弹性，出现这一现象的原因是斐济的特殊地理和经济环境使得已有的汽油消费是一种实际的刚需。Rivers 等[16]建立计量经济学模型，用 2000—2010 年在加拿大注册的所有新车的数据，估计新车的燃料经济性对汽油价格的弹性，尽管该文献本身是使用计量经济学的回归方法，但研究对象是汽油价格弹性及其对消费者节能偏好的影响，对汽油需求的预测使用的是消费弹性的预测方法；并且，该文献提出了汽油需求等于汽车保有量、平均油耗和行驶里程的乘积这一公式，该公式对于使用系统学方法预测汽油中长期需求具有重要参考意义。在汽油价格波动性对汽油需求的影响方面，Scott[26]将汽油模拟为习惯商品，用不确定性增长模型验证 1990—2011 年 29 国数据，证实汽油价格不确定性的影响以往可能被忽略了；该文献对于不确定性条件下的汽油需求预测具有一定的参考价值。

综上所述，线性回归和非线性回归是最常用的研究方法，特点是选取少量汽油需求的影响因素作为自变量，把汽油需求作为因变量，回归估算模型参数，根据自变量的预测值预测汽油需求。系统学建模方法也较常用，该方法更加强调汽油需求与影响因素间的直接因果关系，根据对底层因素的预测，逐级向上传导，得到汽油需求预测结果。弹性系数法与回归法有较大的相似性，但是弹性系数法所使用的因变量更少。消费惯性法包括指数平滑法、灰色系统预测方法等，通常可以只依靠汽油需求的历史数据自身，根据历史惯性预测未来的汽油需求。为了方便观察以上文献在研究对象、预测方法和影响因素等方面的特点，汽油需求预测研究相关文献总结如表 1 – 5 所示。

表 1－5　汽油需求预测研究文献总结

作者	对象	方法	要点
任玉珑等[17]	中国交通能源需求	线性回归	预测中国能源需求，从模型形式的角度该方法属于线性回归预测方法，即建立线性回归模型的外推法
Swamy 等[18]	汽油需求预测	线性回归	提出指定计量经济模型的改进方法，计算改进模型的描述因变量个性的经验最佳线性无偏预测器的均方误差，并用美国汽油需求的错误指定和改进模型对以上方法加以验证
Al－Ghandoor 等[19]	约旦汽油需求	线性回归	收集并分析 1988—2009 年的数据，利用不同的自变量建立多元线性回归模型，预测约旦汽油需求
Azadeh 等[20]	多国汽油月度需求	非线性回归/人工神经网络/自适应算法	提出一种基于人工神经网络（ANN），常规回归和实验设计（DOE）的汽油需求预测自适应智能算法，预测 1992—2005 年日本、美国、科威特、加拿大和伊朗的汽油月度需求量
Meliko-glu[21]	土耳其道路运输能源需求	非线性回归方法	根据土耳其 2023 年远景目标，使用半经验模型预测土耳其汽油、柴油、液化石油气、生物乙醇和生物柴油需求
袁磊等[14]	中国成品油需求（包括汽油）	系统仿真/系统模拟	把汽油需求分解为汽车保有量和单车平均油耗，再把保有量和单车油耗分别分解，最终根据每一个分解变量的预测结果，综合给出汽油需求预测结果
任静等[22]	中国汽柴油需求	系统学原理	根据汽车保有量发展趋势分析汽柴油需求发展趋势
王红[23]	中国交通能源需求	系统学原理	分析交通能耗变化趋势，预测 2016—2020 年交通运输行业能源需求
从新兴[24]	中国汽油需求	系统学原理	把汽油需求分解为汽车保有量和单车油耗，但是没有使用系统动力学建模
Bhaskara 等[25]	斐济汽油需求	时间序列/多种方法	利用五种时间序列技术估算斐济汽油需求，发现斐济汽油需求对价格和收入无弹性
Scott[26]	多国汽油需求	不确定性增长模型/系统模拟	将汽油视为习惯商品，不确定性增长模型验证 1990—2011 年 29 国数据，证实汽油价格不确定性的影响以往可能被忽略了
Rivers 等[16]	汽车能源效率对汽油价格的影响	线性回归/消费弹性预测方法	用 2000—2010 年在加拿大注册的所有新车的数据，估计新车的燃料经济性对汽油价格的弹性

1.3.3　石油需求预测研究的文献综述

石油与汽油类似，主要用于交通运输能源。据估计，90% 以上的石油用于交通运输燃料，因此石油需求预测的方法和参数等与汽油需求预测有一定的相通之处。在石油需求预测方面，Carlevaro 等[27]建立了一个经过广泛测试的动态需求模型，用于对世界石油产品需求的短期预测，该预测方法首先是考虑石油需求本身的特点，即石油需求的惯性，然后综合了其他一些影响因素（如油价、人均收入和汽车保有量等）对石油需求的影响，从预测方法来说属于指数平滑法和线性回归方法的综合。Mackay 等[28]根据“修正的对数函数”开发油气需求预测外推模型，用于预测油气生命周期产品需求，并预测法国油气需求，该预测是明显的线性回归方法。许荣胜[29]采用灰色系统理论，以石油需求的时间序列数据预测中国石油需求，因为该方法使用的参数少，主要是石油需求的历史数据，所以该预测对石油需求的惯性要求比较高，即当石油需求的增长率较稳定时，该预测的结果较为可靠。Nel 等[30]测算了发达经济体 GDP 增长的平均能源需求，指出 IEA“2006 年世界能源展望”低估了中国 2025 年的石油需求，该文献使用的预测方法是典型的弹性系数方法，根据对中国石油需求的经济弹性系数的分析，认为 IEA 低估了中国的石油需求；但是近期中国石油需求数据显示，该文献过高地考虑了中国的需求，主要原因可能是高估了中国的 GDP 增长预期。Pedregal 等[31]用计量经济模型预测西班牙 5 种原油产品需求，估算需求弹性，作为一般均衡模型的基础，该文献综合了线性回归和弹性系数法两种预测方法，并把两种方法有机结合相互印证，实践证明两种方法的综合过程对线性回归的模型设置有较高的依赖性，因此该方法的预测结果与单纯的弹性系数法有一定差异。周扬等[32]分析了几种常用单一模型的优缺点，建立 BP 神经网络与灰色 GM 的优化组合模型，预测江苏煤炭和石油需求，该文献是明显的问题导向性论文，使用的方法中神经网络方法属于非线性回归的范畴，灰色系统方法属于惯性预测方法。Assareh 等[33]提出了基于社会经济指标的 PSO（粒子群算法）和 GA（遗传算法）估计伊朗石油需求，该方法较多地依靠先进的计算手段，但是从方法上属于典型的非线性回归，其计算结果只能说比单纯的线性回归具有更高的可行性，依然不能放弃对参数预测的依赖性。Behrang 等[34]根据社会经济指标，利用 GSA（引力搜索算法）开发三种模型预测伊朗石油需求，该文献在原理上与上一篇文献类似，使用的算法与上一篇略有不同。Lyu 等[35]考虑石化企业利润率、替代原料使用等关键影响因素，根据时间序列方法建立预测石脑油供需预测的模型，预测石脑油需求，该文献属于线性回归的预测方法。石油需求预测研究的文献总结如表 1－6 所示。

表 1－6　石油需求预测研究的文献总结

作者	对象	方法	要点
Carlevaro 等[27]	国际原油需求	系统仿真/动态需求预测模型	建立一个经过广泛测试的动态需求模型，用于对世界石油产品需求的短期预测，并提出改进方向
Mackay 等[28]	法国油气需求	非线性回归	根据“修正的对数函数”开发油气需求预测外推模型，用于预测油气生命周期产品需求
许荣胜[29]	中国石油需求	灰色系统理论	采用灰色系统理论，以 1998—2003 年数据预测 2010 年中国石油需求
Nel 等[30]	对 IEA 中国原油需求预测的评论	统计对比方法	测算发达经济体 GDP 增长的平均能源需求，指出 IEA“2006 年世界能源展望”低估了中国 2025 年的石油需求
Pedregal 等[31]	西班牙 5 种原油产品需求	弹性系数法	用计量经济模型预测西班牙 5 种原油产品需求，估算需求弹性，作为一般均衡模型的基础
周扬等[32]	江苏煤炭石油需求	BP 神经网络与灰色 GM 的组合模型	分析几种常用单一模型的优缺点，建立 BP 神经网络与灰色 GM 的优化组合模型
Assareh 等[33]	伊朗石油需求	非线性回归/粒子群算法（PSO）、遗传算法（GA）	提出了基于社会经济指标的 PSO 和 GA 估计伊朗石油需求
Behrang 等[34]	伊朗石油需求	非线性回归/引力搜索算法（GSA）	根据社会经济指标，利用 GSA 开发三种模型预测伊朗石油需求
Lyu 等[35]	石脑油需求	时间序列/系统学原理	考虑石化企业利润率、替代原料使用等，时间序列建模预测石脑油供需

综上所述，石油需求预测主要使用了线性和非线性回归方法、弹性系数方法、需求惯性方法（包括灰色系统方法和指数平滑法）等，已经较少使用系统学原理建模方法了。究其原因，可能是石油消费的消费实体相对于汽油需求更为复杂，使用系统学原理的预测方法需要选择的参数和自变量的工作量变大，而准确性降低。总体来说，石油需求预测和汽油需求预测具有较大的相似性，可以相互参考和借鉴。

1.3.4　能源需求预测研究的文献综述

能源需求（除汽油和石油外）的预测研究主要包括地区能源总需求预测、煤炭需求预测、电力需求预测、天然气需求预测等。其中能源总需求预测的相关文献数量最多，一些文献中使用了非常精彩的需求预测方法，可以作为汽油需求预测的重要参考。梁巧梅等[36]使用投入产出法给出了能源消费的详细来源和去向分解，然后结合情景分析法区分不同的经济、政策和科技情景，预测能源需求和能源强度，该文献的重要贡献是给出了结合投入产出分析的能源需求预测情景分析框架，对之后的能源预测研究具有重要参考价值。韩君等[37]应用 ARMA 模型①分析趋势外推模型的残差序列，提高对中国能源需求预测的准确性。邢小军等[38]应用主成分辅助协整分析，预测中国能源需求，方法在分类上属于线性回归方法，但是文献较为巧妙地使用了主成分分析法，废除了因变量的多重共线性对能源需求预测结果的影响。王钰等[39]建立了基于小波神经网络的中国能源需求预测非线性预测模型，该模型区别于一般的神经网络模型，利用小波神经网络的特性，从而提供了更多的模型选择，也得到了更加可验证的误差更小的预测结果。付娟等[40]应用整体序列和近 10a 序列分别建立 Logistic 模型，两者耦合，用遗传算法优化模型参数，预测中国清洁能源需求，该研究的最大亮点在于对 Logistic 模型的运用。高岩等[41]应用灰色系统理论缓冲算子，构造指数型弱化缓冲算子，预测中国短期能源需求，该方法比一般的灰色系统方法多加入了缓冲算子，增加了预测方法的灵活性和预测结果的可靠

---

① ARMA 模型：Auto – Regressive and Moving Average Model，自回归滑动平均模型。

性。郭金童等[42]应用多元回归、ARMA、灰色法建立单项模型，引进诱导有序加权平均算子建立组合模型，预测中国能源需求，该方法是一种综合方法，把集中常用的预测结果进行了加权综合。曾胜[43]采用能源消费弹性系数法预测中国能源需求，该文献在弹性系数分析方面非常细致，加之严谨的推理逻辑使得研究结果在能源需求中短期预测方面具有一定参考价值。陈卫东等[44]利用粒子群优化算法，建立线性和指数两种能源需求预测模型，预测中国能源需求，该研究的指数模型结合粒子群算法使得预测结果与历史数据有了更好的贴合。付立东等[45]使用 GA－SA（遗传算法和模拟退火法）模型，使用时间序列数据，预测中国短期和中期两种不同情景的能源需求量，该研究借助于非线性模型，达到了更高的预测精度。李健等[46]建立二次非线性能源模型，应用混沌遗传算法（CGA）求解模型参数，依据时间数据预测中国短期能源需求，该研究提出的模型与库兹涅茨曲线具有一定相通之处。马丁等[47]运用自下而上的分析和计量方法，预测中国中长期能源需求，该研究的分析过程较为细致，具有一定的参考价值。

综上所述，以上文献的预测研究精彩纷呈、亮点突出，所使用的预测方法也非常多样，几乎包括了能源需求预测，甚至一般需求预测的所有方法，其中情景分析法、神经网络、粒子群算法和遗传算法等具有一定的新颖性。为了方便分析和观察其他能源需求预测的方法和特点，特总结能源需求预测的相关文献如表 1－7 所示。

表 1－7　能源需求预测研究的文献总结

作者	对象	方法	要点
梁巧梅等[36]	能源总需求	投入产出法/情景分析法	投入产出法、情景分析法预测能源需求和能源强度的框架
韩君、梁亚民[37]	能源总需求	外推与 ARMA 组合	ARMA 模型分析趋势外推模型残差序列
魏一鸣等[48]	能源总需求	能源经济模型	预测我国“十一五”期间的能源需求和节能潜力

续表

作者	对象	方法	要点
邢小军、周德群[38]	能源总需求	主成分辅助协整分析	能源价格已经能够反映中国能源供需状况
王钰、鲍勤[39]	能源总需求	小波神经网络	基于小波神经网络的我国能源需求非线性预测模型
高岩等[41]	能源总需求	灰色系统理论缓冲算子	构造一类新的指数型弱化缓冲算子，预测中国短期能源需求
郭金童、赵光明[42]	能源总需求	IOWA 方法	多元回归、ARMA、灰色法建立单项模型，引进诱导有序加权平均算子构建组合模型
廖华、魏一鸣[49]	能源总需求	分析预测	工业化、信息化、城镇化、市场化、国际化背景下，“十二五”中国能源供需
曾胜[43]	能源总需求	能源消费弹性系数	采用能源消费弹性系数法预测能源需求
孙涵等[50]	能源总需求	SVR① 能源需求预测模型	仿真中国 1985—2008 年能源需求，预测中国 2010 年和 2020 年能源需求
陈卫东、朱红杰[44]	能源总需求	粒子群优化算法	用粒子群优化算法，建立线性和指数两种能源需求预测模型
彭新育、王桂敏[51]	能源总需求	改进的 PSO - GA 混合优化算法	1978—2005 年数据估计模型参数，2006—2011 年数据验证模型有效性，预测我国 2013—2015 年能源需求
付立东等[45]	能源总需求	遗传算法和模拟退火法	1981—2012 年数据，GA - SA 模型预测中国在 2015 年、2020 年时两种情景下能源需求
冯雪等[52]	能源总需求	模型综述	对参数回归类能源需求预测模型的发展阶段和特点进行综述
李健、虞亚平[46]	能源总需求	二次非线性模型	二次非线性能源模型，混沌遗传算法（CGA）求解模型参数，依据 1985—2014 年数据预测 2020 年中国能源需求
方德斌等[53]	能源总需求	系统动力学模型	模拟新常态下的三种情景，预测“十三五”期间中国能源需求
马丁等[47]	能源总需求	“自下而上”分析、计量经济等	用“自下而上”分析和计量经济等方法，预测中国中长期能源需求

① SVR：Support vector regression，支持向量回归，是支持向量机（SVM）的重要的应用分支。

续表

作者	对象	方法	要点
付娟等[40]	清洁能源需求	Logistic 模型、遗传算法优化	整体序列和近 10 年序列分别建立 Logistic 模型，两者耦合，利用遗传算法优化模型参数
曾胜、刘朝明[54]	河北能源需求	能源消费弹性系数、单位 GDP 能耗	“十一五”末河北省年需能源总量为 250Mt 标准煤左右
李博、靳取[55]	四川能源需求	三种方法的比较	比较灰色系统理论、消费弹性系数法、单位 GDP 能耗预测法
于汶加等[56]	区域能源需求	人均能源需求与终端能源需求相结合	指出 IEA 和 EIA 所用预测模型基本预测单元设定的不合理和基本预测方法存在的明显缺陷
李泓泽等[57]	北京能源需求	DGM（1，1）模型	分析北京市 2004—2010 年能源消费和生产的灰色综合关联度
刘俊杰等[58]	江苏江阴能源需求	情景分析法	利用应用情景分析法预测江苏江阴 2011—2020 年能源需求与碳排放
张跃军等[59]	北京能源需求	支持向量机	根据北京 1978—2010 年能源数据，预测北京 2012—2020 年能源需求
李剑波、鲜学福[60]	重庆能源需求	灰色神经网络模型	运用灰色神经网络模型预测“十三五”期间重庆能源需求
吴士健等[61]	山东能源需求	计量经济模型	利用山东省 1985—2013 年数据预测山东未来能源需求
陈睿等[62]	长沙市能源需求	LEAP 模型①	采用 LEAP 模型预测了不同情景下湖南长沙市 2015—2020 年的能源需求
Yuan 等[63]	中国地区能源需求	贝叶斯方法②	利用 1995—2012 年 30 个省份的数据，采用分层贝叶斯方法来实现省级和国家级能源需求的概率预测
肖宏伟、吴艳军[64]	北京市能源需求	行业分析法	预测新常态下北京“十三五”期间分品种分行业的能源需求

① LEAP 模型：Long-range Energy Alternatives Planning System，长期能源替代规划系统，是一个基于情景分析的自底向上的能源—环境核算工具。

② 贝叶斯方法：Bayesian Analysis，贝叶斯分析方法，是贝叶斯学习的基础，它提供了一种计算假设概率的方法，其基于假设的先验概率、给定假设下观察到不同数据的概率以及观察到的数据本身而得出。

续表

作者	对象	方法	要点
王立杰、孙继湖[65]	中国煤炭需求	灰色预测模型	预测中国 10 年内煤炭需求
胡雪棉、赵国浩[66]	中国煤炭需求	BP 神经网络	基于 Matlab 技术的双隐层 BP 神经网络，预测煤炭需求
Debnath 等[67]	孟加拉国农村居民能源需求	自下而上、情景分析	将 4 个变量（人口、GDP、电气化指数、能源保障指数），以自下而上方法建模，预测 2010 年到 2050 年 3 种情景（最高、最低、最优）孟加拉国农户综合能源需求
高士友等[68]	中国煤炭需求	线性回归方法	根据 2005—2015 年数据采用线性回归方法预测 2016—2020 年中国煤炭需求
唐平雅[69]	中国电力需求	MedPro 模型	MedPro 模型对电力预测有实用价值
林伯强[70]	中国电力需求	计量经济模型	长期需求、短期波动的框架
何晓萍等[71]	中国电力需求	面板数据非线性模型和协整模型	考虑城市化对电力需求的影响，利用面板数据非线性模型和协整模型预测中国电力需求
赵会茹等[72]	电网投资需求	协整理论和误差修正	提出一种基于协整理论和误差修正的模型，分析某地区 1981—2009 年的数据
Arias 等[73]	电动汽车充电需求	大数据技术	基于大数据技术，用韩国的历史交通数据和天气数据，建立电动汽车充电需求预测模型
He 等[74]	天津电力长期需求	系统动力学模型	对新的影响因素进行了定量分析，建立了基于计量经济学的定量关系
Laouafi 等[75]	在线电力需求	组合模型	提出一种新的组合预测方法，用于正常和异常负荷条件下的短期电力需求预测
Raza 等[76]	光伏建筑用电需求	遗传算法、粒子群算法、贝叶斯平均	基于 5 种不同预测器的组合：反向传播神经网络（BPNN），Elman 神经网络（EN），自回归整合平滑法（ARIMA），前馈神经网络（FNN），径向基函数（RBF）和它们的小波变换（WT）模型
Amara 等[77]	居民用电需求短期预测	自适应条件密度估计	探索气温与居民用电需求的非线性关系，提出基于核密度估计（KDE）的自适应条件密度估计（ACDE）方法提高预测精度
Happle 等[78]	城市建筑能源需求	空气渗透建模方法	分析两种不同的简化的空气渗透建模技术（固定换气率模型、基于风压和气温模型）对一个区域供热和制冷需求的影响

续表

作者	对象	方法	要点
Song 等[79]	电力需求	高斯扰动，萤火虫算法，支持向量机（SVM）	用高斯扰动改进的萤火虫算法对支持向量机的参数进行优化，以量化“去产能”政策对电力需求的影响
Vu 等[80]	短期电力预测	自回归的时变（ARTV）模型	基于 ARTV 模型预测短期电力需求，ARTV 模型允许其系数在预设的时间间隔更新，加强电力需求与自身历史值的联系，从而提高模型的性能
Burillo 等[81]	电力需求	全球气候模型、高级统计方法	使用全球气候模型（GCM）评估天气预报的非平稳性，开发一种新的高级统计方法，统计天气对高峰需求、发电和地方储备边际的影响
Shao 等[82]	电力需求	对分解预测方法的综述	对基于分解的预测方法进行了全面的综述和总结，分解包括基于组件模型的分解和基于频域分析的分解
Khan[83]	巴基斯坦天然气需求	计量经济模型	建立计量经济模型估算巴基斯坦 1978—2011 年天然气需求的特定行业收入，价格和交叉价格弹性
Shaikh 等[84]	天然气需求	Logistic 模型	基于 Logistic 和 Logistic - population 模型构建中国天然气需求中长期预测（2035 年）模型
Shaikh 等[85]	天然气需求	优化的非线性灰色模型	利用灰色 Verhulst 模型和非线性灰色伯努利模型两种优化的非线性灰色模型，构建中国天然气消费量预测模型
Karadede 等[86]	天然气需求	混合增殖算法	提出了基于非线性回归的增殖遗传算法和模拟退火算法，以较小的误差率预测天然气需求

1.3.5 已有文献的需求预测方法总结

文献中出现的需求预测方法种类繁多，本小节将对各种需求预测文献出现的方法进行分析和总结，以期找到适合本书的需求预测方法。需求预测文献中，根据预测原理的不同首先可以分为直接预测方法和间接预测方法。直接预测方法包括直接的趋势外推法、部分的灰色系统方法和指数平滑法等，即依靠预测对象本身历史数据，根据惯性原理预测未来趋势。例如，贡文伟等[87]构建基于灰色理论与指数平滑法预测汽车购买需求。间接预测方法是指通过其他变量的预测结果及其与目标变量的关系来预测目标变量的方法，是一种基于因果关系的预测方法。例如，刘秉镰等[88]运用系统动力学方法建模，考虑物流供给能力、区域经济发展对物流需求的影响，预测区域物流需求；徐中民等[89]建立宏观经济模型和人口模型，使用因果分析方法，预测黑河中游 2020 年和 2050 年水资源需求。实际上，大部分的需求预测方法，包括线性回归方法、非线性回归方法、系统学原理建模方法、弹性系数法和各种组合方法在内是间接预测方法。根据以上分析，现将几种主流的需求预测方法总结如下。

（1）弹性系数法。弹性系数法的能源预测方法，一般是计算能源消费弹性，然后根据对 GDP 增长的预期和能源消费弹性，预测能源需求。例如，曾胜[43]采用能源消费弹性系数法预测中国能源需求。曾胜等[54]应用能源消费弹性系数法和单位 GDP 能耗法，预测河北省能源需求。Khan[83]建立计量经济模型预测巴基斯坦天然气需求。还有一些研究主要研究能源的价格弹性，通常不对汽油需求做直接预测，但是这类文献揭示了汽油价格对汽油需求的影响作用，对本书有参考价值。例如，Bhaskara 等[25]利用时间序列估算斐济汽油需求，发现斐济汽油需求对价格和收入无弹性。Pock[13]在研究欧洲各国汽油需求价格弹性时指出，以往的研究忽略了欧洲乘用车中柴油车的数量，从而放大了居民收入、汽油价格和汽车保有量的弹性系数。

（2）灰色系统法。灰色系统法是只依靠目标变量本身的历史数据做预测，其可靠性需要验证，因此通常和其他方法组合使用。例如，贡文伟等[87]在预测汽车需求时，把灰色理论和指数平滑法组合使用。何永贵等[90]把灰色系统法和多元线性回归、神经网络等方法相结合预测某企业人力需求。在英文文献中也是灰色系统法与其他方法结合使用的情况较多。例如，Shaikh 等[85]利用灰色 Verhulst 模型和非线性灰色伯努利模型预测中国天然气需求。Wang 等[91]使用灰色非线性代谢模型、自回归综合移动平均模型等预测宾夕法尼亚州和得克萨斯州的页岩气产量。因此以上文献的共同点是把灰色系统法与其他方法相结合。

（3）线性回归法。线性回归法根据关键变量对目标变量的计量学影响进行预测，根据不同的计量回归方法可以分为不同的细分种类。例如，蒋耒文等[92]建立线性回归模型，使用最小二乘法预测中国住房需求。于松青等[93]使用偏最小二乘法计算线性回归模型预测山东省电力需求。武进静等[94]使用多元线性回归模型预测江苏省物流需求。Satari 等[95]建立线性模型（LA－AIDS 模型）预测伊朗农业部门对成品油、电力和天然气等不同能源品种的需求并计算需求弹性。Wang 等[96]分别建立了单线性、混合线性模型预测中国和印度的能源需求。以上文献尽管使用了不同的回归方法，但是其模型都是线性模型，因此都属于线性回归的范畴。

（4）非线性回归法。随着计算机算法的发展和计算能力的提高，非线性模型在需求预测领域的应用越来越普遍。其中一种非线性回归是对传统线性模型的改进，例如胡小建等[97]把原有的多元线性模型改进为多元非线性回归模型预测区域物流需求。冯雪等[98]把包容性检验的线性模型改进为非线性回归模型预测能源总需求。然而，更多的是使用人工神经网络、非线性支持向量机等实现模型的非线性。例如，李剑波等[99]使用灰色神经网络模型预测重庆能源需求。李瑞等[100]使用径向基神经网络预测中国物流业能源需求。Mason 等[101]使用协方差矩阵自适应进化优化算法，训练神经网络，预测爱尔兰短期电力需求、风力发电量和二氧化碳排放强度。Lu 等[102]提出基于强化学习和深度神经网络的智能电网实时激励需求响应算法，预测电网电力需求，提高电网可靠性。Jiang 等[103]改进遗传算法的特征选择与预训练的深层神经网络结合预测患者对不同门诊关键资源的需求。高峻峻等[104]基于支持向量机建立非线性模型预测某企业产品需求。Jiang 等[105]针对解释变量缺乏、历史数据有限的情形提出自适应自回归的支持向量机模型预测系统的不稳定需求。Bünning 等[106]建立了改进人工神经网络受数据高方差影响的非线性模型预测建筑物的内部能源需求。Kazemzadeh 等[107]提出了基于数据挖掘技术的混合长期预测方法预测非线性的电力需求负荷，得到了比线性模型更好的预测结果。以上文献说明需求预测方面非线性回归方法的发展很快，文献也越来越多，非线性回归普遍比线性回归有更好的数据拟合效果。

（5）系统模拟方法。系统模拟的预测方法是以系统的观点，把被预测的目标变量作为系统的一个组成部分，分析在系统变化过程中，目标变量的变化。例如张惠丽等[108]应用系统动力学方法建模预测不同 GDP 增长下中国铁矿石需求。马永欢等[109]基于系统动力学原理仿真预测中国粮食需求。Williams 等[110]模拟区域电网运营商在实时能源数据不足的情景下用系统模拟来预测电力消耗率。Van 等[111]建立了考虑多级供应商的信息共享的供应链模型预测美国药品需求数据。Lobo 等[112]基于复杂的供应链网络结构模型模拟建模预测美国军队的各战区燃料分配需求。

（6）组合预测法。组合预测方法是指建立多个模型的组合，或各自预测对结果进行修正综合，或先后预测以前一个的结果预测后一个目标。例如，李宏勋等[113]利用灰色法预测天然气影响因素的趋势，用偏最小二乘法修正，最后回归预测中国天然气需求。王翀[114]将三种预测模型的结果进行组合预测中国能源需求。Zhang 等[115]基于概率和人口统计信息模拟案例不同类型公寓中不同类型家庭的能源消费活动，用 K – means 聚类法整合后输入随机混合整数线性规划模型预测社区能源需求。Li 等[116]建立底层模型、储能模型和需求响应模型三级仿真模型预测微电网能源需求。Edelenbosch 等[117]建立了共享社会经济路径框架下的 4 种模型预测 3 种不同参考情景的工业、交通和建筑业能源需求，对比能源需求与全球碳减排目标的差距。由此可见，组合模型在需求预测领域得到了大量应用，并且这一趋势将继续加强。

（7）判断预测法。考虑到历史数据外推可能失效的情况，一些文献研究了基于专家判断的预测方法，即判断预测。判断预测是指把人的判断作为需求预测的依据的方法。尽管统计预测有众多优势，在许多实际案例中依然需要使用判断预测。由于人的判断具有较强的主观性，判断预测的方法通常与统计预测相结合，一些文献也对此进行了理论研究。例如，Baecke 等[118]采用了一家国际出版公司的实际数据，对比两种统计和判断预测相结合的不同方法——限制条件法和综合法，分析人的判断加入统计需求预测中后产生的增加值。Alvarado 等[119]邀请 31 位专家参与预测，采用判断调整、对半综合、分治法 3 种判断预测方法，预测某产品需求，并对比 3 种方法预测结果的准确性。

综上所述，需求预测的相关文献表现以下特点：一是普遍以提高预测的准确性为目的，二是越来越多地使用非线性预测模型和组合预测模型，三是逐渐使用人工智能的参数回归方法。考虑到本书的研究目的是预测能源转型背景的中国汽油需求，已有的汽油需求预测文献中，即根据历史数据的外推法不能预测违反历史趋势的汽油需求在未来可能出现的因为新能源汽车的替代而带来的下降。以此类推，非线性模型、组合模型，以及人工智能的回归方法等，可以为本书提供参考，但是无法从根本上解决本书面临的“历史数据外推法失效”的问题，而判断预测法对本书的研究有一定的启发作用。

第2章　能源转型及其对汽油需求的影响

人类社会的发展史几乎是人类能源利用水平的进步史。从用火加工熟食，到烧制陶器，再到青铜器、铁器的冶炼，人类的发展进步过程几乎也是人类对能源利用方式的发展进步过程。能源转型的概念本身有着宏大的历史背景。同时，当前中国正在推动和发生的能源转型对中国能源需求，特别是中国汽油需求产生了重要影响。本章将在分析能源转型深刻内涵和解析中国能源转型背景的基础上，分析中国的能源转型背景对中国汽油中长期需求的影响。

2.1　能源转型的概念及内涵

按照当前学术界广泛接受的定义，能源转型是指在能源结构中占主体地位的能源在能源种类之间的转换。按照这一定义，人类历史上已经发生过两次能源转型，即煤炭替代薪柴和油气替代煤炭的两次能源转型。两次能源转型分别与两次科技革命有着非常紧密的联系。

2.1.1　历史上的两次能源转型

第一次能源转型是煤炭替代薪柴成为主体能源。在工业革命以前的很长一个历史时期，人类对能源需求的主要用途是炊事、取暖和照明。在以上三个方面，薪柴可以提供比煤炭更好的用户体验，有着比煤炭更低的价格，而且薪柴的供应是相当充足的。直到工业革命前夕，当时的英国因为资本主义的发展，造船、冶铁、玻璃、制糖等消耗了大量的森林资源，木材供不应求价格高涨，迫使英国不得不开始加大煤炭的生产，并在能源上增加对煤炭的依赖。随着蒸汽机的发明，能源开始有了新的用途（开始提供人类生产所需的动力）；随着焦炭冶铁技术的出现，煤炭开始替代木炭成为炼铁的主要能源。英国发生的煤炭替代薪柴的历史大约前后共经历了三百年时间。随着工业革命在全球发展，世界范围开始了煤炭替代薪柴的能源转型，到 1900 年前后，煤炭用量超过薪柴，成为世界主要的能源。

第二次能源转型是石油天然气替代煤炭的能源转型。人类使用石油天然气也有着悠久的历史，然而在很长的一段历史时期，石油天然气始终未成为主流，直到 1911 年洛克菲勒成立的标准石油公司被拆分为止，石油的主要用途不过是提炼煤油、照明，少部分被用于机械润滑。但是随着内燃机的发明和改进、汽车的生产和普及，以及中东石油的大发现，1965 年前后，石油取代煤炭成为世界能源结构中占比最大的能源。如果再加上天然气，毫无疑问，油气是当今世界能源的主流。从 2006 年到 2009 年美国发生的页岩气革命，无疑使油气作为主体能源的地位更加稳固。电力是非常特殊的能源。在第二次能源转型中，电力的发明和使用同样发挥了重要作用。电力作为一种二次能源，可以由几乎任何类别的一次能源转化得到，而且电力既可以用作动力，也可以用作发热和照明。可以说在电动汽车大规模发展以前，除了交通运输领域必须更多地依赖石油以外，其他的能源利用领域都可以用电力替代。

1830—2010 年世界一次能源消费中各能源种类的占比见图 2 - 1。从图中可以看出，世界最主要能源经历了两次更迭，第一次是 1900 年前后，煤炭替代薪柴成为最主要能源；第二次是 1965 年前后，原油替代煤炭成为最主要能源。从总量的占比分析来看，截至 2010 年底，可再生能源（包括水电和生物质能，不包括核能）的总占比依然较低，化石能源（煤炭、原油、天然气）依然是世界主体能源。

2.1.2 第三次能源转型

所谓第三次能源转型，是指即将发生或正在发生的清洁能源和可再生能源替代化石能源的能源转型。这里涉及清洁能源和可再生能源的定义问题。按照学术界的主流观点，可再生能源包括水能、风能、光能、地热能、潮汐能、生物质能等。清洁能源定义与可再生能源的定义范围大致相

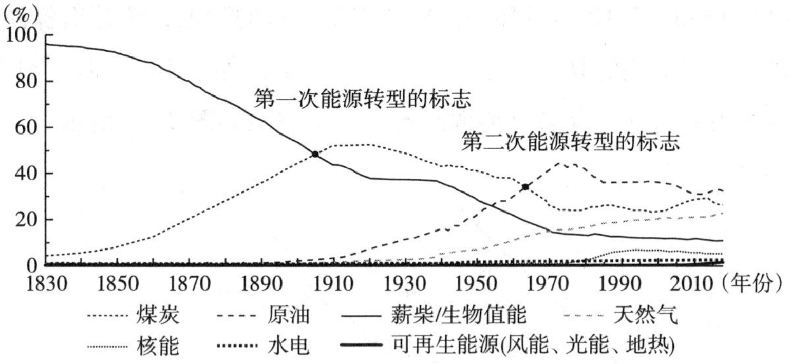

图 2－1　世界一次能源消费占比（1830—2010 年）

数据来源：美国 The Oil Drum 网站数据库。

同，但是在一些特殊能源的划分方面，学术界依然存在争议。比如，电力在使用过程中属于清洁能源，但是在发电过程中未必；核能不属于可再生能源，在一般使用场景下具有清洁性，但是在核泄漏发生时会造成巨大和深远的危害；天然气燃烧在除二氧化碳外的其他污染物排放方面做到了清洁，可是天然气中碳的质量分数依然达到约 75%，从较少碳排放的角度，天然气不能算作清洁能源；氢能在利用阶段属于清洁能源，并且可以实现碳排放为零，但是氢气在自然界并不直接存在，氢能是否真正清洁还要取决于制取氢气的方式和手段。鉴于以上问题的特殊和复杂，本书也不能一概而论地把以上尚存有争议的一些能源种类直接定义为清洁或不清洁，本书只在讨论以上一些具体能源时对具体问题作出具体的讨论，并且本书一般使用可再生能源的定义，而避免使用清洁能源的定义。

根据可再生能源发展的区域和国家分布，截至 2019 年底，德国、挪威和冰岛等国走在了第三次能源转型的前列。挪威和冰岛是国土面积相对较小、人口相对较少的国家（以挪威为例，2019 年其境内 500 多万人，还不到北京市人口的 1/4），有着特殊的自然资源禀赋，挪威有着丰富的水资源使得其水电在总发电量中的占比高达 90% 以上；冰岛有着丰富的地热资源使得全国 85% 以上的人口可以使用地热取暖。相比于挪威和冰岛，德国的地域面积广大、人口众多，能源资源中除了煤炭资源相对丰富外，石油天然气和可再生能源等资源相对匮乏，但是德国在能源转型方面取得了举世瞩目的成就。

根据1830—2010年世界一次能源消费总量的数据，统计出各种能源的消费量从每年1艾焦耳（艾焦耳，热力学单位，等于10^{18}焦耳）到每年10艾焦耳所用的时间，即各种能源品种的增长路径如图2－2所示。

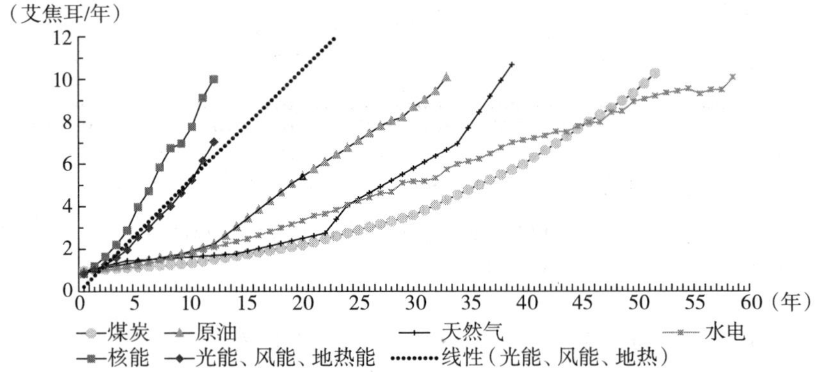

图2－2　世界各种能源品种增长路径（1～10艾焦耳/年）

数据来源：美国The Oil Drum网站数据库。

注：某种能源全球消费量达到1艾焦耳/年时，当年记为该能源增长路径的第0年。

图2－2中全球的煤炭消费量从1艾焦耳/年增长到10艾焦耳/年用了52年，原油用了33年，天然气用了39年，水电用了59年，核能用了12年；风能、光能和地热能从1艾焦耳/年增长到7艾焦耳/年用了12年，根据虚线所示的趋势线，增长到10艾焦耳/年大约还需要8年。从世界各种能源的增长路径分析，可再生能源（风能、光能和地热能，不包括水能）从1艾焦耳/年到10艾焦耳/年的年增长速度将远快于化石能源。从这个意义上分析，尽管当前可再生能源的占比依然较低，但是可再生能源的发展有着广阔的前景，标志着第三次能源转型具有广阔的发展空间。

在已有的文献中，朱彤[120][121]指出能源转型的趋势不可逆转；关于能源转型的目的，德国的是环境保护，美国的是能源独立；在总结德国和美国能源转型差异的基础上提出电力是中国能源转型的关键。林绿等[122]分析德国和美国能源转型经验，重点研究政策、补贴、税收、价格、立法和电力系统灵活性等，指出了电力对能源转型的关键意义。赵宏图[123]指出新能源的是否兴起取决于新能源技术自身和对新能源的利用技术的进步。

Hauter 等[124]建议德国联邦中央政府和联邦州政府建立利益协调机制。刘明德等[125]指出德国能源转型的继续发展依然面临政策、经济和技术等方面的挑战。刘坚等[126]梳理欧盟各国能源转型战略和措施，分析了低碳能源发展迅速的主要原因，指出能源转型可能需要经历一个相当长的历史时期。综上所述，能源转型的趋势不可逆转；电力和电动化是中国能源转型的关键；能源转型需要技术和政策支撑；能源转型具有长期性。

2.1.2.1　第三次能源转型是不可逆转的发展趋势

不论是从化石能源的不可再生性，还是从全球气候和环境问题的限制出发，第三次能源转型成为人类必须面对，并且要努力实现的不可逆转的一种发展趋势。

（1）化石能源不可再生。化石能源资源的不可再生性决定了依靠化石能源的发展模式不具有可持续性。在 1980 年以前，世界能源领域关注的主要是化石能源的不可再生性问题，特别是经过 1975 年前后的石油危机，世界各石油进口国普遍开始思考化石能源的安全供应问题，进而对化石能源的不可再生性产生一定的担忧。1979 年，全球气候变暖的概念被提出，但是当时并没有被引起足够的重视。

（2）环境问题成为化石能源发展新的制约。越来越严峻的环境形势（特别是全球气候变化）迫使世界各国在化石能源远没有达到耗竭之前就开始抛弃化石能源。1992 年，随着联合国《气候变化框架公约》的签署，二氧化碳排放引起的全球气候变暖问题逐渐受到世界各国的广泛关注。全球气候和环境问题，对于化石能源发展而言，可能成为比化石能源资源耗竭更早的条件限制。

2.1.2.2　第三次能源转型必然具有一定的长期性

能源转型本身就具有一定的长期性，第一次能源转型煤炭替代薪柴用了 300 年时间（标志性事件是煤炭在一次能源中的占比超过薪柴）；第二次能源转型石油天然气替代煤炭用了 50 年时间（标志性事件是石油在一次能源中的占比超过煤炭）。第三次能源转型面临的问题同样艰巨和复杂。

（1）化石能源在价格上依然具有优势。经过几百年的发展，化石能源的供应已经形成了完备的体系，相应地，从开采到利用的技术都相当成熟，使化石能源普遍具有比清洁能源更低廉的价格。

（2）化石能源在一些领域具有能源特性上的优势。在玻璃、水泥、钢铁等高热能需求行业，在用一次能源直接对物料进行加热方面，煤炭和天然气依然是能量供应的主体，这是由大部分可再生能源在能量密度上的特性决定的。利用电力作为二次能源可以满足大部分的加热需求，但是可再生能源电力的发展面临其他条件的限制。

（3）可再生能源在世界上的分布不均衡。可再生能源在空间分布上几乎有着和化石能源一样的不均衡性。有些地区的地热能资源总量多、温度高，可以实现大规模商业发电；有些国家的水能资源丰富，几乎可以满足全国的电力需求；有的国家耕地资源丰富，有利于发展生物质能源。但是对大多数国家和地区而言，资源分布与消费需求在空间上高度吻合的可再生资源分布几乎是不存在的。可再生能源资源在空间分布上表现出严重的不均衡，并且对大部分国家和地区而言，可再生能源的总量严重不足。

（4）可再生能源资源总量的不足。风能、光能、水能和生物质能等在世界的分布比较广泛，但是能源的资源量有限，难以满足大多数国家的需求。水力发电具有较高的适应和调峰能力，但是对世界上大多数国家来说，本国的水力资源都难以完全满足本国可再生能源的需求，更不可能达到完全替代化石能源的程度。生物质能严重地依赖本国的生物质资源总量：秸秆等农作物根茎的能量密度较低，收集和运输成本较高；专门的高能量密度的作物种植需要大量的耕地资源，对于耕地缺乏的国家难以实现大规模种植。对大多数地区而言，风能、光能在能源总量上都难以单独满足能源需求，在能源供应稳定性即调峰能力方面也难以实现和电网的紧密衔接。

（5）风能光能等能源的供能稳定性（调峰能力）仍需提高。风能光能等可再生能源供应的稳定性依然不足以满足电网负荷峰谷变化的需求。风能发电（风电）和光能发电（光电）具有较大的天气依赖性，天气的随机变化与电网电力需求的不匹配导致风电和光电都难以独自成为电网能源的供应方，甚至较大的风光发电上网电量所需匹配远超电网最大负荷的火力发电装机容量作为调峰电力能源，因此在经济上也造成很大的负担。

2.1.2.3　第三次能源转型中交通运输清洁能源的发展分析

以上分析集中在热力和电力需求方面。在交通运输领域因为交通工具本身的移动特性，其能源供应需要有一定的特异性：首先是高能量密度和便携性；其次是流动性（从某种意义上说，电力也具有流动性）和使用方便性。基于这些特性，可以作为交通运输能源的主要有：电能、汽油、航空燃料（航空煤油）、柴油、氢能、天然气［包括液化天然气（Liquefied Natural Gas，LNG）］、船用燃料油（有时是轻质和重质柴油）等。其中，在大部分场景，目前都是化石能源占据着优势和主导地位。

具体到不同的交通运输领域，分别使用不同的交通运输能源。在航空领域，除了少部分装配内燃机的直升机和螺旋桨飞机使用航空汽油外，其他大部分军用和民用航空器使用的燃料是航空煤油。在铁路运输领域，电气化铁路一般使用电能作为能源，非电气化铁路普遍使用柴油作为能源，曾经使用煤炭的蒸汽机车已经在20 世纪中后期逐渐地退出了历史舞台。在船舶运输领域，远洋航运主要使用含硫量较高、流动性较差的船用燃料油和重质柴油，内河航运主要使用轻质柴油，部分远洋航运开始区分场景地混用船用燃料油和 LNG，部分内河航运船舶也开始全部使用 LNG。在公路运输领域，商用车包括中型和大型货车、大型客车等主要使用柴油，部分开始使用压缩天然气（Compressed Natural Gas，CNG）和 LNG；小型和微型货车、小型和中型客车、家用车主要使用汽油、电能和氢能。交通运输所使用的主要动力能源品种分布见图 2 - 3。

在交通运输领域，已经出现的清洁能源主要是天然气、电力和氢能。其中，天然气作为船舶燃料具有一定发展前景，天然气作为汽车燃料的发展潜力有限，电力和氢能作为汽车动力能源具有较大的发展前景。

天然气主要用于航运和商用车辆。根据天然气的物理特性，天然气在常温常压下密度较低，使得常温常压下天然气的（空间）能量密度较低，

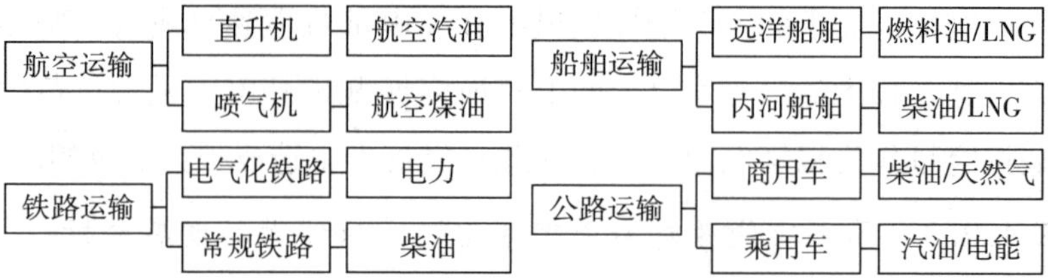

图2-3　交通运输所使用的主要动力能源品种分布

不符合交通运输能源“便携性”的要求。通常情况下，天然气以CNG和LNG的形式被用作交通燃料。具体到航运船舶，一般使用LNG，通常使用保温钢瓶的形式保存，防止LNG的受热液化。由于天然气的燃烧特性具有发热稳定，但是爆发力不足的特点，对于重型船舶的启动加速过程，天然气很难提供如柴油机一样强大的瞬间爆发力，目前的远洋重型船舶在使用LNG的同时通常选择柴油作为补充，实现柴油和LNG的混用。内河船舶已经出现了完全使用LNG的船型，并且长江流域已经出现沿岸的LNG加气站分布。由于公路上加气站，特别是LNG加气站分布非常有限，LNG卡车主要被用于矿场等使用区域较为集中的场景，因为LNG产生的运输成本低于柴油，所以在矿场和矿区LNG卡车的应用依然有较大发展前景。CNG主要被用于城市公交车辆和出租车，例如重庆地区气源充足，并且CNG加气站分布较为广泛，在政府推动下，部分公交汽车和出租车等在本区域行驶的车辆为节约燃料成本使用了CNG。在全国范围，公路周边的CNG或LNG加气站分布不足，并且由于CNG、LNG本身的能量密度较低、保存条件苛刻，中国本身的廉价天然气气源有限需要依赖高价进口，CNG和LNG不具备在全国大规模扩展的潜力。天然气在交通运输领域的应用见图2-4。

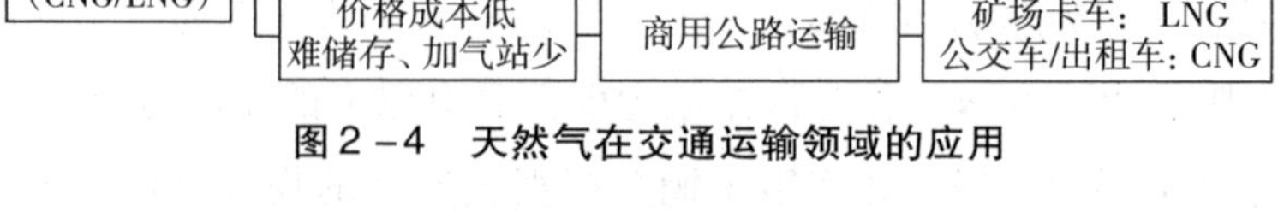

图2-4　天然气在交通运输领域的应用

电力作为交通运输动力能源主要用于电气化铁路和轻型汽车。普通的电气化铁路使用电力机车作为火车的动力来源，电能通过电力机车顶部的受电弓与电力接触网相接触获得电能。动车组是指同一列火车除机车外还有多个车厢都具有可以提供列车行进牵引力的动力装置。以上两种类型的火车都属于电力驱动，基于电气化铁路依靠铁路上方架设的接触电网供电。由于铁路运行路线的固定性，而只要进行了电气化改造，铁路机车就可以使用电力驱动，中国新修建的高速铁路网络完全是电气化铁路，并且完全使用动车单元作为驱动方式，电力也是最经济、最方便的铁路动力能源解决方案。随着中国铁路的发展，电力能源在铁路运输领域的发展具有广阔前景。轻型汽车的电力能源主要包括插电混动汽车和纯电动汽车的充电电能。油电混动汽车通过内燃机带动发电机回收车辆机械动能产生和储存电力的方式，其本质依然是以汽油作为动力来源，在本书中，不插电的油电混动车型不被当作电动车型考虑。插电混动汽车和纯电动汽车受政策的影响较大，当前主要在城市（特别是限牌限号的大型和特大型城市）使用。插电混动汽车理论上可以起到减少汽油使用的作用，在实际使用中，由于部分大城市充电条件的限制，实际起到的降低汽油消耗的作用较为有限。得益于政策支持，电动车在中国已经取得了一定发展，但是大城市充电困难、电池成本高、电池能量密度低、电池衰减快、冬季电池电量降低、电车续航里程短等问题严重阻碍了电动汽车产业的发展，阻碍了消费者的购买热情。以上问题可以归结为两方面：一方面是充电设施配套不足，主要是因为尽管充电桩供不应求，提供充电服务的企业在短期依然难以实现盈利；另一方面是电动汽车的电池成本高、重量大、能量密度低、电池衰减快、低温情况充电电量低等技术性问题，集中表现在电池方面。充电设施方面的问题需要依靠商业模式和金融模式的创新来解决。电池方面受制于当前电池原理的物理化学特性，在不出现新的电池基础研究方面的关键性突破之前，只有依靠电池产能的扩大，用规模效应摊薄电池生产成本（在液晶电视的生产方面有过类似先例）。如果电池技术出现关键性进步，突破了现有的电池原理，使得电池成本下降和性能提高，纯电动汽车的发展将有较大前景。电能在交通运输领域的应用见图 2－5。

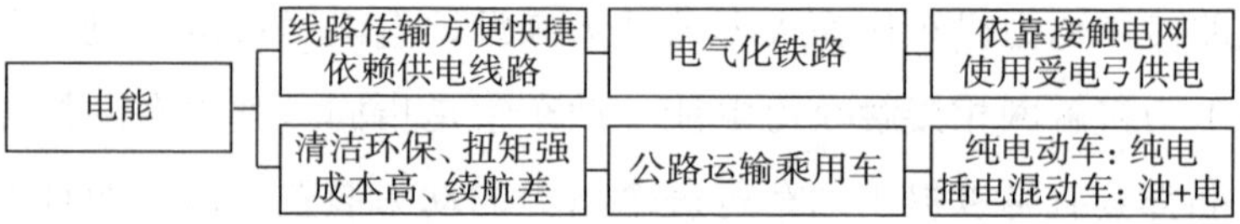

图 2－5　电能在交通运输领域的应用

氢能本身具有较好的清洁性，燃烧的产物只有水，可以实现二氧化碳零排放。氢能作为交通能源的主要使用方式是在燃料电池中与空气中的氧发生化学反应，产生电能。氢能在中国目前尚处于实验运营阶段，有少量的氢能巴士在实验性行驶。氢能在日本已经实现了较大程度的实验运营，日本主要汽车厂商也都研发出具有较高技术水平的氢能小型乘用车，例如丰田 Mirai、本田 Clarity。氢能汽车在未来的发展需要继续依赖氢燃料电池生产技术的进步，以降低整车的制造成本，需要依赖氢能加气站的建设和氢能储存运输技术的进步。但是随着氢能产业的发展和技术的进步，氢能作为汽车动力能源具有较大发展前景。氢能在交通运输领域的应用见图 2－6。

图 2－6　氢能在交通运输领域的应用

综上所述，第三次能源转型中交通运输能源的清洁化主要表现为天然气、电力和氢能对石油产品的替代。以上 3 种清洁能源在不同的应用场景都有着不同的发展前景。特别是电能和氢能，在与可再生能源的发电和制氢技术相结合时，可以完全地实现清洁和低碳，并且都在轻型乘用车领域具有较大的发展前景。

2.2　中国能源转型的内涵和原动力分析

需要注意的是，本书探讨的是能源转型对中国汽油需求的影响，不仅指能源结构变化对汽油需求的影响，更为关键的是中国能源转型的动因及其对中国汽油需求的影响。中国的能源转型不是在真空的环境，而是在能源产业内部发生的。中国的能源转型是指从以煤炭为主的能源结构向可再生能源的转型（其中可以天然气作为过渡），从更实际的视角分析，本书研究的中国能源转型的大背景，不仅包括能源转型本身，更重要的是能源转型的原动力和根本目的，即不仅包括主体能源和能源结构的转变，更体现了中国经济转型升级的发展要求，反映了中国消费者群体能源消费观念的转变，承载了新能源汽车等关键技术的进步，贯彻了国家低碳环保的法律法规和“清洁、低碳、安全、高效”的能源发展政策。以下将分别从中国能源结构调整、中国经济转型、中国消费者消费理念的变化、中国低碳环保政策、中国新能源汽车技术进步 5 个方面分别予以阐释。中国能源转型的原动力构成如图 2 –7 所示。

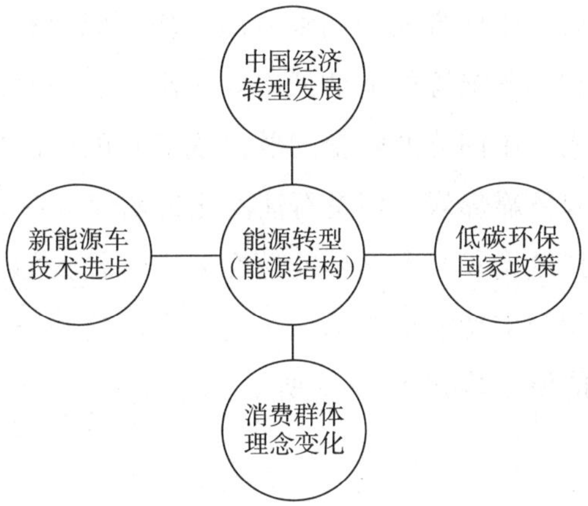

图 2 –7　中国能源转型的原动力构成

2.2.1　中国能源结构调整

新中国成立初期（20 世纪 50 年代至 70 年代）“富煤贫油少气”的资源特点决定了中国被迫选择以煤炭为主的能源结构；同一时期，世界各主要发达国家开始了由煤炭向油气的能源转型。20 世纪 70 年代，随着大庆油田和几个较大油田的发现，“中国贫油的帽子被甩到太平洋里面去了”，中国开始了由煤炭向石油的能源转型过渡阶段；同期，世界范围发生了两次石油危机，世界主要发达国家开始思考能源安全问题。20 世纪 80 年代，中国继续发现大油田的设想持续落空（“十来个大庆”的落空），中国贫油的帽子又被从太平洋里捡了回来，中国开始了持续 27 年（1980—2007 年）

的以煤为主的时代，在这一时期中国能源实现90%以上的自给，同时满足了经济发展的需要，是这个时期的主要成就。2003年中国加入WTO（世界贸易组织）经济开始快速增长，随之而来的是中国的能源消费快速增长，原油对外依存度开始快速攀升。2007年国家提出“以国内为主”的能源发展指导方针，这一方针的核心依然是以煤炭为主；但是在石油天然气方面逐渐放开进口限制，在非化石能源方面逐渐提出了水电3亿千瓦、核电1亿千瓦、风电2亿千瓦的计划。党的十八大以来，党中央对中国的能源安全和可持续发展问题高度重视，习近平总书记提出了中国能源革命的五大任务。党的十九大正式确定了“清洁低碳安全高效”的能源发展战略方针，中国能源发展的主要方向为调整能源结构、减少对煤炭的依赖、增加可再生能源比重和实现能源的清洁低碳安全高效。同时，因为可再生能源和清洁能源的加入，中国能源安全问题出现了新的解决思路。当前中国的能源结构依然主要依靠煤炭，但是石油占比长期保持在20%左右，天然气消费的占比正在持续增长，可再生能源在未来有较大的发展潜力。在交通运输领域，国家积极支持清洁能源汽车的生产消费和技术研发等。中国的能源消费总量及能源结构如图2－8所示。

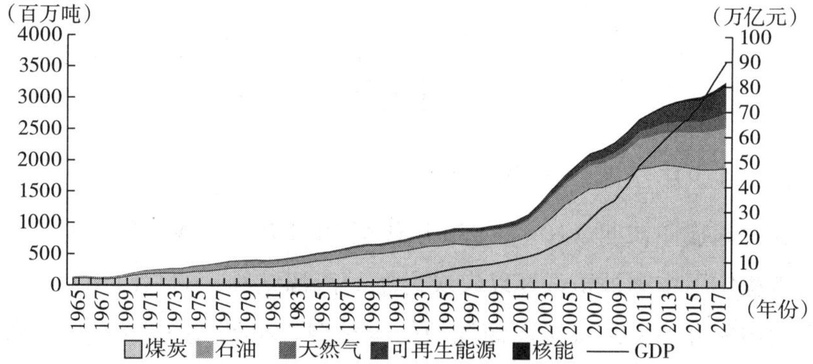

图2－8　中国的能源消费总量及能源结构

数据来源：BP能源统计年鉴、中国国家统计局网站。

在国家政策方面，中国政府历来重视环境和污染治理，未来可能更加重视。中国能源结构可以分为平稳增长期、规模扩张期和结构调整期三个阶段。1993—2018 年中国的能源结构和阶段划分如图 2－9 所示。

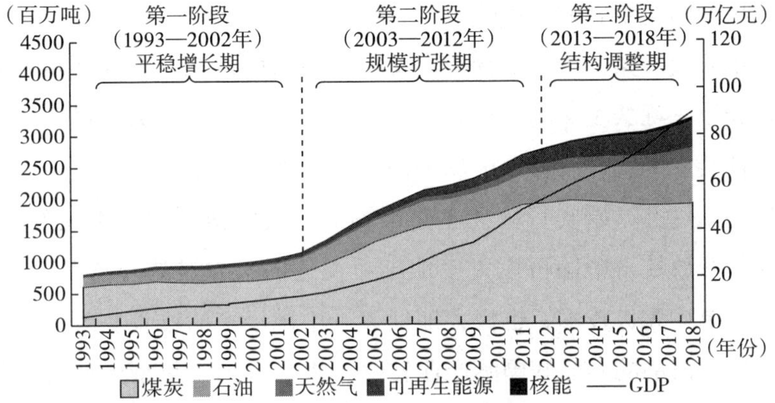

图 2－9　1993—2018 年中国能源结构和阶段划分

2.2.2　中国经济转型

新中国成立初期，在原有农业国的基础上，中国开始了优先发展重工业的工业化历程，这一时期中国的经济快速增长；1958 年因为对经济发展客观规律的错误认识和对中国政治形势的错误认识，中国开始了盲目扩大生产规模的“大跃进”运动，造成经济基础和自然环境的破坏；1959—1961 年受经济挫折和自然灾害的共同影响，中国经历了 3 年较为困难的时期，全国普遍出现粮食短缺，甚至严重影响民生；1962 年国民经济开始调整和复苏，中国的经济又开始了较快速度的增长；1966 年政治方面由于对中国发展道路问题的不同认识，中国开始了一场以政治主导经济的“文化大革命”，一大批符合中国经济发展实际的政策、规划和制度等被错误地划为必须清理和批判的，一大批有经济建设经验的管理人才和脑力劳动者也被牵连，中国的经济增长全面放缓，甚至有些地区和行业出现了负增长，这种情况一直持续到 1975 年，在国民经济的整顿中得到缓解，然而 1976 年发生的政治事件使得经济整顿被迫停止；1976—1978 年对中国的政治路线问题重新开始了争论，到党的十一届三中全会终于确立了改革开放的基本方针。总体来说，从 1956 年社会公有制制度建立到 1978 年开始改革开放，中国处于计划经济的时期，计划经济属于短缺经济，计划经济时期各项生产生活物资经常出现各种程度的短缺，经济发展的活力受到束缚，人民生活也受到相应影响。

改革开放开始，中国对社会主义有了更新的认识，中国特色社会主义的理论指出：社会主义的本质是解放生产力、发展生产力，最终实现共同富裕；社会主义也可以发展市场经济等。显然，认识到短缺经济对中国经济发展的制约并开始实行社会主义市场经济极大地解放了中国的生产力，同时对外开放使得中国可以更多地学习发达国家先进的经济和管理经验，可以引进更多先进技术，也极大地促进了中国经济的增长。改革开放初期恰逢全球化浪潮的奔涌和国际产业转移，大量人力密集型产业被转移到中国，中国的外向型经济蓬勃发展，到2003年中国加入世界贸易组织，这一形势被空前地放大，中国经济开始了可以称为传奇的快速增长，到2018年中国已经成为除美国外全球最有影响力的经济体。

然而，新的问题随之而来，中国的经济总量达到世界第二，但是人均GDP刚好达到1万美元左右。人均GDP 1万美元是走入世界臭名昭著的中等收入陷阱的重要标志。第二次世界大战以来，很少有经济体可以真正跨越中等收入陷阱，从二战前的发展中经济体跨越成为发达经济体，即二战后的发达经济体基本在二战以前已经是发达经济体。例外的只有亚洲四小龙——新加坡、韩国、中国香港、中国台湾。世界其他地区的大部分经济体，比如巴西、阿根廷，在二战以前已经达到折合现在人均GDP 1万美元的经济水平，但是几十年以来难以更进一步。中国当前也面临着中等收入陷阱的严重挑战。研究亚洲四小龙的历史，可以发现跨越中等收入陷阱的关键是提高全要素生产率，即提高科学技术对经济发展的促进作用。

中国的经济转型有着比跨越中等收入陷阱更高的要求。中国面临的形势比单纯的中等收入陷阱更复杂，一方面，中国以往在一些领域依靠高资源投入的经济增长模式已经不可持续；另一方面，中国已经在一些领域实现世界领先，原有的跟踪模仿和学习的创新方式已经没有了可以跟踪和模仿的对象。中国经济面临的两个挑战决定了中国经济转型需要实现两个层次的跨越：一是转变经济增长方式，提高全要素生产率，实现中国经济高质量增长，使得人均 GDP 超过 1 万美元，跨越中等收入陷阱；二是在部分已经取得一定优势的领域实现创新推动，培育一批可以引领世界潮流的企业和业态，在关键技术领域实现突破和引领，继续通过几十年的不懈努力争取早日实现中华民族伟大复兴。中国经济面临的两个挑战和中国经济转型的两个层次如图 2 – 10 所示。

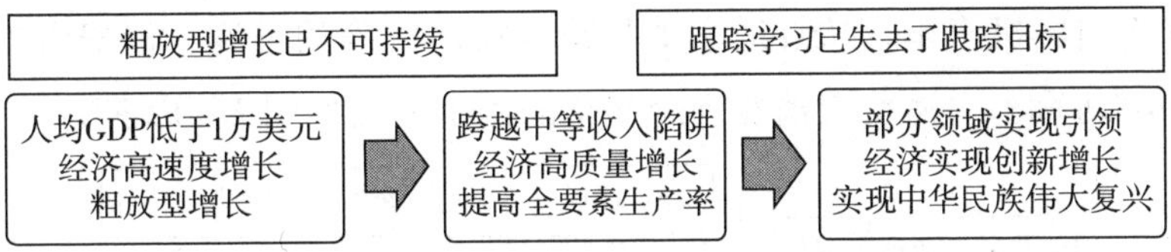

图 2 – 10　中国经济面临的两个挑战和中国经济转型的两个层次

2.2.3　中国消费者消费理念的变化

消费理念的变化主要来源于两个方面：一方面是收入增长促进消费者心理发生改变，人民的需求由对温饱的需要转变为对美好生活的向往；另一方面是能源消耗的快速增长带来严重的空气污染问题，严重影响着每一个人的生活，环境保护变得与每一个人切身相关，促使消费者更加重视减少化石能源的消费、更重视环境保护。中国部分城市年平均 $PM_{2.5}$ 统计数据如图 2 – 11 所示。

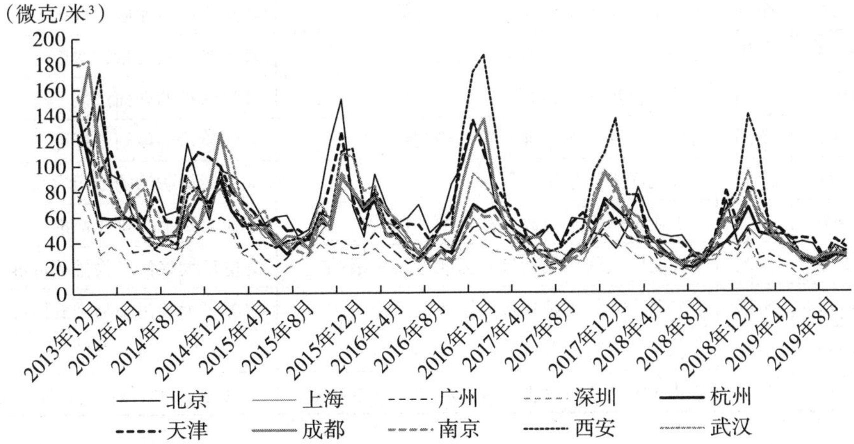

图 2 – 11　中国部分城市年平均 $PM_{2.5}$ 统计数据

数据来源：中国空气质量在线监测分析平台（https://www.aqistudy.cn/）。

从图2－11中可以看出，中国主要城市的冬季$PM_{2.5}$普遍高于35微克/米^{3}的水平。一方面，在北京、上海等发达城市，随着工业企业外迁，工业排放已降到极低水平，柴油车基本禁止或限制进入大型城市，汽油车的尾气排放成为主要污染源。空气质量关系每一个消费者的身体健康，消费者消费理念开始发生重要变化。另一方面，电动汽车的加速性能和静音体验都好于内燃机汽车，从舒适享受和减少噪声污染的角度，消费者也有可能偏好电动汽车。消费者消费理念变化的两个方面如图2－12所示。

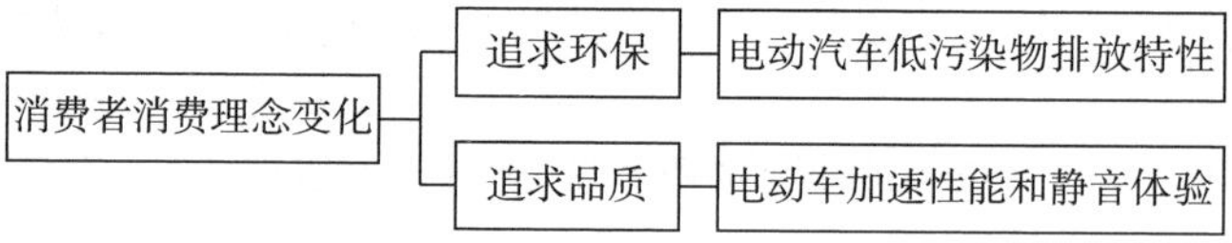

图2－12　消费者消费理念变化的两个方面

2.2.4　中国低碳环保政策

中国政府历来重视环境和资源保护，重视公害防治和污染治理，国家出台了各项法律法规和政策，完善中国污染防治的法律法规体系。表2－1列出了2013年以前中国空气污染防治的主要法律法规和政策。

表2－1　中国空气污染防治的主要法律法规和政策（2013年以前）

年份	区域	法律法规或政策	主要内容
1956	全国	《关于防止工矿企业中矽尘危害的决定》	防止工矿企业矽尘危害
1973	全国	《工业“三废”排放试行标准（第一版）》	规定排放的容量、浓度等
1979	全国	《环境保护法（试行）》	环境保护的全面法规
1982	全国	《环境空气质量标准（第一版）》	空气质量等级划分标准
1987	全国	《大气污染防治法》	大气污染防治的专门法律
1996	全国	《工业窑炉烟尘排放标准（第一版）》	工业窑炉烟尘排放标准
1996	全国	《火电厂大气污染物排放标准（第一版）》	火电厂大气污染物排放标准
1996	全国	《水泥厂大气污染物排放标准（第一版）》	水泥厂大气污染物排放标准
1996	全国	《大气污染物综合排放标准（第一版）》	大气污染物的综合排放标准
2010	全国	《大气污染联防改善区域控制质量指导意见》	大气污染的区域控制指导意见

习近平同志有一句名言：“绿水青山就是金山银山。”党的十八大以来，中国经济快速发展、环保形势日益严峻，党中央对生态环境保护的认

识发生历史性跨跃，先后制定实施了一系列相关政策和措施。全国自上而下在生态环境保护方面发生了全方位的理念性变革。应当注意到党和人民对生态环境问题认识的改变同中国的经济发展形势和环境形势密切相关。一方面，中国高速度的经济增长，使脱贫攻坚战取得全面胜利，全面建成了小康社会；社会的主要矛盾发生变化，人民对美好生活的向往成为新的时代主题。另一方面，环境形势不容乐观，多年来粗放型经济增长，带来大量的能源消耗，以化石能源（特别是煤炭）为主的能源结构，使得大气环境污染问题逐渐凸显，人民群众迫切希望尽快改变中国的空气环境质量。党中央及时发现了中国人民对良好生态环境的向往，积极决策，制定和修订相关法律，出台各项方针政策，并狠抓落实，切实提高了中国的生态环境状况。党的十九大在能源领域提出了“清洁低碳安全高效”的指导原则，中国的环境保护政策体系构建取得突破性成就。党的二十大报告提出，积极稳妥推进碳达峰碳中和，立足我国能源资源禀赋，坚持先立后破，有计划分步骤实施碳达峰行动，深入推进能源革命，加强煤炭清洁高效利用，加快规划建设新型能源体系，积极参与应对气候变化全球治理。党的十八大以来生态环境保护的相关政策和措施见表 2 -2。

表 2 -2　党的十八大以来生态环境保护的相关政策和措施

年份	事件	政策和措施	主要内容
2012	党的十八大	生态文明纳入五位一体整体布局	
2013		《大气污染防治行动计划》	简称“大气十条”，由国务院发布
2013	党的十八届三中全会	生态保护体制改革和体系建设	提出生态红线和生态补偿等政策
2014		《大气污染防治目标责任书》	全国 31 省份签订大气污染防治承诺
2015		《关于加快推进生态文明建设的意见》	全面部署推进生态文明建设
2015	党的十八届五中全会	“十三五”规划	提出绿色发展理念

续表

年份	事件	政策和措施	主要内容
2015		《生态文明体制改革总体方案》	生态保护体制改革顶层设计
2016		《“十三五”生态环境保护规划》	“十三五”期间生态环境保护规划
2016		《关于全面推行河长制的意见》	河流生态治理领导责任机制
2016		《关于构建绿色金融体系的指导意见》	金融支持绿色行业发展
2017		《关于划定并严守生态保护红线的若干意见》	划定生态空间实行红线保护
2017	党的十九大	“清洁低碳安全高效”能源发展目标	规定了能源发展的指导原则
2018		实施《环境保护税法》	以税收方式保护生态环境
2018	党的十九届三中全会	改革生态管理体制	环境管理体制改革的原则
2018	十三届全国人大一次会议	组建生态环境部	扩大了原有环保部的职能范围
2020	党的二十大	积极稳妥推进碳达峰碳中和	积极稳妥推进碳达峰碳中和。立足我国能源资源禀赋，坚持先立后破，有计划分步骤实施碳达峰行动，深入推进能源革命，加强煤炭清洁高效利用，加快规划建设新型能源体系，积极参与应对气候变化全球治理

2.2.5 中国新能源汽车技术进步

近年来，中国新能源汽车销量大幅增长，为新能源汽车技术创新提供了经济支持，随着纯电动汽车产能的进一步增长，中国汽车企业新能源汽车的生产成本控制能力有了较大提高。国家对新能源汽车补贴的退坡，也进一步促使汽车企业压缩生产成本。

从技术路线上分析，汽车机械部件的优化，比如整车重量的降低、变速箱性能的改进、内燃机技术的革新等，可以降低汽车油耗。油电混动技术（不插电）可以用发电机回收汽车怠速时的部分动能，使得内燃机始终处于高经济效益的运行区间，从而提高燃油车的整体效率，实现单位里程油耗的大幅降低，目前日本的汽车企业已经有关键性突破并实现商业化应用。插电混动车型可以部分地使用电能替代燃油提供动力，可以利用电动机在启动加速时的高扭矩优势，起到节能作用，目前已经被中国汽车企业广泛用于商业。根据电池领域专家的普遍判断，当前的锂电池技术原理可以提升的空间已经较为有限，如果要进一步提高电池容量（能量密度）和充放电速度，需要提出颠覆性的电池原理，比如超级电容，超级电容实现了充放电速度的大幅提升，但是本身的能量密度更低。另外，氢燃料电池技术正在逐渐成熟，氢气在压缩以后的能量密度可以满足乘用车的续航需求（大约 500 千米），氢气的加注速度也足够快，氢燃料电池汽车面临的主要问题在于制造成本问题和氢气加气站的推广。图 2 – 13 列出了汽车节能技术进步可能出现的方面。其中最有前景，也是最有可能出现颠覆性创新的技术发展方向是电池原理的突破、氢燃料电池成本的降低和氢气加气站网络的建设。

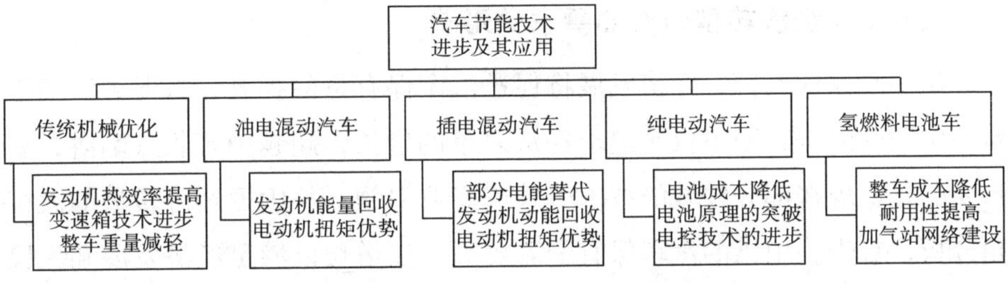

图 2 – 13　汽车节能技术可能出现的进步及其应用

2.3　能源转型及其原动力对中国汽油需求的影响

根据上文对中国能源转型背景的分析和解读，中国的能源转型背景包含中国能源结构调整、中国经济转型、中国消费者消费理念的变化、中国低碳环保政策、中国新能源汽车技术进步 5 个方面。以下将分别从这 5 个方面分析中国能源转型背景对中国汽油需求的影响。

2.3.1 能源结构调整对汽油需求的影响

中国能源结构调整决定了中国能源体系整体开始向可再生能源转型，是一种体系性、结构性的调整，在未来由可再生能源构成的能源系统中，作为石油产品的汽油、柴油必然是处于被淘汰的地位。为了适应整个能源系统向可再生能源的转型，交通运输能源体系必须做出相应的变革以适应未来的发展需求，首先包括燃油汽车的节能发展、新能源汽车的发展等，但是一切转型的最终目的是完全地淘汰化石能源，实现交通运输能源的全面可再生性和清洁性。从这个视角分析，未来可以作为汽车动力能源的可能是电力和氢能等。从时间尺度分析，用电力和氢能等完全取代化石燃料的时间可能需要一百年以上，甚至已经超出了本书对中国汽油需求预测的时间尺度，分析这一趋势的目的是在更宽广的视野思考中国交通运输领域能源转型的未来发展方向。中国能源转型对中国汽油需求的影响见图 2 – 14。

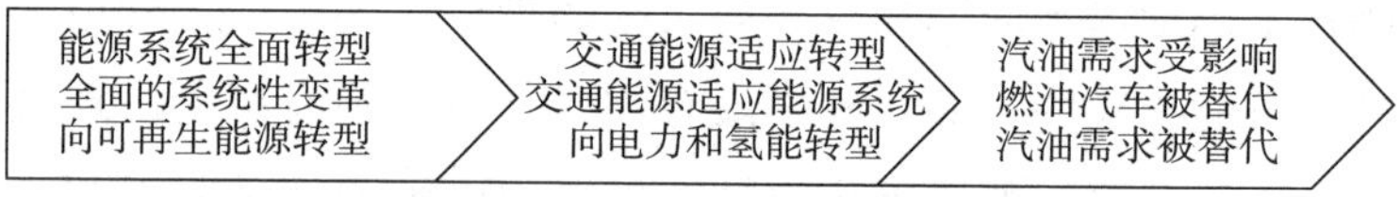

图 2 – 14　中国能源转型对中国汽油需求的影响

2.3.2 经济转型对汽油需求的影响

从一般原理而言，经济发展将促进汽车保有量的提升，将促进汽油消费。中国的经济转型不仅是追求经济总量的增长，超越中等收入陷阱，更重要的是实现在部分领域的技术引领或产业引领。从中国经济转型的大视角分析，首先，中国的汽车保有量需要进一步增长以满足经济发展和人民生活对交通运输的需求，特别是个性化交通运输的需求；其次，汽车消费作为当前中国消费增长的重要拉动力量，在经济从出口和投资拉动转向消费拉动的关键时期，中国汽车消费可以成为重要的消费增长点；最后，汽车行业作为重要的制造业行业在经济中占有重要比重，在新能源汽车兴起的大背景下，中国汽车行业在新能源汽车领域实现技术突破可以实现在汽车制造业的“弯道超车”，实现汽车制造业的创新引领全球新能源汽车行业发展，目前根据中国汽车行业发展的整体状况（特别是新能源汽车的技术发展状况)，这一期望依然任重道远。中国经济转型对中国汽油需求影响见图 2 – 15。

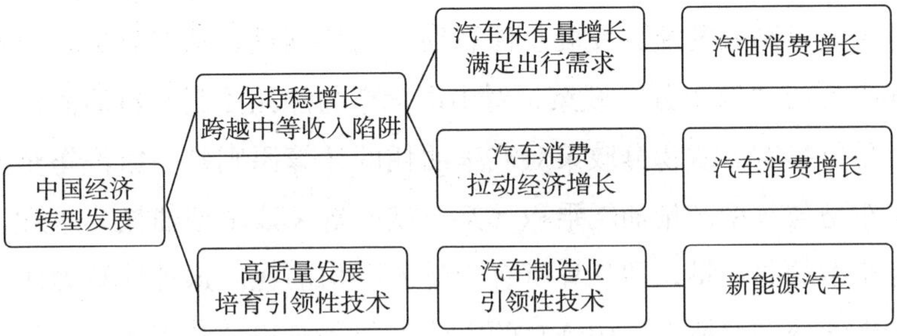

图 2 – 15　中国经济转型发展对中国汽油需求的影响

2.3.3　消费者消费理念变化对汽油需求的影响

前文分析了中国消费者消费观念改变的根本原因是经济收入的增加（人民开始对美好生活品质的追求）和环境形势的严峻（人们意识到环境保护和自身健康密切相关）。具体到汽车消费领域，中国消费者的理念变化可以体现在对环保的追求和对舒适性的追求两个方面。这两个方面的追求刚好是电动汽车（或氢燃料电池汽车）相比于传统燃油车的优越性能可以满足的。一方面，电动车和氢能车直接排放低、污染小（特别是与可再生能源发电体系相结合）可以满足人民群众对环保的追求；另一方面，电动车和氢能车由于电动机启动阶段扭矩大，电动车加速性能好，并且电动机的运行噪声更低，满足人们对体验性和舒适性的追求。消费者消费理念的变化直接影响消费者的汽车购买决策，进而影响新能源汽车在汽车保有量中的占比，最终影响中国汽油需求。消费者消费理念变化对中国汽油需求的影响见图 2 – 16。

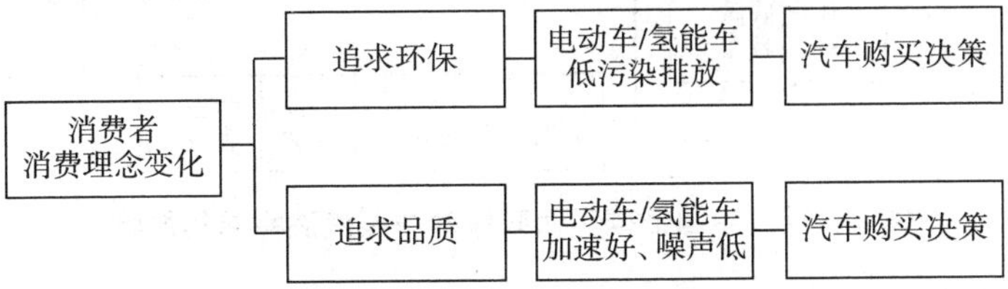

图 2 – 16　消费者消费理念变化对中国汽油需求的影响

2.3.4 低碳环保政策对汽油需求的影响

党的十八大把生态环境保护纳入五位一体总体布局，党的十九大提出清洁低碳安全高效的能源发展总体思路，具体到汽车消费领域，工业和信息化部出台的“双积分”政策，对中国汽车的能耗控制和新能源汽车的发展产生重要影响。双积分政策对汽车油耗的计算原则是一家汽车企业的所有汽车车型与车型产量油耗乘积（某车型产量×该车型油耗）求和，再除以所有车型的总产量，即计算所有产量的平均油耗。这种计算方法与大学计算学生学分平均绩点（GPA）的方法类似。双积分政策要求，每家汽车生产企业的所有产量的平均油耗必须达到某个限值（根据车型的总重量，节能标准逐年提高），达不到标准将产生负积分，负积分需要通过生产新能源汽车或者从其他汽车企业购买积分弥补。2019 年实施的双积分政策中纯电动汽车一辆按三辆计算汽车产量。随着新能源汽车产能和成本控制的行业性进步，未来的标准可能更为严格。双积分政策为中国汽车生产企业套上了降低油耗的金箍，可以预计未来中国汽车生产企业必然加大传统燃油汽车节能技术的研发和应用推广力度，力求降低燃油车型的平均油耗，甚至停产个别高油耗车型；另外，中国汽车生产企业必然加大新能源汽车的研发力度，提高技术水平，扩大新能源车生产规模，加强生产管理，以摊薄成本，确保新能源车的产量和销量。中国大型城市目前实施的乘用车限牌限行等政策也将一定程度影响中国汽车销售（或购买）结构。以上政策最终都将影响中国汽油的中长期需求。中国低碳环保政策对中国汽油需求的影响见图 2－17。

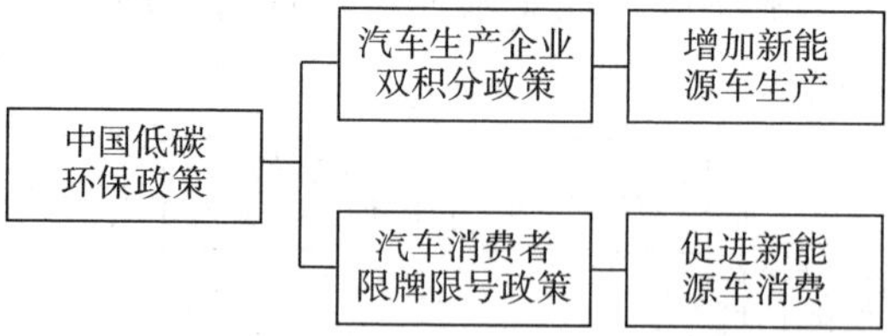

图 2－17 中国低碳环保政策对中国汽油需求的影响

2.3.5　新能源汽车技术进步对汽油需求的影响

能源转型背景下，国家积极支持清洁能源汽车的生产消费和技术研发，对新能源汽车持续采取补贴和不限行等的政策支持。中国新能源汽车的产销量均已排名世界第一。在国家鼓励支持下，如果中国电动汽车和氢燃料电池汽车等技术取得突破，或者因为生产规模的扩大实现单车成本的大幅降低，中国的新能源汽车产销量可能继续出现快速增长，进而对燃油汽车形成替代，直接影响中国未来的汽油需求。新能源汽车技术进步对中国汽油需求的影响见图 2－18。

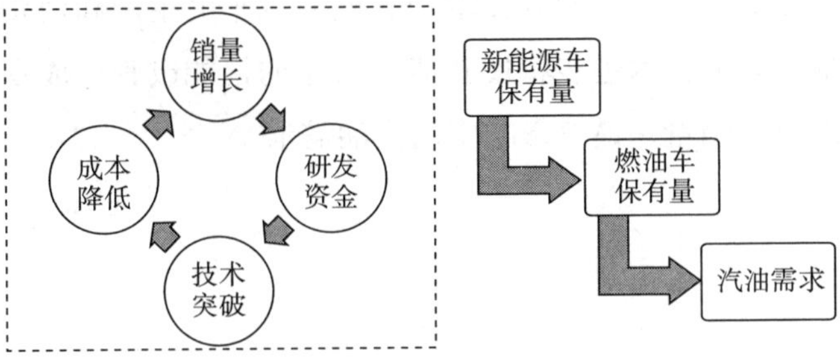

图 2－18　新能源汽车技术进步对中国汽油需求的影响

2.4　本章小结

能源的利用贯穿整个人类文明史，能源转型伴随着世界近代工业化的发展，有着深刻的内涵。从标志性事件的角度分析，能源转型是指一种主体能源向另一种主体能源的转换。人类历史上已经发生了两次能源转型（煤炭替代薪柴、油气替代煤炭），人类正在面临用可再生能源替代化石能源的第三次能源转型，第三次能源转型的趋势不可逆转。

中国的能源转型是指从以煤炭为主的能源结构向可再生能源的转型（其中可以天然气作为过渡），从更实际的视角分析，本书研究的中国能源转型的大背景下，不仅包括能源转型本身，更重要的是能源转型的原动力和根本目的，即不仅包括主体能源和能源结构的转变，更体现了中国经济转型升级的发展要求，反映了中国消费者群体能源消费观念的转变，承载了新能源汽车等关键技术的进步，贯彻了国家低碳环保的法律法规和“清洁、低碳、安全、高效”的能源发展政策。

中国能源转型背景对中国汽油需求的影响主要从5个方面体现：一是能源结构转型背景决定可能在一百多年以后，汽油需求被彻底消灭；二是中国经济转型背景下，汽车和汽油需求需要一定程度的增长，一方面满足经济发展和人民生活需求，另一方面可以拉动经济增长，新能源汽车的发展也可以在中国汽车产业跨越式发展中起到推动作用；三是消费者消费理念的变化将影响消费者的汽车购买决策，使得新能源汽车的销售有一定程度的增长；四是中国低碳环保政策，特别是双积分政策、限牌限号政策等影响汽车生产企业和消费者两方面增加新能源汽车的生产和消费；五是新能源汽车可能出现的技术进步将使新能源汽车的性能改善、成本降低，从而增加新能源汽车销量，最终影响中国汽油需求。

第3章　中国汽油需求的数据特征分析

中国汽油需求增长率全国数据的下降趋势可以从历史数据中直接观察，该趋势是中国汽油需求突变理论提出的重要基础。不同于中国汽油需求增长率的全国数据，省级数据的特征需要经过一定的处理，而且人口迁移将影响对汽油需求实际情况的分析。另外，中国汽油需求下降趋势的机理和原动力依然未知，那么究竟汽油需求下降趋势是系统性的、结构性的，还是暂时性的，这一问题也就难以判断。本章基于以上问题，首先使用箱形图分析省级汽油需求数据和人均汽油需求数据，归结和整理省级数据的特征，从而证实汽油需求增长率下降的群体性和趋势性。其次使用计量回归方法，结合库兹涅茨曲线论证汽油需求下降趋势的系统性。最后使用计量回归方法，分析汽油需求的核心影响因素（核心要素）的弹性系数变化趋势，从而确认汽油需求远期下降趋势的结构性根源。如果以上论证得以实现，那么本章的研究将证明：汽油需求的远期下降是整体性（省份层面）、趋势性、系统性和结构性的，即汽油需求的远期下降趋势具有不可逆转的特性。如此则可以推断，中国汽油需求系统中已经蕴含了某种内生性的突变势能。这种势能逐渐积累即可能造成中国汽油需求的突变。如此，本书即将提出的中国汽油需求突变理论的现实根据将更加充分，汽油需求突变的可能性也得到了数据和实证分析的支撑。需要特别指出的是，因为中国汽油需求突变理论是用于需求预测的前瞻性理论，该理论的论证过程在本书并没有完全体现，完全论证需要等待未来中国汽油需求突变的确实发生。

3.1 中国汽油需求分析

中国汽油需求短期可能继续增长，但是其增长率已经持续下降。随着汽车保有量的增加，中国的汽油需求也呈现逐年增长的趋势，预计中国汽油需求的增长趋势短期可能继续保持。根据历史数据，中国的汽油需求短期的增长趋势可能将持续，但是从2016年起汽油需求增长率大幅下降，并且这一趋势已经持续4年。因此，分析和确定这一趋势在未来的持续性是中国汽油需求预测研究的重要内容，2000—2019年中国汽油需求总量和增长率情况见图3-1。

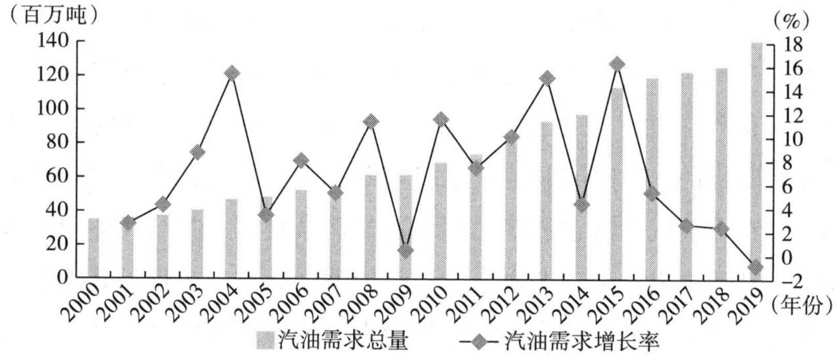

图3-1 2000—2019年中国汽油需求总量和增长率

数据来源：国家统计局。

根据中国各个省份的汽油需求量的面板数据，过去20年各省份的汽油需求量都经历了不同程度的增长，但是根据各省情况的不同表现出较大差异，总体规律是人口较多、经济较发达的省份通常产生更多的汽油需求。例如，广东、江苏、四川、山东、浙江、湖北等省份人口总量较大、经济较为发达，其汽油需求量增长速度较快，最终实现的汽油消耗量也较高。1995—2017年中国各省份的汽油需求量历史数据见图3-2。

根据历史数据绘制的中国各省份汽油需求量年度数据的箱形图见图3-3。从图中可以看出，各省份的汽油需求表现为：汽油需求较高的省份其汽油需求量持续增长，形成了箱形图的上沿，上沿随着年份逐渐较快增长；汽油需求较低的省份形成了汽油需求量的下沿，下沿随着年份的增

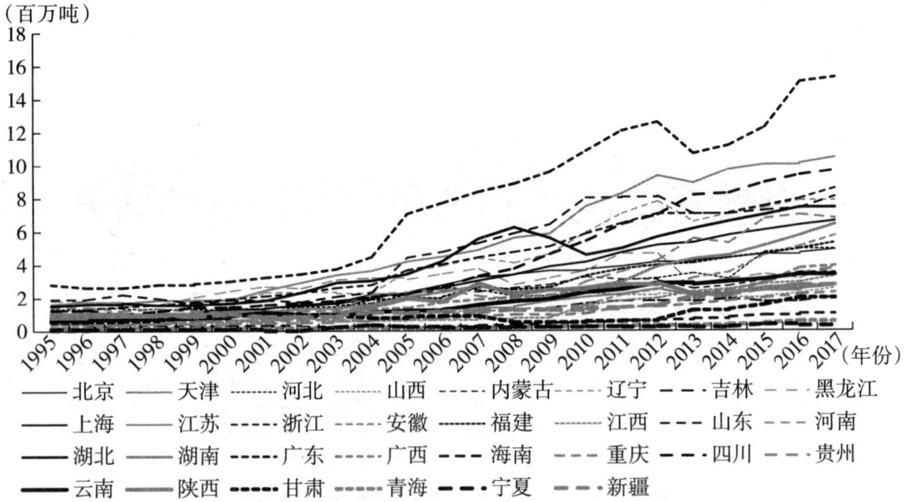

图3－2　1995—2017年中国各省份汽油需求量

数据来源：国家统计局。

加几乎没有发生较大变化，即几乎无增长。因此，箱形图中箱盒的长度（上箱线到下箱线的距离）表现出随年份不断拉长的趋势。出现这一现象的原因可能是多方面的，其中比较重要的差异可能是人口流失（关于这一问题的论证将在下文的各省份人均汽油需求数据分析中进行）和经济发展水平（将在下文予以论证）的差异。

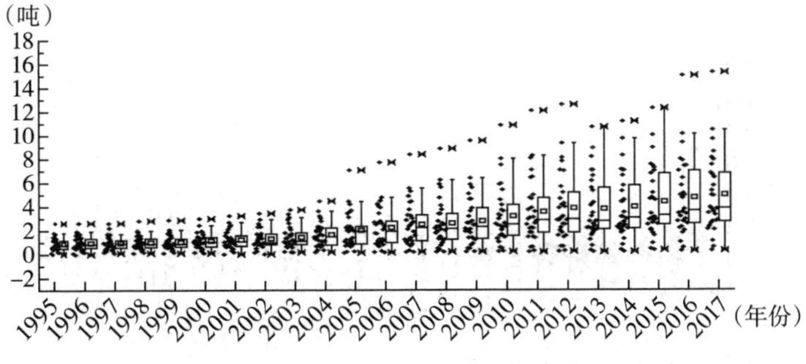

图3－3　中国各省份汽油需求量年度数据的箱形图

根据历史数据，中国各省份的汽油需求量增长率也表现出较大差异，但是随着时间的推移同样表现出一些共性。中国各省份汽油需求量增长率见图3－4。

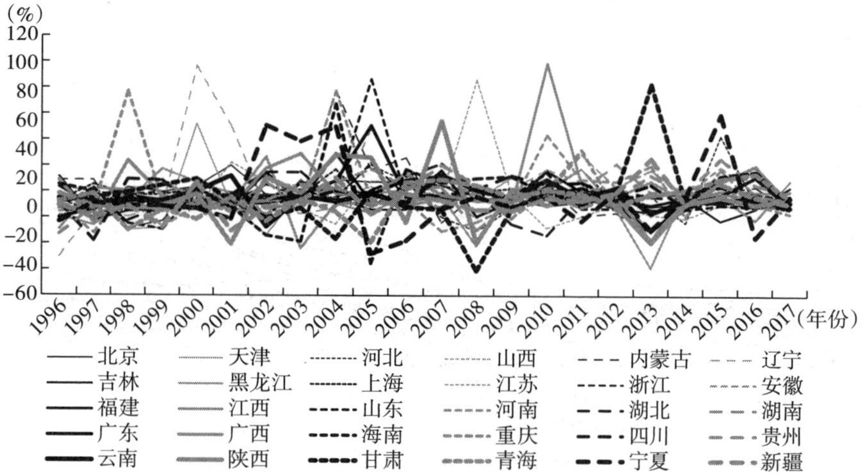

图3－4　中国各省份汽油需求量的增长率

数据来源：国家统计局。

中国各省份汽油需求量增长率的箱形图见图3－5。从图中可以看出，汽油需求量变化较大的年份，箱盒长度更长。观察箱形图的箱盒的中线（平均增长率）可知，汽油需求的增长率呈现出一定的周期性波动趋势（与经济周期基本同步），但是可以注意到从2005年起，汽油需求增长率波动的波峰（综合箱盒的中值和平均值）逐渐降低，表明汽油需求的周期波动中蕴含着汽油需求的长期下降趋势。

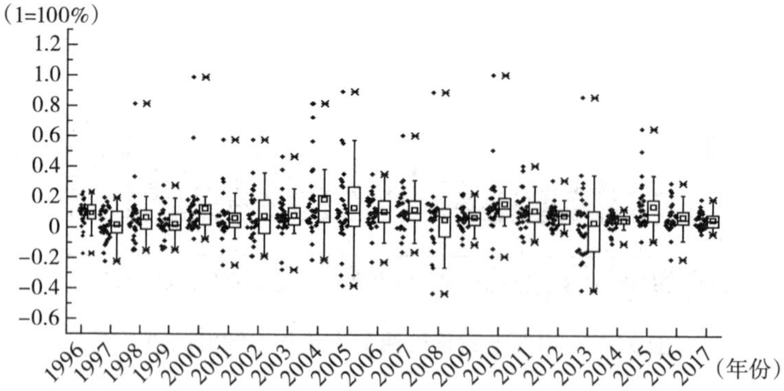

图3－5　中国各省份汽油需求量增长率的箱形图

3.2　中国各省份人均汽油需求及其增长率数据特征分析

根据上文的分析，中国汽油需求增长率数据从2016年起连续4年出现大幅下降。中国各省份的汽油需求呈现一定的周期性，但是随着时间的推移，汽油需求增长率波动的波峰数值不断降低。为了排除人口迁移对汽油需求分析过程的影响，本节将首先计算中国各省份的人均汽油需求及其增长率，从而更准确地分析这些数据的特征，为寻找中国汽油需求的变化机理做准备。中国汽油需求的变化机理将成为本书提出的中国汽油需求突变理论的有效支撑。

中国汽油需求的增长经历了一个较长的历史时期，一方面，对于不同的省份、不同的年份，人均汽油需求的数据各不相同，而且这些不同与各省份的差异和各年代的特征密切相关。另一方面，人均汽油的增长率也随着地区和年代的不同而表现出较大的差异。因此，在具体研究方面，本节将分别对人均汽油需求和汽油需求增长率，根据省际差异和年代差异，分析其数据特征，并在此基础上综合分析全国各省份人均汽油需求的面板数据在概率统计上的特征趋势。

3.2.1　基于分布拟合的人均汽油需求数据特征分析

3.2.1.1　人均汽油需求数据说明

本节使用的人均汽油需求数据是来自中国30个省份1995—2016年的660个数据，数据来源于中国国家统计局。中国有34个省级行政区，由于西藏、台湾、香港、澳门的数据缺失，样本选取了除以上4个省级行政单位外的其他30个省份；重庆市于1997年直辖，成为省级行政单位，重庆直辖以前的数据根据《重庆统计年鉴》补齐，并同时修正了四川省的对应数据。

3.2.1.2　人均汽油需求的省级数据特征和年度数据特征分析

根据上文说明的人均汽油需求数据，绘制人均汽油需求省际差异统计图，见图3-6。图中每一列的数据点根据该列对应省份的1995—2016年人均汽油需求的数值绘制，箱形图反映了各省份数据的分布特征。在1995—2016年时间段，各省人均汽油需求数据总体是增长的。根据箱形图中箱子纵向长度的差异，综合各省数据可以看出，各省的人均汽油需求都有一定范围的变化：北京、辽宁、上海等省份的变化幅度最大；内蒙古、天津、江苏、浙江、福建、湖北、广东、四川、山东等省份的变化幅度较大；其他省份的变化幅度较小。在早期（1995—2016年时间段的早期）人均汽油需求数值方面，根据散点图的最小数据点的数值，除北京、天津、上海、广东等省数值较大外，其他省份的早期数值较低。在后期（1995—2016年时间段的后期）汽油需求方面，根据散点图的最大数据点的数值，上海、北京、辽宁、天津的人均汽油需求最大；内蒙古、江苏、浙江、福建、湖北、广东、海南、四川、新疆等次之；其余省份仍保持在较低水平。

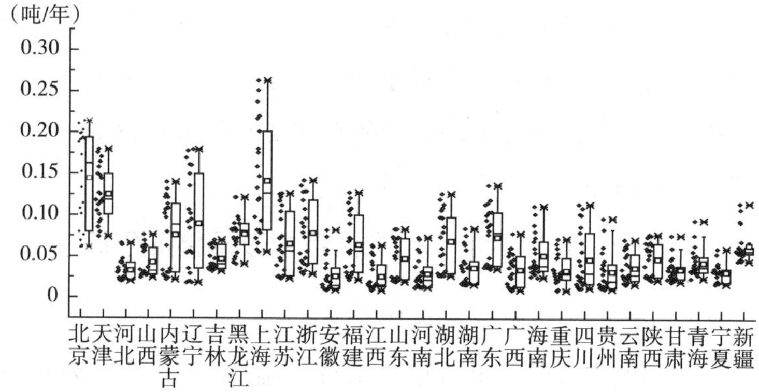

图3-6　人均汽油需求省际差异统计

根据上文说明的人均汽油需求数据，绘制人均汽油需求年份差异统计图，见图3-7。图中每一列的数据点根据该列对应年份的30个省份人均汽油需求的数值绘制，箱形图反映了各年份数据的分布特征。在1995—2016年时间段，根据箱形图数据平均值的数值，各省的人均汽油需求数据是总体增长的。其中，1995—2002年的增速较为平缓；2003—2007年受加入世界贸易组织的影响，人均汽油需求的增速加快；2008—2011年，受美国次贷危机引起的全球经济衰退影响，人均汽油需求的增速放缓；2012—

2016 年，受全球经济复苏影响，人均汽油需求重新加快。综合各年份数据可以看出，根据箱形图中箱子纵向长度的差异，1995—2002 年，各省数据的差异性较小；2003—2012 年各省人均汽油需求的差异不断扩大；2013—2016 年，各省人均汽油需求的数据差异逐渐缩小，但是明显大于 2003 年以前的省际差异。

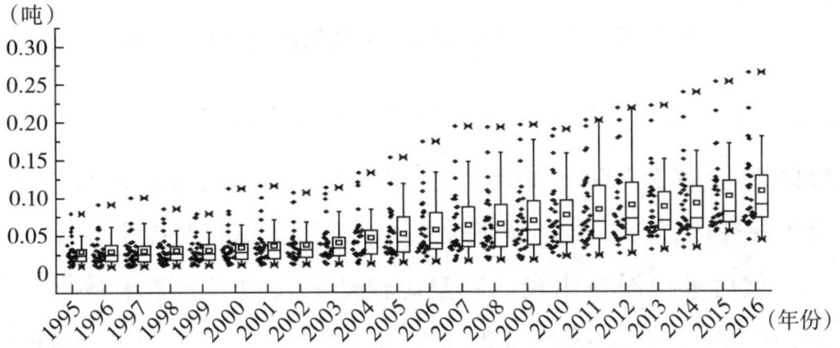

图 3－7　人均汽油需求年份差异统计

3.2.1.3　人均汽油需求的总体数据分析

根据 30 个省份 1995—2016 年的 660 个人均汽油需求数据，绘制人均汽油需求面板数据箱形图和散点分布，如图 3－8 所示。图中所有散点形成纺锤形，但是“纺锤”的下半部分存在空缺。根据散点图的数据最小值，人均汽油需求的所有数据均大于零，这也是纺锤下半部分空缺的原因。根据箱形图显示的数据平均值，人均汽油需求面板数据的平均值为 0.05833，表示跨年份和地区的人均汽油需求平均值为 58.33 升/年。根据箱形图的其他箱线的含义和对应的数据值，50% 的人均汽油需求数据小于等于 0.04332，即人均汽油需求小于等于 43.32 升/年；75% 的人均汽油需求数据小于等于 0.07647，即人均汽油需求小于等于 76.47 升/年；90% 的人均汽油需求数据小于等于 0.11829，即人均汽油需求小于等于 118.29 升/年；数据大小位于最中间的 50% 的数据，即箱形图上下箱线标示的范围，分布在［0.02611，0.07647］的闭区间范围；数据大小位于最中间的 80% 的数据，即箱形图上下中横线“—”标示的范围，分布在［0.01723，0.11829］的闭区间范围。

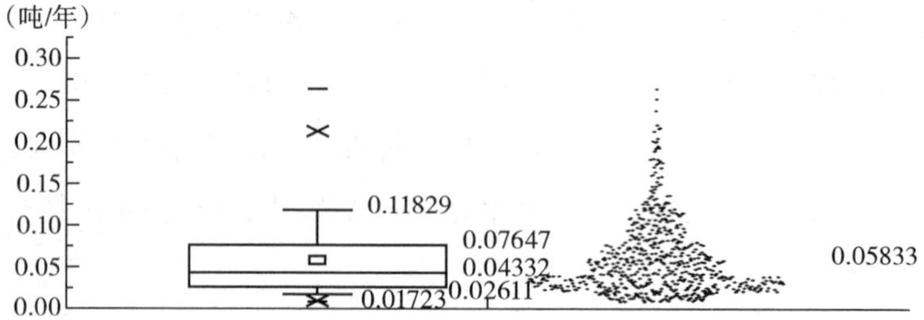

图3-8 人均汽油需求面板数据箱形图和散点分布

3.2.1.4 人均汽油需求面板数据分布拟合结果

根据30个省份1995—2016年的660个人均汽油需求数据，分别使用正态分布等进行分布拟合，得到的人均汽油需求面板数据分布拟合结果见表3-1。然后进行误差比较，误差比较是把人均汽油需求数据的分布范围，[0, 0.28] 闭区间等分为20段，即20个区间；统计每一区间数据点的实际数量做归一化处理，归一化的处理方法为区间内散点个数除以所有区间中的最大散点个数，作为散点个数的归一值；计算正态分布等各种分布拟合结果在各区间的平均值，作为该段区间的函数标准值，做归一化处理，归一化处理方法为区间内标准值除以所有区间中的最大标准值，作为标准值的归一值；计算“标准值归一值”与“散点个数归一值”的误差，计算各区间误差的平方和，误差平方和越小，说明拟合优度越高。根据数据的实际分布情况和数据分布拟合结果，计算得到的人均汽油需求面板数据分布拟合结果的误差比较，如表3-2所示。根据人均汽油需求面板数据分布拟合结果，绘制的人均汽油需求面板数据分布拟合结果示意图如图3-9所示。根据拟合结果的误差比较，对数正态分布的误差平方和最小，因此人均汽油需求面板数据符合于对数正态分布。

表3-1 人均汽油需求面板数据分布拟合结果

序号	分布类型	分布函数	拟合结果
1	正态分布	$f(x) = \frac{1}{\sqrt{2\pi}\sigma} \cdot e^{-\frac{(x-x_0)^2}{2\sigma^2}}$	$x_0 = 0.05833$ $\sigma = 0.04415$

续表

序号	分布类型	分布函数	拟合结果
2	对数高斯分布	$f(x)=\frac{1}{x\sigma\sqrt{2\pi}}\cdot e^{-\frac{(\ln x-\mu)2}{2\sigma^2}}$	$\mu=-3.10203$ $\sigma=0.73144$
3	韦伯分布	$f(x)=\frac{k}{\lambda}\cdot\left(\frac{x}{\lambda}\right)^{k-1}\cdot e^{-\left(\frac{x}{\lambda}\right)^k}$	$\lambda=0.06476$ $k=1.43898$
4	伽马分布	$f(x)=\frac{\beta}{\Gamma(\alpha)}\cdot x^{\alpha-1}\cdot e^{-\beta}$	$\alpha=2.07184$ $\beta=0.02815$
5	柯西—洛伦兹分布	$f(x)=\frac{1}{\pi}\cdot\frac{\gamma}{(x-x_0)^2+\gamma^2}$	$x_0=0.04332$ $\gamma=0.02518$
6	拉普拉斯分布	$f(x)=\frac{1}{2\lambda}\cdot e^{-\frac{\lvert x-\mu\rvert}{\lambda}}$	$\mu=0.04332$ $\lambda=0.03194$

表 3－2　人均汽油需求面板数据分布拟合结果的误差比较

序号	范围/0.014	散点个数	归一化结果						
			散点	正态	对数高斯	韦伯	伽马	柯西—洛伦兹	拉普拉斯
1	[0, 1)	41	0.2789	0.5126	0.2690	0.6578	0.4465	0.3507	0.3826
2	[1, 2)	147	1.0000	0.7038	0.9912	0.9835	0.9382	0.6029	0.5933
3	[2, 3)	135	0.9184	0.8743	1.0000	1.0000	1.0000	0.9492	0.9202
4	[3, 4)	65	0.4422	0.9830	0.7598	0.8993	0.8772	1.0000	1.0000
5	[4, 5)	80	0.5442	1.0000	0.5365	0.7516	0.7005	0.6713	0.6482
6	[5, 6)	53	0.3605	0.9206	0.3726	0.5958	0.5291	0.3901	0.4180
7	[6, 7)	30	0.2041	0.7669	0.2596	0.4529	0.3853	0.2365	0.2695
8	[7, 8)	29	0.1973	0.5781	0.1827	0.3324	0.2733	0.1544	0.1738
9	[8, 9)	29	0.1973	0.3944	0.1301	0.2366	0.1902	0.1074	0.1121
10	[9, 10)	13	0.0884	0.2435	0.0940	0.1639	0.1303	0.0786	0.0723
11	[10, 11)	8	0.0544	0.1360	0.0687	0.1107	0.0882	0.0598	0.0466
12	[11, 12)	5	0.0340	0.0687	0.0509	0.0732	0.0592	0.0470	0.0300
13	[12, 13)	9	0.0612	0.0314	0.0381	0.0473	0.0393	0.0378	0.0194
14	[13, 14)	5	0.0340	0.0130	0.0288	0.0300	0.0260	0.0311	0.0125
15	[14, 15)	4	0.0272	0.0049	0.0220	0.0187	0.0171	0.0260	0.0081
16	[15, 16)	4	0.0272	0.0017	0.0170	0.0114	0.0111	0.0220	0.0052

续表

序号	范围/0.014	散点个数	归一化结果						
			散点	正态	对数高斯	韦伯	伽马	柯西—洛伦兹	拉普拉斯
17	[16, 17)	1	0.0068	0.0005	0.0132	0.0069	0.0072	0.0189	0.0033
18	[17, 18)	1	0.0068	0.0001	0.0104	0.0041	0.0047	0.0164	0.0022
19	[18, 19)	1	0.0068	0.0000	0.0082	0.0024	0.0030	0.0144	0.0014
20	[19, 20]	0	0.0000	0.0000	0.0065	0.0014	0.0019	0.0127	0.0009
误差平方和			0	1.4933	0.1170	0.5504	0.3238	0.5043	0.5170

注：误差比较是把人均汽油需求数据的分布范围，[0, 0.28] 闭区间等分为 20 段，即 20 个区间，表中“范围”所示为区间范围除以 0.014 的结果。统计每一区间数据点的实际数量，做归一化处理。计算“分布拟合区间平均值的归一化结果”与“区间实际数据点个数归一化结果”的误差，计算各区间误差的平方和，误差平方和越小，说明拟合优度越高。数据归一化方法为区间数值除以所有区间中的最大值。

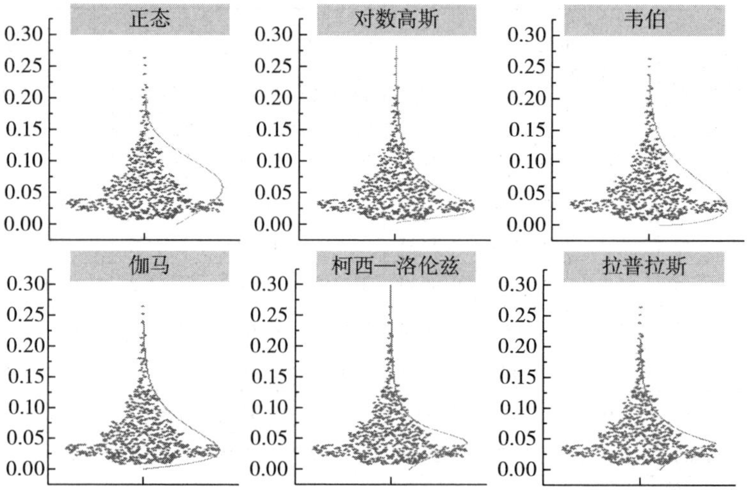

图 3-9　人均汽油需求面板数据分布拟合结果示意图

3.2.2　基于分布拟合的汽油需求增长率数据特征分析

3.2.2.1　汽油需求增长率数据说明

本节使用的人均汽油需求增长率数据由人均汽油需求数据计算得到。因为人均汽油需求数据是来自 30 个省份 1995—2016 年的 660 个数据，所以计算得到的人均汽油需求增长率为 30 个省份 1996—2016 年的 630 个数据，少了 1995 年的 30 个数据。

3.2.2.2　汽油需求增长率的省级数据特征和年度数据特征分析

根据上文说明的汽油需求增长率数据，绘制人均汽油需求增长率省际差异统计图，如图 3－10 所示。图中每一列的数据点根据该列对应省份的 1996—2016 年人均汽油需求增长率的数值绘制，箱形图反映了各省数据的分布特征。根据箱形图显示的数据平均值和箱子纵向范围的平均值，各省的汽油需求增长率大部分分布在 0～10%，各省间汽油需求增长率的平均值差异不大。根据箱形图中箱子纵向长度的差异，内蒙古、辽宁、黑龙江、河南等省份汽油需求增长率的波动幅度较大；其余省份波动相对较小。

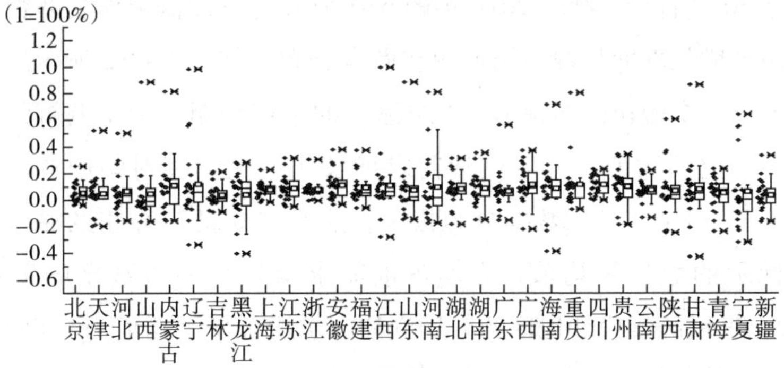

图 3－10　人均汽油需求增长率省际差异统计图

根据上文说明的汽油需求增长率数据，绘制人均汽油需求增长率年份差异统计图，如图 3－11 所示。图中每一列的数据点根据该列对应年份的 30 个省份人均汽油需求增长率的数值绘制，箱形图反映了各年份数据的分布特征。根据箱形图显示的数据平均值和箱子范围平均值，各年份的汽油需求增长率大部分分布在－5%～15%，差异较大，但是各年份间汽油需求增长率的平均值差异不大。根据箱形图中箱子纵向长度差异，2002 年、2005 年和 2013 年汽油需求增长率的波动幅度较大，特别是 2013 年负向波动的现象较为明显，一半以上省份当年的人均汽油需求增长率是负值；相比于以上列出的 3 个年份，其余年份汽油需求增长率的波动幅度相对较小，并且除2008年外大部分情况下半数以上的省份汽油需求增长率是正值。

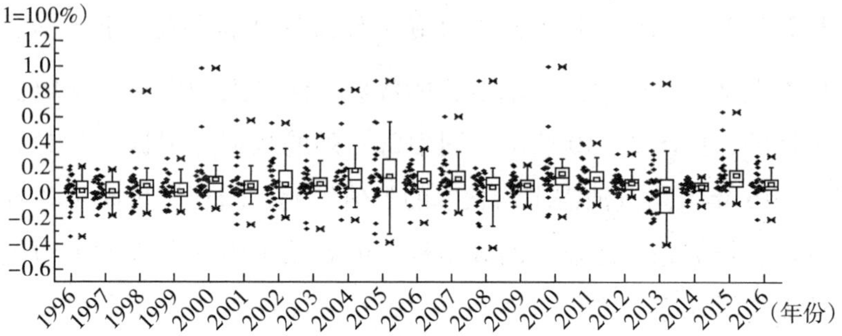

图3－11　人均汽油需求增长率年份差异统计

3.2.2.3　汽油需求增长率总体数据分析

根据30个省份1996—2016年的630个人均汽油需求增长率数据，绘制汽油需求增长率面板数据箱形图和散点分布，如图3－12所示。图中所有散点形成一个短粗的纺锤形，“纺锤”的中部较粗而上下两端纤细。根据散点图对应的数值，人均汽油需求增长率的数据相对集中在［－0.05，0.2］区间，该区间外的数据分布极少，这是“纺锤”短粗的原因。根据箱形图标示的数据平均值，人均汽油需求增长率面板数据的平均值为0.08069，表示跨年份和地区的人均汽油需求增长率平均值为8.069%；根据箱形图的其他箱线的含义和对应的数据值，数据大小位于最中间的50%的数据，即箱形图上下箱线标示的范围，分布在［0.00549，0.12726］的闭区间，表示50%的汽油需求增长率集中在0.549%～12.726%的范围；

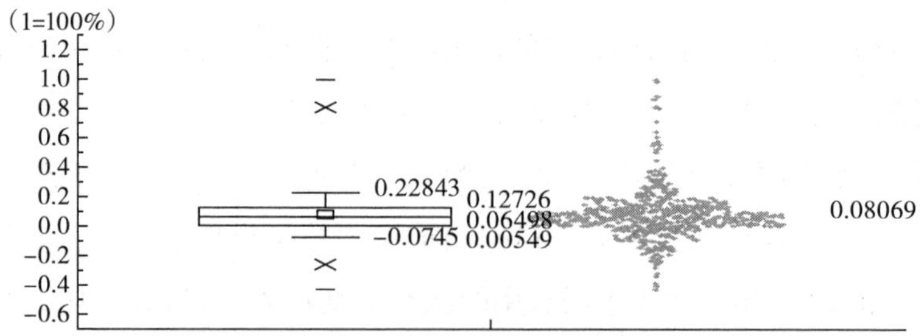

图3－12　人均汽油需求增长率面板数据箱形图和散点分布

数据大小位于最中间的 80% 的数据，即箱形图上下中横线“—”标示的范围，分布在［-0.0745，0.22843］的闭区间范围，表示 80% 的汽油需求增长率集中在 -7.45% ~22.843% 的范围。

3.2.2.4　汽油需求增长率面板数据分布拟合结果

根据 30 个省份 1996—2016 年的 630 个人均汽油需求增长率数据，分别使用正态分布等进行分布拟合，得到的人均汽油需求增长率面板数据分布拟合结果如表 3-3 所示。然后进行误差比较，误差比较是把汽油需求增长率数据的分布范围，［-0.5，1.1］闭区间等分为 20 段，即 20 个区间；统计每一区间数据点的实际数量，做归一化处理，归一化的处理方法为区间内散点个数除以所有区间中的最大散点个数，作为散点个数的归一值；计算正态分布等各种分布拟合结果在各区间的平均值，作为该段区间的函数标准值，做归一化处理，归一化的处理方法为区间内标准值除以所有区间中的最大标准值，作为标准值的归一值；计算“标准值归一值”与“散点个数归一值”的误差，计算各区间误差的平方和，误差平方和越小，说明拟合优度越高。根据数据的实际分布情况和数据分布拟合结果，计算得到的汽油需求增长率面板数据分布拟合结果的误差比较如表 3-4所示。根据汽油需求增长率面板数据分布拟合结果，绘制的汽油需求增长率面板数据分布拟合结果示意图如图 3-13 所示。根据拟合结果的误差比较，柯西—洛伦兹分布的误差平方和最小，因此汽油需求增长率面板数据符合于柯西—洛伦兹分布。

表 3-3　人均汽油需求增长率面板数据分布拟合结果

序号	分布类型	分布函数	拟合结果
1	正态分布	$f(x)=\frac{1}{\sqrt{2\pi}\sigma}\cdot e^{-\frac{(x-x_0)^2}{2\sigma^2}}$	$x_0=0.08069$ $\sigma=0.16284$
2	对数高斯分布	$f(x)=\frac{1}{x\sigma\sqrt{2\pi}}\cdot e^{-\frac{(\ln x-\mu)^2}{2\sigma^2}}$	$\mu=-2.56435$ $\sigma=1.16241$

续表

序号	分布类型	分布函数	拟合结果
3	韦伯分布	$f(x)=\frac{k}{\lambda}\cdot\left(\frac{x}{\lambda}\right)^{k-1}\cdot e^{-\left(\frac{x}{\lambda}\right)^k}$	数据不符合该分布
4	伽马分布	$f(x)=\frac{\beta}{\Gamma(\alpha)}\cdot x^{\alpha-1}\cdot e^{-\beta}$	数据不符合该分布
5	柯西—洛伦兹分布	$f(x)=\frac{1}{\pi}\cdot\frac{\gamma}{(x-x_0)^2+\gamma^2}$	$x_0=0.04332$ $\gamma=0.02518$
6	拉普拉斯分布	$f(x)=\frac{1}{2\lambda}\cdot e^{-\frac{\lvert x-\mu\rvert}{\lambda}}$	$\mu=0.06498$ $\lambda=0.06089$

注：散点数据存在负数值，不符合韦伯分布和伽马分布，拟合计算得不到参数值。

表3－4　汽油需求增长率面板数据分布拟合结果的误差比较

序号	分布范围	散点个数	归一化结果						
			散点	正态	对数高斯	韦伯	伽马	柯西—洛伦兹	拉普拉斯
1	[－0.5，－0.42)	1	0.0050	0.0045	—	—	—	0.0180	0.0083
2	[－0.42，－0.34)	2	0.0101	0.0197	—	—	—	0.0249	0.0182
3	[－0.34，－0.26)	3	0.0151	0.0685	—	—	—	0.0369	0.0397
4	[－0.26，－0.18)	15	0.0754	0.1882	—	—	—	0.0598	0.0868
5	[－0.18，－0.10)	30	0.1508	0.4078	—	—	—	0.1126	0.1898
6	[－0.10，－0.02)	50	0.2513	0.6971	—	—	—	0.2744	0.4149
7	[－0.02，0.06)	199	1.0000	0.9399	1.0000	—	—	0.8888	0.9071
8	[0.06，0.14)	190	0.9548	1.0000	0.5050	—	—	1.0000	1.0000
9	[0.14，0.22)	72	0.3618	0.8394	0.2155	—	—	0.3168	0.4595
10	[0.22，0.30)	30	0.1508	0.5559	0.1114	—	—	0.1242	0.2102
11	[0.30，0.38)	16	0.0804	0.2904	0.0647	—	—	0.0643	0.0961
12	[0.38，0.46)	3	0.0151	0.1197	0.0407	—	—	0.0390	0.0440
13	[0.46，0.54)	3	0.0151	0.0389	0.0271	—	—	0.0261	0.0201
14	[0.54，0.62)	6	0.0302	0.0100	0.0188	—	—	0.0187	0.0092
15	[0.62，0.70)	1	0.0050	0.0020	0.0135	—	—	0.0140	0.0042
16	[0.70，0.78)	1	0.0050	0.0003	0.0100	—	—	0.0109	0.0019
17	[0.78，0.86)	3	0.0151	0.0000	0.0076	—	—	0.0087	0.0009

续表

序号	分布范围	散点个数	归一化结果						
			散点	正态	对数高斯	韦伯	伽马	柯西—洛伦兹	拉普拉斯
18	[0.86, 0.94)	3	0.0151	0.0000	0.0058	—	—	0.0072	0.0004
19	[0.94, 1.02)	2	0.0101	0.0000	0.0046	—	—	0.0060	0.0002
20	[1.02, 1.10]	0	0.0000	0.0000	0.0036	—	—	0.0050	0.0001
误差平方和			0	0.7350	0.2267	—	—	0.0216	0.0550

注：误差比较把［-0.5, 1.1］闭区间等分为20段，计算"分布拟合区间平均值的归一化结果"与"区间实际数据点个数归一化结果"的误差平方和。对数高斯分布的拟合结果在［-0.5, 0］无实值；韦伯分布和伽马分布拟合结果在数据散点的整个分布范围无实值。

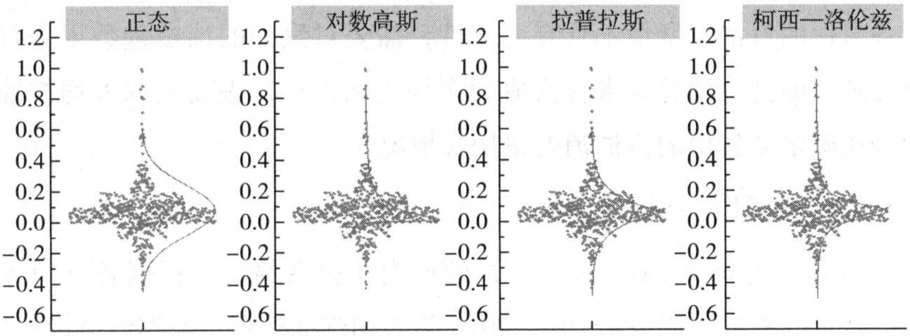

图3-13　汽油需求增长率面板数据分布拟合结果示意图

注：部分增长率数据小于零，不符合韦伯分布和伽马分布，不再给出这两种拟合图形。

3.2.3　基于K-means聚类①的汽油需求增长类型划分

长期来看，汽油消费的增长与经济总量的增长呈现正相关，同时受产业结构的影响，经济发达省份的汽油消费量明显高于经济不发达的省份，处于不同的经济增长阶段的省份，其汽油消费增长情况也呈现完全不同的

① K-means聚类：K均值聚类算法（K-means clustering algorithm），是一种迭代求解的聚类分析算法。聚类是一个将数据集中在某些方面相似的数据成员进行分类组织的过程，聚类就是一种发现这种内在结构的技术，聚类技术经常被称为无监督学习。K均值聚类算法是最著名的划分聚类算法，因其简洁和效率而成为所有聚类算法中最广泛使用者。给定一个数据点集合和需要的聚类数目K，K由用户指定，K均值算法根据某个距离函数反复把数据分入K个聚类。

趋势。因此，本节首先根据中国各省份汽油消费增长量和增长率的差异把各省份的汽油消费情况划分为不同的增长阶段。

3.2.3.1 聚类分析模型的建立

①样本选取1995—2016年的各省份汽油消费量数据。中国有34个省级行政区，由于西藏、台湾、香港、澳门的数据缺失，样本仅选取除以上4个省级行政单位外的其他30个省份，重庆直辖以前的数据根据《重庆统计年鉴》补齐，同时修正了四川省的对应数据。②聚类分析将采用基于多维空间的K－means聚类分析方法。1995—2016年的汽油消费量增长率为聚类分析的22个维度，样本包含的30个省份即为参与聚类分析的元素。③对数据统一做归一化处理，由于中国各省份的经济规模和人口差异较大，各省份的汽油消费量不具有可比性，需要对汽油的消费量数据进行归一化处理，即把汽油总需求转换成为人均汽油需求，进而根据人均汽油需求的变化确定某省份的汽油消费量增长情况。

3.2.3.2 聚类分析过程

使用K－means聚类分析时，K的值由实验者给出。根据各省份人均汽油消费量的差异，以2015年和2016年人均汽油消费量数据绘制散点图，见图3－14。

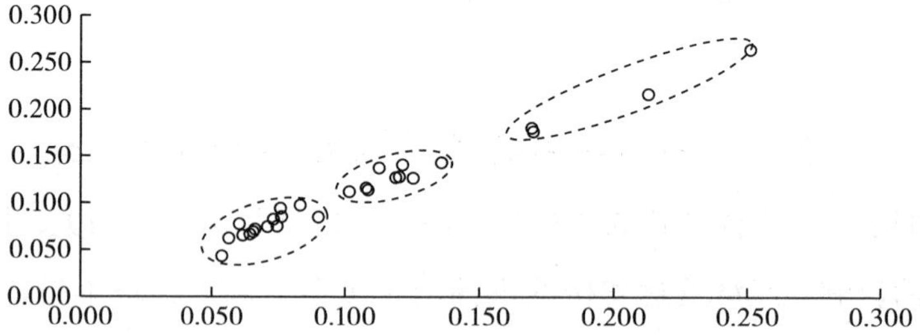

图3－14 2015年和2016年各省份人均汽油需求散点图

由图3－14可推断，聚类的种类大致确定3类，保险起见选取K等于3、4、5、6，作初步的聚类分析。需要注意的是，聚类分析使用的是包括1995年至2016年数据的22个维度的数据，分析的结果会与2015年和2016年二维数据刻画的散点图表现的直观聚类结果存在一定差异。

3.2.3.3　聚类结果

当 $K=3$ 时，聚类分析得到的省份分类结果见表 3－5。

表 3－5　中国各省份汽油需求聚类分析结果（$K=3$）

序号	省份
1	北京、上海、天津
2	内蒙古、辽宁、黑龙江、江苏、浙江、福建、湖北、广东、新疆
3	河北、山西、吉林、安徽、江西、山东、河南、湖南、广西、海南、重庆、四川、贵州、云南、陕西、甘肃、青海、宁夏

当 $K=4$ 时，聚类分析得到的省份分类结果见表 3－6。

表 3－6　中国各省份汽油需求聚类分析结果（$K=4$）

序号	省份
1	北京、天津、上海
2	内蒙古、辽宁、黑龙江、江苏、浙江、福建、湖北、广东
3	山西、吉林、山东、海南、四川、陕西、青海、新疆
4	河北、安徽、江西、河南、湖南、广西、重庆、贵州、云南、甘肃、宁夏

当 $K=5$ 时，聚类分析得到的省份分类结果见表 3－7。

表 3－7　中国各省份汽油需求聚类分析结果（$K=5$）

序号	省份
1	北京、天津、上海
2	内蒙古、辽宁、黑龙江、江苏、浙江、福建、湖北、广东
3	山西、吉林、山东、海南、四川、陕西、新疆
4	河北、安徽、江西、河南、湖南、广西、重庆、贵州、云南、青海
5	甘肃、宁夏

当 $K=6$ 时，聚类分析结果出现不规则变化，聚类结果的种类可能出现 [2, 9, 8, 0, 3, 8]、[1, 10, 7, 2, 7, 3]、[6, 5, 6, 3, 4, 6]、[11, 6, 3, 2, 0, 8]、[8, 3, 0, 11, 2, 6] 等多种不同的结果，甚至多次出现某类别数量为 0 的情况，因此可以判定 $K=6$ 时聚类分析的结果不可靠。

3.2.3.4 汽油需求类型划分

根据以上聚类结果，当 $K=3$、4、5 时，聚类的结果表现一定的相似性。其中，$K=3$ 时聚类分析结果较符合人均汽油需求的特征分析情况。因此，把 $K=3$ 时的聚类分析结果作为最终结果，见表 3－8。

表 3－8 中国各省份汽油需求聚类分析结果

序号	增长类别	省份	合计
1	高	北京、天津、上海	3
2	中	内蒙古、辽宁、黑龙江、江苏、浙江、福建、湖北、广东	8
3	低	河北、山西、吉林、安徽、江西、山东、河南、湖南、广西、海南、重庆、四川、贵州、云南、陕西、甘肃、青海、宁夏、新疆	19
总计	30		

3.2.4 中国人均汽油需求数据特征讨论和小结

根据上文的研究，可以得出以下几条基本规律：第一，中国各省份中经济发达的沿海、沿江的省份，人均汽油需求随时间推移变化较大；中部和西北内陆地区的人均汽油需求随时间推移变化的差异较小。第二，与上一条规律相反，经济发达省份的人均汽油需求增长率随时间推移变化的差异反而更小；内陆省份的人均汽油需求增长率随时间推移表现较大差异。第三，根据不同年份各省份人均汽油需求数据的分析，经济发达省份和内陆相对不发达省份的汽油需求总体都是随时间推移而增长的。但是经济发达省份的增速更高，在数据特征上表现为省际人均汽油需求数值差异的拉大。第四，根据不同年份各省人均汽油需求增长率数据的分析，各省份汽油需求的增长率呈现一定的周期性规律。但是，经济发达省份的周期性较弱，经济较不发达省份周期性更强。总体上，各个周期之间的波峰数值随时间推移递减。第五，人均汽油需求面板数据符合对数正态分布，人均汽油需求增长率面板数据符合柯西—洛伦兹分布。该结果为下文使用蒙特卡洛模拟进行汽油需求研究奠定了基础。第六，使用 K－means 聚类，把中国的各省份根据汽油需求增长的差异划分为三类，划分结果刚好与各省份的经济发展状况相关，从而证明人均汽油需求与经济发展水平确实存在一定的关联性。

综上所述，中国各省份人均汽油需求增长率出现了总体性下降。人均汽油需求及其增长率都与经济发展水平表现较强的相关性。因此，下文将在以上分析的基础上，借助库兹涅茨曲线，继续分析人均汽油需求和经济发展水平之间的关系。

3.3　基于库兹涅茨曲线的汽油需求变化趋势分析

根据上文的分析可知，中国汽油需求增长率的下降趋势已经较为明显。根据省级数据的分析，尽管伴随着周期性，但是各省份汽油需求增长率的下降呈现一定的普遍性，即各省份均呈现相似的周期性下降趋势。本节的研究借鉴环境学领域的库兹涅茨曲线原理，进一步分析中国汽油需求下降的内在机理，从而为中国汽油需求突变理论提供数据和实验支撑。如果中国汽油需求的库兹涅茨曲线得到验证，那么，中国汽油需求的下降即具有了一定的内生性，亦即中国汽油需求将随着人均 GDP 的增长而先上升后下降。根据已有的历史数据，汽油需求增长率的拐点可能已经出现，据此可以推断汽油需求的拐点也可能已经接近，即中国的汽油需求可能已经接近下降区间，表现为库兹涅茨曲线的右半段已经接近。如果中国汽油需求的库兹涅茨曲线可以证实，这一结果将可以一定程度地为本书提出的中国汽油需求突变理论提供数据和实验支撑。

库兹涅茨曲线是 Kuznets[127] 于 1955 年提出的一个概念，最初被用来描述收入不平等和经济增长的倒 U 形关系，后来以他的名字命名。库兹涅茨曲线最早被用来研究收入不平等问题，即使今天这一方法依然使用，例如 Le 等[128] 使用库兹涅茨曲线研究了出口多样化与收入不平等之间的非线性关系。同时，库兹涅茨曲线也被广泛地应用于其他各类研究，被用来表示各种变量关于经济增长的倒 U 形关系。例如，Grabarczyk 等[129] 研究金属材料消耗与经济增长间的库兹涅茨曲线关系；Windarti 等[130] 使用库兹涅茨曲线研究肥胖率与居民收入的关系；Antonakakis 等[131] 研究自杀率与人均收入的关系。

在能源消费的库兹涅茨曲线研究方面，王虹[132]使用来自不同国家的数据验证能源消费与经济增长间的库兹涅茨曲线关系。赵晓罡等[133]使用中国的时间序列数据验证新中国成立以来能源消费与经济增长的库兹涅茨曲线关系。王永冲等[134]对比研究中国和美国能源消费与经济增长的关系，指出中国能源消费的拐点将出现在人均GDP达到约2万美元时。因为能源与环境密切相关，能源方面的库兹涅茨曲线研究通常和环境及碳排放密切联系，这些研究的部分观点对本书也有一定的参考意义。例如，Dinda[135]指出一个国家的经济结构发生了变化，从清洁的农业经济到有污染的工业经济再到清洁的服务经济，人们对环境质量的偏好随着收入的增长而增加，这才是造成环境质量恶化的真正原因。同理，中国汽油需求的GDP弹性先增加后下降，可能也是因为1993—2018年中国正在完成工业化进程，并开始从工业经济向服务经济转变，中国的汽油需求先随着工业化进程而增加，然后随着经济转型逐渐降低。Stern[136]提出一些发展中国家在解决环境问题时参考发达国家的经验和标准，有时表现得比早期经验丰富的国家要好。同理，中国在汽车产业规划方面可能更快地意识到新能源汽车发展的机遇，从而更早布局并更快发展新能源汽车产业，更快地实现对汽油车和汽油的替代。

已有的文献尚未出现关于汽油需求的库兹涅茨曲线研究，但是中国汽油需求大概率可能出现随人均GDP的增加呈先增后降的趋势，即所谓库兹涅茨曲线关系，因此本节将类比于库兹涅茨曲线原理，假设中国汽油需求与人均GDP呈倒U形关系（库兹涅茨曲线关系），然后用30个省份的历史面板数据予以验证。

3.3.1 库兹涅茨曲线研究的模型方法

3.3.1.1 数据说明

模型将选用汽油消费量、人均GDP、人均GDP的平方项共3个变量，使用中国30个省份1995—2016年的面板数据。中国有34个省级行政单位，但由于香港、澳门、台湾和西藏4个地区的数据缺失，本书使用了30个省级单位的数据。重庆市于1997年成立直辖市，重庆市1995年和1996年的数据，根据《重庆统计年鉴》补全（同时修正了四川省1995年和1996年的数据）。模型使用的汽油消费量、GDP数据来自《国家统计年鉴》，人均GDP根据历年的居民消费价格指数折算至1995年。样本数据的统计指标及结果见表3－9。

表3－9 中国30个省份面板数据的描述性统计结果

统计指标	ln *DP*	ln *GDPP*	$(\ln GDPP)^2$
平均值	3.873	9.553	91.881
中间值	3.894	9.612	92.386
最大值	5.574	11.221	125.919
最小值	0.549	7.604	57.828
标准偏差	0.731	0.790	15.054
偏斜	－0.241	－0.074	0.068
峰度	3.193	2.141	2.153
省份	30	30	30
样本数	660	660	660

3.3.1.2 统计检验

为了防止虚假回归，模型数据需要经过LLC单位根检验、ADF－Fisher单位根检验和面板综合Pedroni协整检验，检验合格才能证明数据回归结果真实可靠。

3.3.1.3 数学模型

库兹涅茨曲线是指最早由库兹涅茨发现的倒U形曲线。Shahbaz等[137]根据中国30个省份数据回归指出，中国能源消费符合人均GDP增长的库兹涅茨曲线。本书首先使用中国30个省份1995—2016年的面板数据，验证人均GDP对汽油需求的影响，即中国汽油需求的库兹涅茨曲线是否存在，所用模型如式（3－1）所示。

$$\ln DP = a_1 \cdot (\ln GDPP)^2 + a_2 \cdot \ln GDPP + C + \mu \qquad (3-1)$$

其中，*DP* 表示人均汽油需求，*GDPP* 表示人均 GDP，a_1 和 a_2 表示待回归参数，*C* 表示常数项，μ 表示余项。如果模型变量的数据通过了单位根检验和协整检验，模型将使用 FMOLS（panel Fully Modified Ordinary Least Squares）方法和 DOLS（panel Dynamic Ordinary Least Squares）方法进行参数回归。如果实证结果 a_1 小于零，那么中国汽油需求符合库兹涅茨曲线。

3.3.2 库兹涅茨曲线研究参数回归结果

3.3.2.1 单位根检验结果

人均汽油需求和人均 GDP 数据的 LLC 单位根检验和 ADF－Fisher 单位根检验结果见表 3－10。从表中可以看出，各组数据的一阶差分的有截距项的单位根检验结果显著地拒绝了单位根的零假设，证明一阶差分通过了单位根检验。各变量的数据均构成一阶单整，可以进行协整检验。

表 3－10 变量的单位根检验结果

变量	原始数据			一阶差分		
	趋势和截距	截距	无趋势截距	趋势和截距	截距	无趋势截距
LLC 检验结果						
ln *DP*	0.868	－0.223	10.95	－5.294 ***	－6.523 ***	－9.275 ***
ln *GDPP*	2.147	－6.471 ***	9.291	－3.393 ***	－3.584 ***	－3.907 ***
$(\ln GDPP)^2$	－0.119	－5.151 ***	8.442	－3.093 ***	－3.903 ***	－3.562 ***
ADF－Fisher 检验结果						
ln *DP*	49.3670	20.3736	3.50694	139.119 ***	184.694 ***	210.567 ***
ln *GDPP*	48.361	51.064	8.277	48.590	90.594 ***	62.954
$(\ln GDPP)^2$	61.344	42.921	14.3822	45.674	89.946 ***	59.117

注：＊＊＊表示在 1% 的概率下显著。

3.3.2.2 协整检验结果

数据和样本的群组 Pedroni 协整检验结果见表 3－11。从表中可以看出，面板数据通过了面板 PP 检验、面板 ADF 检验、群组 PP 检验和群组 ADP 检验，证明面板数据通过了协整检验，变量间存在长期均衡关系，可以进行参数回归。

表 3-11　面板数据的协整检验结果

检验名称	趋势和截距	截距	无趋势截距
面板 v 检验结果	-4.871580	-1.627658	-0.167726
面板 rho 检验结果	3.319040	0.520888	-0.754540
面板 PP 检验结果	-1.669434 **	-2.887244 ***	-2.597987 ***
面板 ADF 检验结果	-9.994373 ***	-8.876503 ***	-6.245716 ***
群组 rho 检验结果	2.445967	0.630837	0.818165
群组 PP 检验结果	-5.595568 ***	-4.417820 ***	-2.802634 ***
群组 ADF 检验结果	-4.907733 ***	-3.940841 ***	-2.280430 **

注：* * *、* * 分别表示在 1%、5% 的概率下显著。

3.3.2.3　参数回归结果

库兹涅茨曲线验证模型的参数回归结果见表 3-12。其中，面板数据，即全国数据的回归结果如表 3-12 中的第一行所示，从第二行起是各省份的参数回归结果。

表 3-12　库兹涅茨曲线验证模型的参数回归结果

全国/省份	FMOLS 参数回归结果		DOLS 参数回归结果	
	ln *GDPP*	(ln *GDPP*)^2	ln *GDPP*	(ln *GDPP*)^2
全国	2.147 *** [66.908]	-0.072 *** [-2.644]	1.786 *** [4.598]	-0.058 *** [-3.381]
北京	7.029 *** [84.891]	-0.319 *** [-3.629]	6.368 * [1.838]	-0.281 * [-1.814]
天津	0.557 *** [36.512]	-0.013 *** [-3.535]	0.689 *** [4.172]	-0.021 [-1.389]
河北	22.56 *** [152.56]	-1.055 *** [-6.108]	33.013 * [1.921]	-1.762 * [-1.976]
山西	0.175 *** [6.943]	-0.011 ** [-2.526]	0.801 *** [3.486]	-0.039 * [-1.682]
内蒙古	-5.315 *** [-45.68]	0.218 ** [2.375]	-18.561 *** [-3.169]	0.936 *** [3.479]
辽宁	-14.37 *** [-76.39]	0.696 *** [7.045]	2.539 [0.108]	-0.313 [-0.324]

续表

全国/省份	FMOLS 参数回归结果		DOLS 参数回归结果	
	ln *GDPP*	(ln *GDPP*)^2	ln *GDPP*	(ln *GDPP*)^2
吉林	2.568*** [18.72]	-0.165** [-1.911]	-3.411 [-0.779]	0.141 [0.734]
黑龙江	12.76*** [82.66]	-0.596*** [-6.317]	-3.805 [-1.102]	0.064 [0.378]
上海	0.283*** [16.224]	-0.066*** [-20.99]	-0.872 [-0.502]	0.078 [0.907]
江苏	1.931*** [14.73]	-0.046 [-0.468]	-1.943 [-1.174]	0.178** [2.282]
浙江	0.624*** [4.569]	-0.013 [-0.096]	1.987 [1.211]	-0.077 [-0.868]
安徽	10.354*** [73.51]	-0.501*** [-5.764]	7.912*** [4.081]	-0.383*** [-3.731]
福建	4.413*** [32.55]	-0.142* [-1.443]	3.148 [0.901]	-0.154 [-1.092]
江西	10.077*** [69.84]	-0.609*** [-6.756]	-17.78*** [-4.783]	0.852*** [4.884]
山东	5.514*** [47.656]	-0.444*** [-4.294]	-15.66** [-2.269]	0.766** [2.584]
河南	7.442*** [56.24]	-0.520*** [-5.541]	-23.98*** [-3.889]	1.302*** [4.372]
湖北	-6.480*** [-46.394]	0.353*** [3.88]	14.036 [1.525]	-0.542 [-1.358]
湖南	-0.499*** [-3.910]	0.0585 [0.679]	8.133* [2.053]	-0.302 [-1.662]
广东	3.691*** [25.51]	-0.319*** [-2.716]	-7.024** [-2.732]	0.452*** [3.617]
广西	7.792*** [53.935]	-0.365*** [-4.432]	3.365 [0.954]	-0.183 [-0.981]
海南	-12.58*** [-71.51]	0.745*** [8.554]	-22.753** [-2.202]	1.135** [2.633]

续表

全国/省份	FMOLS 参数回归结果		DOLS 参数回归结果	
	ln *GDPP*	(ln *GDPP*)^2	ln *GDPP*	(ln *GDPP*)^2
重庆	-1.918*** [-9.059]	0.263*** [2.649]	-3.251** [-2.913]	0.138*** [3.081]
四川	-0.628*** [-4.105]	0.126* [1.544]	-4.335 [-1.225]	0.223 [1.031]
贵州	1.813*** [13.187]	-0.122 [-1.319]	0.541 [0.279]	-0.058 [-0.635]
云南	0.139 [0.983]	-0.014 [-0.151]	-1.226 [-0.414]	0.086 [0.628]
陕西	5.047*** [36.668]	-0.199** [-2.317]	8.161 [1.471]	-0.164 [-0.618]
甘肃	-8.652*** [-53.139]	0.321*** [3.477]	-8.626 [-0.849]	0.227 [0.533]
青海	-10.923*** [-71.31]	0.601*** [7.171]	-11.02* [-1.936]	0.433 [1.548]
宁夏	5.093*** [37.398]	-0.218** [-2.584]	56.61 [1.101]	-3.107 [-1.119]
新疆	-10.631*** [-53.96]	0.506*** [5.331]	-4.469** [-2.508]	0.413*** [4.981]

注：***、**和*分别表示在1%、5%和10%的概率下显著。方括号里面是 *t* 统计量。

3.3.2.4　残差平稳性检验结果

面板数据的 FMOLS 和 DOLS 回归结果的残差接受了单位根检验（LLC 检验、ADF - Fisher 检验和 PP - Fisher 检验）。残差平稳性检验结果见表 3 - 13。由表可知，FMOLS 和 DOLS 回归结果的残差均通过了单位根检验，说明残差是平稳序列，证明了变量间的协整关系的真实存在性。

表 3 - 13　残差平稳性检验结果

检验	FMOLS	DOLS
LLC 统计量	-5.90949***	-18.1992***

续表

检验	FMOLS	DOLS
ADF－Fisher 统计量	133.160***	370.581***
PP－Fisher 统计量	151.438***	408.667***

注：＊＊＊表示在1%的概率下显著。

3.3.3 库兹涅茨曲线研究结果分析和讨论

3.3.3.1 面板数据回归结果分析

面板数据即全国数据的回归结果显示，FMOLS 和 DOLS 回归方法得到的人均 GDP 的二次项参数分别为－0.072 和－0.058，两者皆为负数，表明汽油需求的库兹涅茨曲线成立，说明中国的汽油需求已经出现下降趋势，这与上文得到的汽油需求增长率随时间推移下降的趋势相一致。面板数据的回归结果同时显示，FMOLS 和 DOLS 回归方法得到的人均 GDP 的一次项系数分别为 2.147 和 1.786，根据二次函数的中心线公式可得，汽油需求的拐点对应的 ln *GDPP* 的值为 14.91 和 15.39，对应的人均 GDP 分别为 298.77 万元和 482.83 万元（人民币，对应于折算至 1995 实际人均 GDP），显然这两个拐点数值过大，说明截至 2019 年底汽油需求的下降趋势表现得依然不够明显。

3.3.3.2 分省份数据回归结果分析

根据分省份的回归结果，FMOLS 方法得到的人均 GDP 的二次项参数有 20 个负数，证明有 20 个省份的人均汽油需求符合库兹涅茨曲线；10 个省份的人均 GDP 二次项系数大于零，但是其中有 4 个小于 0.3，表明 6 个省份的人均汽油需求明显不符合库兹涅茨曲线，而 4 个省份的趋势不明显。分省份回归结果中，DOLS 方法得到的人均 GDP 的二次项参数有 14 个负数，证明有 14 个省份的人均汽油需求符合库兹涅茨曲线；16 个省份的人均 GDP 二次项系数大于零，但是其中有 7 个小于 0.3，表明 9 个省份的人均汽油需求明显不符合库兹涅茨曲线，而 7 个省份的趋势不明显。

中国大部分省份的人均汽油需求符合库兹涅茨曲线，而且东南沿海省份普遍符合，不符合的省份主要出现在西北和其他内陆地区。中国大部分省份的人均汽油需求呈现一定的库兹涅茨曲线趋势，少部分省份明显不符合库兹涅茨曲线，部分省份呈现的趋势不明显。东南省份的趋势大部分符合趋势，不符合趋势的省份主要出现在西北和中部内陆省份。模型回归结果呈现的情况与各省份汽油需求历史数据呈现的增长率下降趋势基本一致，证明实验回归结果基本可靠。以上结果表明，中国汽油需求呈系统性下降趋势。

3.4　基于计量回归的汽油需求要素弹性及趋势分析

历史数据显示，中国汽油需求的增长率出现系统性下降，但是这些下降趋势的机理和内在动力依然未知。本节将使用计量回归方法对汽油需求的核心影响因素（核心要素）进行弹性分析。汽油需求的核心要素的弹性系数呈现的持续变化趋势，很可能是汽油需求增长率下降的根源和原动力。本节的结论将一定程度上证明汽油需求的长期下降趋势有充分的现实依据和根源，即汽油需求的下降是由汽油需求系统的某种结构性变化引起的，亦即汽油需求属于结构性下降。本节的验证结果将为本书即将提出的中国汽油需求突变理论提供一定的数据和实证支撑。

根据已有的文献，Liu[138]使用线性回归方法以汽油价格、居民收入和失业率作为解释变量预测美国季度汽油需求。Atalla 等[139]使用线性回归方法以汽油价格和居民收入为解释变量，并考虑了汽油消费量、汽油价格和居民收入的前两期影响，预测沙特阿拉伯的汽油需求。Aklilu[140]使用线性回归法以汽油价格、人均 GDP 和人均汽车保有量为解释变量预测欧盟 28 国汽油需求。相比线性回归方法，应用系统模拟的汽油需求预测研究通常用到更为复杂的汽油需求影响因素系统。例如，袁磊等[14]使用的汽油需求三级模拟系统包含了汽油车保有量、汽油车油耗、汽油价格等汽油需求的 39 个影响因素。根据以上文献，汽油需求的核心要素的范围已经大致清晰。但是，要素是否确实如已有文献的分析会对汽油需求产生影响，以及要素对汽油需求的定量影响关系和弹性系数，需要经过实证来检验。

3.4.1 计量回归模型变量选择

根据已有文献，汽油价格、居民收入、汽车保有量、前两期的汽油需求、汽油消费税等是汽油需求的核心影响因素。Scott[141]认为汽油价格和居民收入是汽油需求的核心影响因素。Lin 等[142]把美国居民划分为不同的收入层次，认为汽油价格在中等水平时，汽油需求弹性最大；中等收入群体对油价的波动最敏感。Park 等[143]认为汽油消费税对汽油需求有影响，把企业所得税改为汽油消费税可以增加社会福利。Coyle 等[144]使用美国居民汽油消费税的税收申报数据研究汽油需求弹性，证明消费者对汽油价格是敏感的；该文献使用的汽油需求影响因素是汽油价格、居民收入和汽油消费税。

综上所述，汽油价格、居民收入、汽油需求的历史数据、汽油消费税、人口、汽油车保有量、新能源汽车保有量等是汽油需求的核心影响因素。

3.4.2 计量回归建模方法

3.4.2.1 数学模型

根据上文中国汽油需求核心影响因素的筛选结果，建立计量回归模型验证以上因素对汽油需求的影响，如式（3-2）所示。

$$\ln D_t = a_1 \cdot \ln D_{t-1} + a_2 \cdot \ln(P - Tax) + a_3 \cdot \ln Tax + a_4 \cdot \ln GDP + a_5 \cdot \ln Pop + a_6 \cdot \ln CF + a_7 \cdot \ln CF_n + C + \mu \tag{3-2}$$

其中，D_t 表示第 t 期人均汽油需求，D_{t-1} 表示 $t-1$ 期人均汽油需求，P 表示汽油价格，Tax 表示汽油消费税，GDP 表示人均 GDP，Pop 表示人口，CF 表示千人汽车保有量，CF_n 表示千人新能源汽车保有量。以上除汽油需求外，其他变量默认采用第 t 期的数据。a_i（$i=1, \cdots, 7$）为待回归的参数，C 为截距项，μ 为余项。如果参数回归结果显著则参数对应的变量对汽油需求有影响。

3.4.2.2 数据和样本

本节使用中国 1993—2018 年的时间序列数据。汽油消费量、GDP、人口数据来自《国家统计年鉴》。汽油价格来自中国石油化工联合会每年统计的各省份加油站零售价格。汽油消费税数据来自财政部发布的相关税收调整的政策文件。汽油车和新能源汽车数据来自中国汽车工业协会的统计资料。人均 GDP、汽油价格、汽油消费税均折算至 1993 年。样本数据的统计指标及结果见表 3－14。

表 3－14　线性回归模型时间序列数据的描述性统计结果

统计指标	$\ln D$	$\ln D_{t-1}$	$\ln P_x$	$\ln Tax$	$\ln GDP$	$\ln Pop$	$\ln CF$	$\ln CF_n$
平均值	3.7202	3.6649	4.4323	2.7676	1.9755	2.5668	3.4061	－0.6991
中间值	3.6502	3.6007	4.3564	2.3066	1.9638	2.5734	3.2608	0.0000
最大值	4.5031	4.4922	5.0785	3.9791	3.0812	2.6358	5.1149	0.4135
最小值	3.1136	3.0643	3.6198	0.0000	0.8671	2.4725	1.9313	－5.4141
标准偏差	0.4582	0.4466	0.4327	0.9273	0.7406	0.0476	1.0449	1.5587
偏斜	0.3894	0.4527	0.0530	－0.6308	－0.0027	－0.3817	0.2173	－2.0035
峰度	1.7703	1.8949	1.7028	4.0013	1.5334	2.0927	1.6364	5.5873
样本数	26	26	26	26	26	26	26	26

注：P_x 表示（$P - Tax$）；其他变量的含义与上文相同。

3.4.2.3　统计检验

模型实证采取调整参数组合、观察 R^2 统计量和 t 统计量的方式验证回归的可靠性，详见回归结果表格的各统计量的实际值。

3.4.3　模型参数回归结果

根据汽油需求的核心影响因素以及验证核心影响因素的计量回归模型式（3－2），可以得到不同变量组合情况的参数回归结果，这些参数回归结果及相关的统计量值可以衡量各影响因素对汽油需求影响的弹性系数。影响因素分析模型的参数回归结果和相关统计量值见表 3－15，分阶段的全体和部分变量回归结果见表 3－16、表 3－17、表 3－18。

表 3－15　参数回归结果和相关统计量值

变量/指标	模型 1	模型 2	模型 3	模型 4	模型 5	模型 6	模型 7	模型 8	模型 9
$\ln D_{t-1}$	0.1845 [0.9522]	0.2515 [1.4675]	0.6489*** [3.8409]						
$\ln P_x$	−0.00322 [−0.0632]	0.0019 [0.0464]	−0.0645 [−1.3213]	−0.2149*** [−5.7837]	−0.0119 [−0.2393]				
$\ln Tax$	−0.0539*** [−3.3006]	−0.0536*** [−3.4912]	−0.0391** [−2.0795]	−0.0398* [−1.6619]	−0.0513*** [−3.1796]				
$\ln GDP$	−0.27521** [−0.9936]	−0.3491* [−1.7877]	0.2870** [2.4636]	0.7217*** [20.336]	−0.3135 [−1.1470]	−0.2049 [−1.3255]	−0.3649*** [−3.1066]	0.8197*** [6.9499]	0.6067*** [24.558]
$\ln Pop$	−0.7816 [−0.7862]				−0.9740 [−1.0031]	−1.5997 [−1.5331]		−3.3796 [−1.8429]	
$\ln CF$	0.6831*** [3.3288]	0.6143*** [3.694407]			0.7452*** [4.5772]	0.6587*** [7.7617]	0.6986*** [8.3934]		
$\ln CF_n$	0.0024 [0.3545]				0.0074 [1.1694]	0.0117* [1.7122]	0.0084 [1.2581]		
C	3.6147 [1.3549]	1.5352*** [3.2643]	1.1691** [2.0088]	3.3575*** [22.230]	4.5018* [1.8052]	5.9956** [2.3394]	2.0674*** [34.563]	10.775** [2.4057]	2.5215*** [48.489]
R^2	0.9949	0.9947	0.9911	0.9849	0.9947	0.9919	0.9910	0.9666	0.9617

注：P_x 表示（$P-Tax$）；＊＊＊、＊＊和＊分别表示在1%、5%和10%概率下显著；方括号内是 t 统计量。R^2 是 R^2 统计量，代表回归优度。

表3-16 分阶段四变量回归结果

变量（指标）	1993—2002年	2003—2012年	2013—2018年	全样本
$\ln D_{t-1}$	0.051737 [0.117675]	0.182801 [0.397246]	-0.698164* [-3.555045]	0.648918*** [3.840952]
$\ln P_x$	-0.038972 [-0.456089]	-0.025341 [-0.188634]	-0.178090 [-2.290517]	-0.064516 [-1.321304]
$\ln Tax$	-0.025234 [-1.073566]	-0.014455 [-0.292095]	0.067037 [0.602682]	-0.039112** [-2.079503]
$\ln GDP$	0.358097* [2.084332]	0.483570* [1.828654]	1.315580** [5.990856]	0.287087** [2.463683]
C	2.882156* [2.070765]	2.196678* [1.875585]	4.104178* [4.394008]	1.169071** [2.008855]
R^2	0.873799	0.977298	0.998438	0.991132

注：P_x 代表（$P-Tax$）；***、**和*分别表示在1%、5%和10%概率下显著；方括号内是 t 统计量。

表3-17 分阶段单变量（人均GDP）回归结果

变量（指标）	1993—2002年	2003—2012年	2013—2018年	全样本
$\ln GDP$	0.327668*** [6.122206]	0.852984*** [18.17698]	0.569703*** [5.289686]	0.606771*** [24.55881]
C	2.5575751*** [44.68839]	1.87599*** [37.64556]	2.854435** [3.874382]	2.521541*** [48.48950]
R^2	0.824104	0.976360	0.874925	0.961731

注：***、**分别表示在1%、5%概率下显著；方括号内是 t 统计量。

表3-18 分阶段单变量（千人汽车保有量）回归结果

变量（指标）	1993—2002年	2003—2012年	2013—2018年	全样本
$\ln CF$	0.492766*** [6.145851]	0.389439*** [18.32145]	0.269117*** [5.727978]	0.435535*** [41.56256]
C	2.002173*** [5.160874]	2.369767*** [30.55849]	2.634396*** [23.83080]	2.236727*** [60.00980]
R^2	0.803968	0.976722	0.904241	0.986297

注：***表示在1%概率下显著；方括号内是 t 统计量。

3.4.4 回归结果分析和讨论

3.4.4.1 参数回归结果显著性的分析

全样本的参数回归结果显示，居民人口的 t 统计量较小，表明人口对汽油需求的影响不显著。新能源汽车保有量的 t 统计量较小，表明新能源汽车对汽油需求的影响不显著，但原因可能是新能源汽车保有量在 2011 年以前数据量过小；中国的新能源汽车保有量从 2011 年的不足 6000 辆快速增长到 2018 年的 211 万辆，增速和影响都在急剧扩大；新能源汽车保有量对汽油需求的影响可能需要等待更多未来年份的数据回归和证明。

3.4.4.2 影响因素的敏感性分析

在排除人口和新能源汽车两个变量后，根据回归结果参数绝对值的大小，汽油需求对影响因素的敏感性从高到低排序是汽车保有量、人均 GDP、前一期的汽油需求、汽油消费税和汽油价格。在排除汽车保有量影响后，汽油需求与前一期汽油需求（或人均 GDP）正相关，与汽油价格（或汽油消费税）负相关；前一期的汽油需求和人均 GDP 的影响明显高于汽油价格，也高于汽油消费税。当变量仅剩人均 GDP、汽油价格和汽油消费税时，人均 GDP 对汽油需求的影响依然远高于汽油价格和汽油消费税。综上所述，汽油需求对影响因素的敏感性从高到低排序是汽车保有量、人均 GDP、前一期的汽油需求、汽油消费税和汽油价格。

3.4.4.3 影响因素弹性分析

根据中国的经济增长变化，可以把中国汽油需求增长划分为平稳增长期（1993—2002 年）、规模扩张期（2003—2012 年）和转型增长期（2013—2018 年）3 个不同阶段。根据计量模型计算得到中国汽油需求的 GDP 弹性如图 3 - 15 所示。

分阶段的四变量回归结果显示，前一期的汽油需求在第一阶段、第二阶段、第三阶段的参数回归结果分别为 0.052、0.183、-0.698，表明前一期汽油需求对后一期汽油需求的影响随时间阶段的变化而先增后降。分阶段的单变量回归结果显示，人均 GDP 在第一阶段、第二阶段、第三阶段

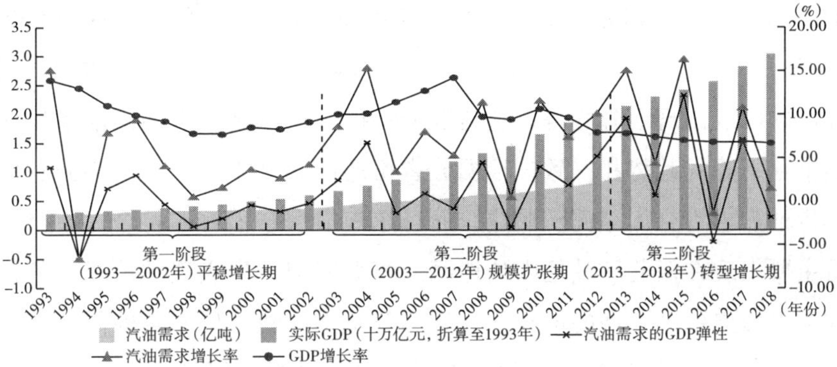

图 3－15　1993—2018 年中国汽油需求增速及 GDP 弹性

的参数回归结果分别为 0.328、0.853、0.570，说明汽油需求的人均 GDP 弹性随时间阶段的变化而先增后降，表明汽油消费的边际效用随时间阶段的变化而先增后降；千人汽车保有量在第一阶段、第二阶段、第三阶段的参数回归结果分别为 0.493、0.389、0.269，说明汽油需求的汽车保有量弹性随时间阶段的变化而持续下降，表明汽油消费的能源效率随时间阶段的变化而持续提高（汽车的油耗在持续降低）。边际效用和能源效率的变化等，属于系统的结构性变化，所以以上结果表明中国汽油需求出现结构性下降趋势，中国汽油需求的远期下降具有结构性的系统根源。

3.5　实验结果讨论

根据中国人均汽油需求及其增长率特征分析，中国各省份人均汽油需求增长率出现了总体性下降。人均汽油需求及其增长率都与经济发展水平呈现较强的相关性。人均汽油需求面板数据符合对数高斯分布，人均汽油需求增长率面板数据符合柯西—洛伦兹分布；该结果为下文使用蒙特卡洛模拟进行汽油需求研究奠定了基础。使用 K－means 聚类，将中国的各省份根据汽油需求增长的差异划分为 3 类，划分结果刚好与各省份的经济发展状况相关，从而证明人均汽油需求与经济发展水平确实存在一定的相关性。

根据 30 个省份面板数据的计量回归，全国数据的回归结果显示，

FMOLS 和 DOLS 回归方法得到的人均 GDP 的二次项参数分别为 -0.072 和 -0.058，两者皆为负数，表明汽油需求的库兹涅茨曲线成立，说明中国的汽油需求已经出现下降趋势，这与数据特征分析得到的汽油需求增长率随时间推移下降的趋势相一致。根据分省份的回归结果，中国大部分省份的人均汽油需求符合库兹涅茨曲线，而且东南沿海省份普遍符合，不符合的省份主要出现在西北和其他内陆地区。模型回归结果表现的情况与各省份汽油需求历史数据表现的增长率下降趋势基本一致，证明实验回归结果基本可靠。以上结果表明，中国汽油需求出现系统性下降趋势。

根据汽油需求要素的弹性分析，计量回归结果显示，中国人口对汽油需求的影响不显著；汽油价格对汽油需求的影响明显小于汽车保有量和人均 GDP；汽油需求的人均 GDP 弹性随时间推移先升后降，表明汽油消费的边际效用先升后降；汽油需求的汽车保有量弹性随时间推移持续下降，表明汽油的能源效率持续提高。以上结果表明中国汽油需求出现结构性下降趋势（边际效用和能源效率的变化等，属于系统的结构性变化）；中国汽油需求的远期下降具有系统根源，汽油需求系统内部积聚了内生的突变势能，使得突变成为大概率事件。以上结果为本书即将提出的中国汽油需求突变理论提供了数据和实验支撑。但是，需要特别注意的是，因为中国汽油需求突变理论是用于需求预测的前瞻性理论，该理论的论证过程在本书并没有完全呈现；该理论的完全论证需要等待未来中国汽油需求突变的确实发生。

3.6 本章小结

首先，本章根据中国人均汽油需求及其增长率特征分析发现，中国各省份人均汽油需求增长率出现了总体性下降。人均汽油需求面板数据符合对数高斯分布，人均汽油需求增长率面板数据符合柯西—洛伦兹分布。

其次，根据中国 30 个省份面板数据的计量回归，本章证明，全国汽油需求数据符合库兹涅茨曲线，说明中国的汽油需求已经出现下降趋势。根据分省份的回归结果，中国大部分省份的人均汽油需求符合库兹涅茨曲线，表明中国汽油需求出现系统性下降趋势。

最后，根据汽油需求要素的弹性分析，计量回归结果显示，中国人口数量对汽油需求的影响不显著；汽油价格对汽油需求的影响明显小于汽车保有量和人均 GDP；汽油需求的人均 GDP 弹性随时间推移先升后降，表明汽油消费的边际效用先升后降；汽油需求的汽车保有量弹性随时间推移持续下降，表明汽油的能源效率持续提高。以上结果表明中国汽油需求出现结构性下降趋势（边际效用和能源效率的变化等，属于系统的结构性变化）。该变化使得中国汽油需求突变具有了更大的可能性。

综上所述，本书发现了中国汽油需求的下降趋势，全国数据和大部分省份的汽油需求数据符合库兹涅茨曲线，证明中国汽油需求出现了结构性下降趋势。根据要素弹性分析，中国汽油需求的人均 GDP 弹性随时间推移先升后降，表明汽油消费的边际效用先升后降；汽油需求的汽车保有量弹性随时间推移持续下降，表明汽油的能源效率持续提高。以上结果表明中国汽油需求出现了结构性下降趋势（边际效用和能源效率的变化等，属于系统的结构性变化），汽油需求系统内部积聚了内生的突变势能，使得突变成为大概率事件。

第 4 章　中国汽油需求影响因素分析

中国汽油需求预测的影响因素分析是中国汽油需求预测研究的基础。已有的文献在研究和预测汽油需求的过程中，通常会在研究时先提出其所选取的影响因素，综合各种已有文献，被使用最多的汽油需求影响因素首先是人均收入（一般用人均 GDP 代替），其次是汽油价格、轻型汽车（Light Duty Vehicle，LDV）保有量①等，最后是人口、燃油税等。本章将结合已有研究文献，根据中国能源转型背景的特殊要求，提出一套符合当前最新发展趋势、可以反映新能源汽车新技术和共享经济等新业态发展要求的中国汽油需求预测影响因素体系，然后，根据已有文献分析中国汽油需求的影响因素，并对其进行化简得到汽油需求影响因素集合。另外，使用解释结构模型分析中国汽油需求影响因素之间的层次结构，为中国汽油需求预测的模型和实证研究奠定基础。

4.1　直接影响因素

分析中国汽油需求的直接影响因素，首先要分析汽油需求产生的原因，即汽油的消费。中国汽油消费的主体是中国的燃油车辆，其中使用汽油的车辆主要包括燃油乘用车、微型货车、摩托车等。所以，虽然中国汽油需求受到多种影响因素的共同作用，但是轻型燃油汽车数量、轻型燃油汽车单位油耗和轻型燃油汽车平均行驶里程是 3 个主要的直接影响因素。

---

① 本书以下内容中 LDV 保有量特指原来使用汽油后来可能被新能源汽车替代的车辆的保有量。

摩托车因政策限制已经禁止发放城市号牌，其燃油需求在本书将被作为一个整体考虑，而不再区分数量、油耗和里程等。溶剂汽油和航空汽油与陆路交通的汽油消耗相比总量较小，本书在影响因素中将不再考虑。

4.1.1 轻型燃油汽车的数量

轻型燃油汽车①的数量被选为汽油需求影响因素的原因是轻型燃油汽车数量，即轻型燃油汽车保有量是汽油需求产生的基础。数量的定义是清楚和明确的，本小节将描述轻型燃油汽车的定义。轻型燃油汽车指使用汽油作为动力的内燃机汽车。从种类上划分，使用汽油的内燃机的汽车可以分为常规轻型燃油汽车、油电混合动力汽车（不插电）、插电混合动力汽车等，不同的车型在油耗和平均行驶里程方面的差异较大，需要分别予以分析。

4.1.1.1 常规轻型燃油汽车

常规轻型燃油汽车是指没有安装可以将动能转化为电能的动力回收装置，并且不能外接电源充电的，使用汽油内燃机作为动力来源的汽车。常规轻型燃油汽车的动力原理见图4－1。

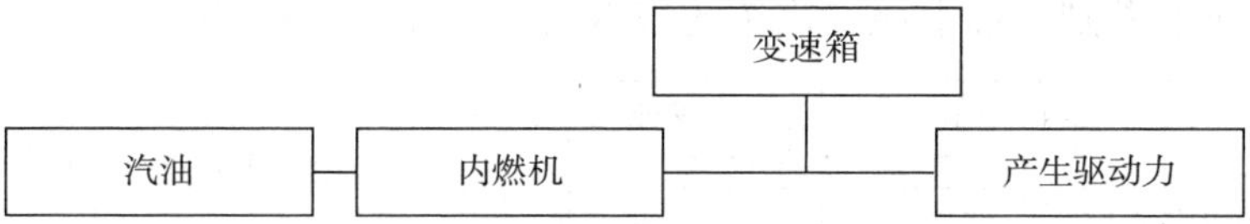

图4－1 常规轻型燃油汽车的动力原理

4.1.1.2 油电混动汽车

油电混动汽车指安装了动能回收装置，可以回收内燃机怠速动能，并且使用辅助电动机，可以部分使用电力形式的汽车。油电混动汽车动力的最初来源有且只有使用汽油的内燃机，内燃机既可以直接用全部动力驱动汽车，也可以用部分动力驱动汽车，部分动力用于发电，发电机产生的电力被储存在电池中，通过控制器控制驱动电机，可以在汽车启动时提供部分动力。来自日本的汽车厂商和汽车品牌，普遍被认为在油电混动技术和

① 本书以下内容中轻型燃油汽车特指装配汽油发动机的分类属于汽车的机动车辆。

专利方面具有优势。油电混动汽车动力原理见图4－2。

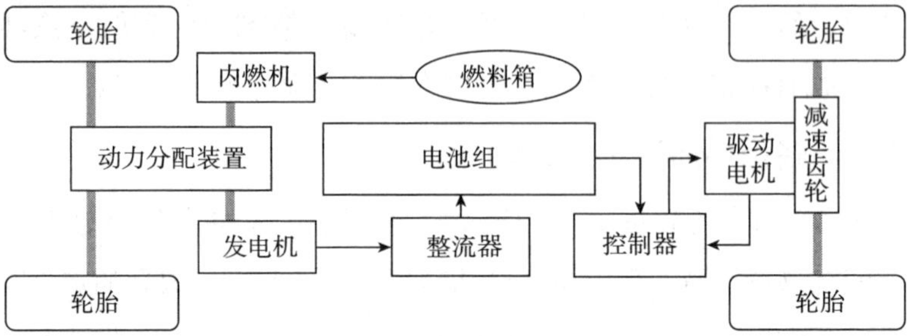

图4－2　油电混动汽车的动力原理

4.1.1.3　插电混动汽车

插电混动汽车是指可以外接电源充电，使用电力行驶的同时装配内燃机和电动机的汽车。这类汽车的早期型号不具备动能回收装置，新的车型逐渐具备了动能回收装置。随着日本厂商的加入，越来越多的插电混动车型将具有更为复杂的动能回收系统及更高的动能回收效率。插电混动车型与油电混动车型的差异已经越来越小，逐步变成了有没有外接电源和蓄电池容量大小的差别。插电混动汽车的基本动力原理见图4－3。

图4－3　插电混动汽车的基本动力原理

4.1.2　轻型燃油汽车单位行驶里程的平均油耗

轻型燃油汽车单位行驶里程的平均油耗，首先明确是单位行驶里程的油耗，即用每百千米×升为单位表示的汽油消耗。“平均”从定义上分析有两层意思。对某台汽车而言，不同工况下行驶一百千米的油耗完全不同，“平均”的第一层意思是指工况意义的平均。不同的品牌和车型之间，同样工况的油耗也不同。“平均”的第二层意思是指车型意义的平均。即便如此，对不同的动力原理而言，平均油耗依然存在较大差异，本小节将分别予以描述。

4.1.2.1　常规轻型燃油汽车单位行驶里程的平均油耗

常规轻型燃油汽车的不同车型，不同工况下，油耗有一定差异。以 2019 年产的汽车为例，轿车的工业和信息化部油耗（根据工业和信息化部的一套路况测试规则）为每百千米 5 ~ 6 升，实际城市道路行驶一般为 7 ~ 9 升；运动型多用途汽车（Sport Utility Vehicle，SUV）的工业和信息化部油耗为每百千米 7 ~ 10 升，实际道路行驶油耗为 9 ~ 12 升。实际上，车龄较长的汽车因为机械磨损等，油耗会有所增加。不同年份出厂的汽车油耗也完全不同，这主要得益于油耗法规的严格要求和汽车节油技术的进步。汽车节油技术主要包括发动机优化、整车轻量化、变速箱优化等。不同工况，常规汽车油耗差异也很明显，例如高速公路经济时速行驶时，2019 年产燃油轿车的平均油耗在每百千米 6 升左右，远低于城市工况。

4.1.2.2　油电混动汽车单位行驶里程的平均油耗

一般而言，油电混动汽车的油耗明显低于常规轻型燃油汽车。以 2019 年产轿车为例，一般合资品牌轿车城市平均油耗为 7 ~ 9 升，与其总重量相当的日系油电混动车型的平均城市油耗为 4 ~ 6 升。城市工况下，油电混动汽车可以比常规轻型燃油汽车节油 30% 以上，这一数值非常惊人。高速工况时，油电混动车型的节油优势不明显，油耗也在 6 升左右，与常规轻型燃油汽车相当。

油电混动汽车在城市工况节省燃油的根本原理是利用了汽油内燃机的效率特性。内燃机的实时热效率（把热能转化为动能的能力）同内燃机的实时转速和实时负载相关，内燃机工作效率较高的转速和负载区域被称为内燃机的经济工况，经济时速的概念即是由经济工况的概念衍生。某内燃机的经济工况示意图见图 4 - 4，图中纵轴代表内燃机负荷（内燃机气缸内的压强，单位是 Pe/bar），横轴表示该内燃机的转速（单位是转/分钟），环形曲线标明了内燃机的油耗（例如图中 206 的数值，表示内燃机在该工况的油耗是 206 克/千瓦，即输出 1 千瓦功的油耗是 206 克汽油）。由图 4 - 4 可知，该内燃机的最经济运行转速在 1900 ~ 2300 转/分钟（同时保持内燃机负荷为总负荷的90%左右）。图中展示的是某一款内燃机的转速、负荷和能耗关系，其他内燃机与此当然会有差异，但是转速和油耗的关系变化规律是一致的，即内燃机在中速较大负荷运转时，油耗最低。图4-4中虚线是内燃机的最大扭矩曲线，由图可知，内燃机输出最大扭矩的范围也是在中速运行区间。

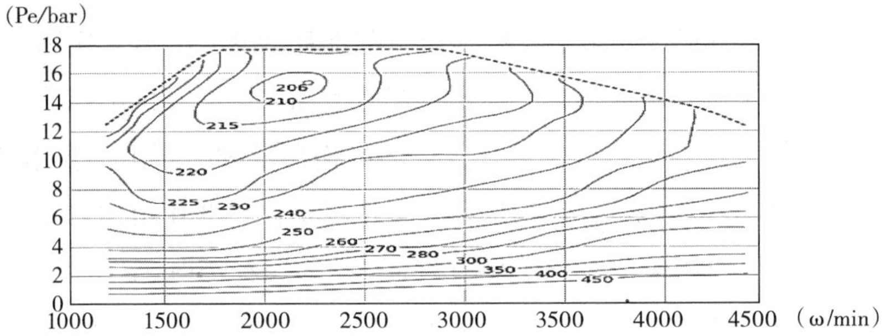

图4-4 内燃机的经济工况示意图

根据以上对内燃机特性曲线的分析，内燃机在中速运转时可以提供更多动力和更高的扭矩。油电混动汽车节油的原理是尽可能地使发动机始终处于最经济的运行转速和负荷的工况，利用动能回收装置回收多余动能发电储存、利用电动机使用电能弥补瞬时的功率缺口（内燃机功率输出和车辆实际需求的缺口，比如在车辆启动加速时刻）。综上所述，油电混动系统的实际作用是“削峰填谷”，使内燃机始终维持最经济的转速和负荷，从而实现节油。油电混动汽车的节油原理如图4-5所示。

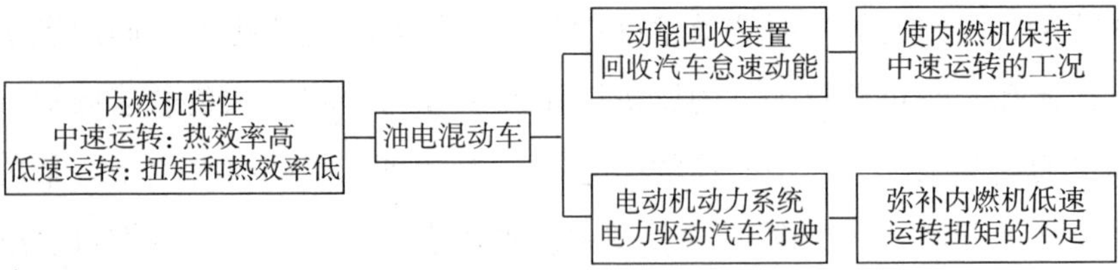

图4-5 油电混动汽车的节油原理

4.1.2.3 插电混动汽车单位行驶里程的平均油耗

初期的插电混动汽车的动力解决方案是内燃机系统和电动系统相互分

离，车辆节省的汽油主要是由电池和电机驱动产生的替代部分。随着插电混动汽车技术的成熟和进步，特别是一些掌握先进油电混动技术汽车企业的加入，插电混动车型开始具备油电混动汽车和纯电动汽车的双重优势，当然所付出的代价是整车重量更大，以及更高的生产成本。总体而言，插电混动汽车的单位行驶里程的平均油耗低于常规轻型燃油汽车，包括由电池电力替代的部分和动能回收的部分。

4.1.3　轻型燃油汽车的年平均行驶里程

汽油需求的直接影响因素除了轻型燃油汽车的数量、单位行驶里程的平均油耗以外，还有其年平均行驶里程。逻辑是简单且明确的，汽车被使用得越多，即全年平均行驶的里程数越多，将带来更多的汽油消耗，也是汽油需求产生的原因。需要注意的是，对于油电混动汽车和插电混动汽车的年平均行驶里程，逻辑上和常规轻型燃油汽车是相同的，实际上因为以上两类混动汽车的平均油耗更低，往往刺激汽车使用者更多使用汽车，行驶出更高的年平均里程。

4.1.4　燃油摩托车的汽油需求

燃油摩托车的汽油需求，包括历史遗留的城市燃油摩托车存量、乡村的燃油摩托车和城市中使用汽油的超标助力自行车等对汽油的需求。从油耗的角度分析，摩托车的平均油耗远低于汽车。从交通需求方面分析，摩托车的年平均行驶里程不会比汽车多太多。从摩托车保有量方面分析，北京从 1988 年起，上海、南京、郑州、西安、武汉等城市从 20 世纪 90 年代起，逐渐出台相关政策停止发放摩托车城市号牌，摩托车保有量长期维持在较低水平。2018 年北京市已出台相关政策，到 2021 年将全面禁止超标助力自行车在北京市区范围行驶，预计 5 年内（自 2018 年）该政策将在全国推行，隐藏在超标助力自行车中的小排量燃油摩托车也将被淘汰。随着经济水平的提高，除个别机车发烧友以外，摩托车因为安全性和舒适性方面的短板，将越来越多地被汽车取代，摩托车的保有量将进一步降低。在未来的中国汽油需求中，汽车的汽油需求将是绝对的主力（2018 年汽车的汽油消费量是摩托车的约16倍）。

4.2 间接影响因素

在中国汽油需求的中长期预测中，对以上乘用车数量、乘用车单位油耗和乘用车平均行驶里程3个直接影响因素的预测较为困难，并且3个影响因素的每一个，又都受其他因素的影响。由三者相乘得到乘用车汽油需求的预测方法并不完全可行，甚至使误差成倍增加。本节将在分析乘用车汽油需求的直接影响因素的基础上，进一步分析督查督办的间接影响因素，这些间接影响因素一方面通过对直接因素的影响起作用，另一方面将通过某些隐藏的传导机制直接对中国汽油需求起作用。

4.2.1 宏观经济类影响因素

宏观经济因素是中国汽油需求的基础，将从全局的高度影响中国汽油需求。中国汽油需求的宏观经济类影响因素如图4－6所示。

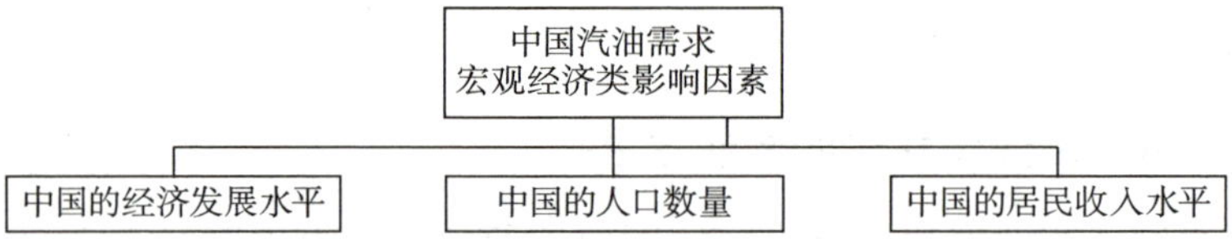

图4－6 中国汽油需求的宏观经济类影响因素

（1）经济发展水平。汽车和汽油一定程度上属于复杂工业品，需要在一定的经济条件和生产力水平下才具有被大规模消费的可能。同时，随着经济的发展，交通运输的需求将不断增大，其中乘用车和小型货车的运输需求产生的成品油消耗，就是汽油需求的来源。由于汽油需求与经济发展水平的高度相关性，经济发展水平可以被认为是汽油需求的重要影响因素。

（2）人口数量。汽油的消费归根结底是为了满足人的需求，人口的数量越多，需要满足的交通需求的可能性就越大，同时中国是世界人口大国，随着经济的发展，如此大的人口基数，将产生总量巨大的交通需求。因此，人口数量也是中国汽油需求的重要影响因素。

（3）居民收入水平。在中国，汽油消费的主要车型是乘用车和小型货车，随着经济的发展，私家车成为中国乘用车的主流。居民收入水平的提高将促使更多家庭选择购买私家车，居民收入水平的提高也将促使越来越多的人使用私家车，进而产生对汽油的需求。所以，居民收入水平也是汽油需求的影响因素。居民收入水平一方面影响汽车（乘用车和小货车等）保有量，另一方面影响燃油车的年平均行驶里程。

4.2.2　交通基础类影响因素

交通基础类影响因素，主要是把与交通需求直接相关或与交通条件（通用的交通运输相关技术和经济情况）等方面的影响因素归并，作为本书确定的交通基础类影响因素。中国汽油需求的交通基础类影响因素如图4－7所示。

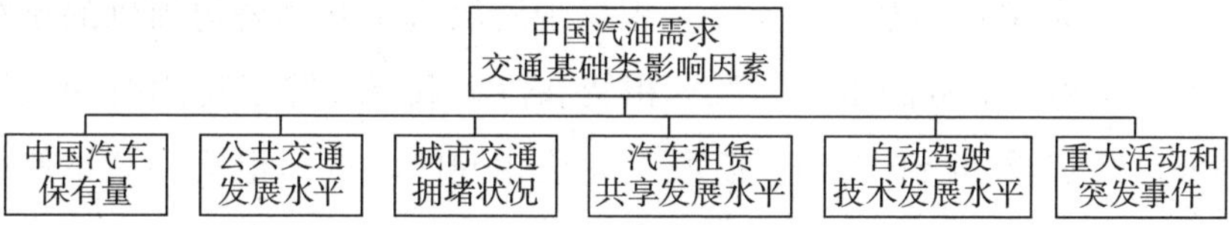

图4－7　中国汽油需求的交通基础类影响因素

（1）LDV保有量。这里LDV保有量是指所有乘用车和小货车等的总量，既包括燃油车也包括完全不燃油的新能源车，反映的是交通运输的总需求。乘用车和小货车中的燃油车是产生汽油需求的直接主体，汽车保有量通过轻型燃油汽车的保有量，影响到汽油需求，因此LDV保有量是汽油需求的影响因素。

（2）公共交通发展水平。公共交通的发展水平是指除公务用车、商务用车、私家车以外，作为公共交通的公交机动车、长途客车、高速铁路、铁路、地铁、民航、共享单车等，可以为不特定的公共群体提供交通服务的交通行业发展水平。很明显，一方面，公共交通所使用的动力能源是电力和柴油等非汽油能源；另一方面，公共交通因为利用率高，总体能源消耗远小于私家车。因此，公共交通发展水平越高，越能对汽油产生替代作用，从而使得汽油的需求降低。

（3）城市交通拥堵状况。城市交通拥堵是指城市内在上下班高峰时段出现的路面交通堵车现象。对于中国部分大中城市，甚至是中小城市，特别是这些城市的老城区，由于中国经济发展过于快速，当初在城市道路设计时没有考虑到今天如此巨大的车流量和路面交通需求，使得交通拥堵的现象在中国的城市中普遍发生。从微观角度分析，拥堵时汽车的内燃机保持工作状态，汽车却移动缓慢，客观上造成了油耗的增加。从宏观角度分析，如果交通拥堵的状况严重，将影响消费者的买车决策和使用汽车的决策，从而影响汽车保有量和汽车的年平均行驶里程。并且由于城市机动车限号政策对上绿色牌照（根据具体城市的政策）的新能源汽车不限行（国务院2019年第42号文件规定全国范围禁止对新能源汽车限行），交通拥堵和限行政策共同影响，还将促进消费者更偏向于购买新能源车辆。

（4）汽车租赁共享发展水平。根据现阶段汽车共享公司提供的是精确计时的汽车租赁业务的事实，汽车租赁和汽车共享，除了租用时间长短的不同外，其实质和核心在当前阶段是完全相同的。汽车租赁和共享使得汽车的获取成本大大降低，从而刺激汽油的消费。另外，由于政策扶持，中国大部分运营的汽车共享公司重点提供纯电动车型的共享汽车，对轻型燃油汽车和汽油形成一定的替代，从而减少汽油需求。

（5）自动驾驶技术发展水平。自动驾驶技术是指汽车不需要驾驶员操作，可以依靠人工智能控制实现自动行驶的技术。目前其技术手段主要包括图像识别和人工智能等。2019年已经用于商业化的是自动驾驶的L2阶段技术，可以实现自动跟随的定速巡航（ACC自动巡航）、主动刹车和车道保持功能。自动驾驶技术对汽油需求的影响主要是通过消费者买车决策和车主汽车使用决策实现的。自动驾驶技术使得开车成为一件轻松和令人愉悦的事情，因此可以刺激更多的潜在消费者做出买车决策，也促使车主更多地使用汽车，从而实现汽车的年平均行驶里程数的增加。根据现实情况，可以在纯电动汽车上实现的自动驾驶技术在常规轻型燃油汽车上也可以完全实现，并且不需支付更多的成本，因此自动驾驶技术的进步不能促进新能源汽车的销售。

（6）重大活动和突发事件。重大活动和突发事件的范畴比较广泛，例如重大庆典对交通运输采取的强制限制导致汽车行驶受限、产油国发生地缘政治事件造成成品油价格上涨等。重大活动和突发事件等对汽油需求的影响是显而易见的，然而从长期历史观察可以发现，真正对汽油需求产生重大影响的历史事件（除经济危机和石油危机等）较为罕见，并且难以预测，重大活动和突发事件对汽油需求的影响通常是阶段性或暂时性的，尽管有些事件的影响可能长达数年，但是对于能源转型背景下中国汽油需求的趋势的预测，具有的参考价值非常有限。重大活动和突发事件这一影响因素，在影响因素筛选和合并阶段将被忽略。

4.2.3 汽车产业类影响因素

汽车产业的发展是汽车消费的基础，中国汽车产业的崛起已经使中国汽车的价格大幅下降。以大众品牌的桑塔纳轿车为例，1983 年桑塔纳开始国产时的定价是 20 万元（当年十年工龄工人的月平均工资为 40 元），换算为 2019 年的等价价值，相当于 3000 万元（2019 年款大众桑塔纳轿车的售价约为 7 万元）。通过对比发现，中国汽车工业的发展，使得汽车的价格大大降低，已经可以被中国中等收入群体消费。随着中国汽车产业的发展，中国的汽车保有量大幅增长，中国的汽油需求大幅增长。本小节将重点研究轻型燃油汽车和汽车产业类影响因素，其中包含轻型燃油汽车和新能源汽车等方面的影响因素。中国汽油需求的汽车产业类影响因素见图 4－8。

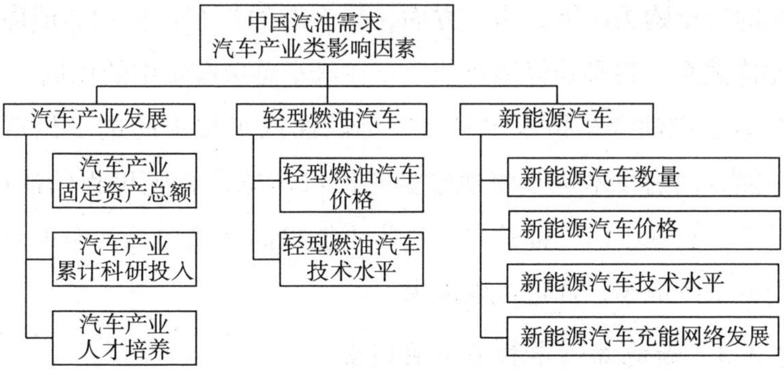

图 4－8 中国汽油需求的汽车产业类影响因素

4.2.3.1 汽车产业发展相关影响因素

（1）中国汽车产业固定资产总额。中国汽车产业固定资产总额的增加将一定程度促进中国汽车产业的发展，可以提供轻型燃油汽车价格下降的物质依据，提供汽车生产技术进步和汽车节能技术进步等的物质支撑。

（2）中国汽车产业累计科技投入。中国汽车产业累计科技投入为汽车生产和节能技术的进步等提供了更大可能。累计科技投入不仅可以对轻型燃油汽车的技术进步起到促进作用，而且可以促进新能源汽车技术的进步，特别是对蓄电池技术和氢燃料电池技术等关键性技术。

（3）中国汽车产业人才培养。资金投入和资金积累，固然可以促进汽车产业的发展和汽车技术的进步，但是归根结底，汽车产业是由人组成的，人才才是中国汽车产业可以快速发展和兴旺发达的根本保证。中国汽车产业的人才培养投入和人才培养水平将决定汽车关键技术的突破，将影响汽车的生产成本。人才的培养不是可以在学校中实现的，必须在实践中培养，所以汽车产业的人才培养实际上和汽车产业的科研投入是一体两面的，中国汽车产业要敢于探索汽车关键技术、前沿科技，在探索过程中就能培养出可以担负重要责任的科技人才。

4.2.3.2 轻型燃油汽车相关影响因素

（1）轻型燃油汽车价格。轻型燃油汽车价格将影响其销售，进而影响其总数量。一方面，轻型燃油汽车的价格与居民收入形成对比关系，从而影响居民的汽车购买决策；另一方面，轻型燃油汽车价格和新能源汽车价格形成比价关系，将影响轻型燃油汽车在汽车总保有量中的比例。

（2）轻型燃油汽车技术水平。轻型燃油汽车技术的进步包括多个方面，在节能方面的技术进步将使轻型燃油汽车单位行驶里程的油耗降低，降低汽油需求；在生产方面的技术进步可能提高轻型燃油汽车的驾乘舒适性或者降低生产成本，促进汽油需求。

4.2.3.3 新能源汽车相关影响因素

本章定义的新能源汽车是指完全不使用汽油的汽车种类。新能源汽车类影响因素的核心是新能源汽车的数量。影响新能源汽车数量的因素包括新能源汽车价格、续航里程、舒适度和充能辅助设施网络（充电站网络、加氢站网络等）发展情况等。

（1）新能源汽车数量。新能源汽车数量包括纯电动汽车数量、氢能汽车数量、天然气汽车数量等。新能源汽车的数量，特别是新能源汽车在 LDV 保有量中的占比，代表了新能源汽车对传统轻型燃油汽车的替代，也代表了新能源在交通运输能源领域对汽油的替代，所以新能源汽车数量是中国汽油需求的重要影响因素。

（2）新能源汽车价格。新能源汽车所消耗的能源成本普遍低于轻型燃油汽车，纯电动汽车和氢燃料电池汽车的汽车价格，往往高于轻型燃油汽车。因此，新能源汽车的价格在新能源汽车替代的过程中发挥着重要的影响作用。同时，新能源汽车的价格主要受生产规模和技术水平等的限制。

（3）新能源汽车技术水平。新能源汽车的技术水平包括天然气汽车技术水平、氢能汽车技术水平、电动汽车技术水平等。新能源汽车的技术水平既指新能源汽车的生产技术水平，又指新能源汽车的科技研发水平，重点是蓄电池技术和氢燃料电池技术出现技术突破的可能。技术水平影响新能源汽车的价格和舒适性等，技术突破则可能影响汽车产业的整体格局。

（4）新能源汽车充能网络发展。新能源汽车充能网络发展包括加氢站网络、充电站网络、加气站网络的发展等。长期以来，由于加油站网络的挤压，也由于新能源充能设施本身的成本较高，新能源汽车充能设施发展滞后，例如纯电动车充电难、加氢站稀少、加气站在全国范围没有形成网络等问题，已经严重影响新能源汽车产业的整体发展。

4.2.4　政策法规类影响因素

政策法规对中国汽油需求的影响是毫无疑问的。从分类角度分析，影响汽油需求的政策法规主要包括燃油汽车相关法规、新能源汽车相关法规、环保法规等。

（1）燃油汽车相关法规。燃油汽车相关法规包括燃油汽车油耗法规和小客车限购限行政策等。2019 年实际正在实行的油耗法规是工业和信息化部发布的双积分政策，其中的积分计算方法中规定了一个逐年降低的油耗标准，双积分政策的目的，就是降低包括新能源汽车在内的所有汽车的综合油耗。小客车限购（也叫限号）政策是指北京、天津等大城市出台的乘用车限购政策，即每年只发放固定数量的小客车号牌，实际上限定了城市乘用车数量的增量。限行政策是指北京、天津等大城市为缓解城市交通拥堵，决定每周一天禁止号牌尾数为某一数字的挂蓝色牌照的机动车上路行驶，从而降低了汽车的年平均行驶里程。

（2）新能源汽车相关法规。新能源汽车相关法规主要是新能源汽车价格补贴和小客车限购限行政策中对新能源汽车的特别规定等。因为新能源汽车中的电动汽车生产成本较高，国家对电动汽车根据续航里程给予相应的补贴（例如，纯电动汽车续航 400 公里以上补贴 2.5 万元等）。过去几年，国家对新能源汽车的补贴逐渐退坡，补贴金额逐年降低，但是毫无疑问，补贴是新能源汽车销售的重要影响因素，从而也是汽油需求的影响因素。限行限购政策中对新能源汽车的规定，主要是限购政策中，新能源汽车计划发放号牌的数量已经大于燃油汽车（北京市 2019 年发放纯电动车号牌 6 万个，燃油车号牌 4 万个）；在每周的轮换限行政策中明确规定（2019 年国办发 42 号文）不限制可以挂绿牌的新能源汽车行驶。

（3）机动车环境保护政策。机动车环保政策主要指对较低排放标准和超标机动车的报废和限行等政策，这一政策的主要目的是降低超标机动车的尾气排放以减少环境污染，因为低排放标准的机动车出厂时间早、节油技术水平普遍较低，客观上这一政策一定程度地起到了减少燃油汽车单位行驶里程平均油耗的目的。

4.2.5 汽油供应类影响因素

汽油供应类影响因素包括汽油价格、成品油消费税、炼化产能发展、石油勘探开发的发展、油品质量升级、加油站市场准入改革、成品油批发市场准入改革、原油进口权放开、国际原油价格等。汽油供应类影响因素主要通过汽油价格影响汽油需求，由于成品油消费税是价外税，成品油消费税也是与汽油价格同等重要的影响因素。

（1）汽油价格。汽油价格的定义是高中低标号的汽油价格按照销售总量的价格平均值。汽油价格影响汽油需求的逻辑是汽油价格和居民收入水平共同作用影响轻型燃油汽车的年平均行驶里程，从而影响汽油需求。

（2）成品油消费税。成品油消费税对汽油而言是指在汽油价格上加收的价外税（1.52 元/升，2019 年）。成品油消费税影响汽油需求的逻辑和汽油价格是相同的，汽油价格和成品油消费税共同构成汽油的最终销售价格。

（3）汽油供应因素。本书认为可以影响汽油需求的汽油供应因素主要包括炼化产能、石油勘探开发、油品质量升级、加油站市场准入改革、成品油批发仓储审批权改革、原油进口权放开、国际原油价格。这些影响因素通过汽油价格对汽油需求产生影响。炼化产能和石油勘探开发决定汽油的成本和行业竞争情况；油品质量升级要求生产更清洁的油品，在升级油品的同时增加了生产成本，客观上提高了汽油价格水平；加油站市场准入、成品油批发仓储审批权、原油进口权放开，一定程度上活跃了成品油批发和零售环节的市场竞争，从而促进汽油价格的降低；国际原油价格将通过原料成本的方面影响汽油价格。

4.3　中国汽油需求影响因素集合

综上所述，中国汽油需求的影响因素由直接影响因素和间接影响因素共同构成。直接影响因素包括轻型燃油汽车数量、单位行驶里程的平均油耗、年平均行驶里程及燃油摩托车的汽油需求等。间接影响因素可以被分为 5 类，分别是宏观经济类、交通基础类、汽车产业类、政策法规类、汽油供应类。中国汽油需求影响因素的组成如表 4－1 所示。

表 4－1　中国汽油需求影响因素初选结果

序号	影响因素	影响因素分类	影响因素说明
1	汽油需求	直接影响因素	新能源汽车影响下中国中长期汽油需求，是本书的预测对象
2	常规汽车总数量		常规汽车指不安装动能回收电力装置的纯内燃机汽车
3	油电混动汽车总数量		安装动能回收装置，不外接电源充电的汽车
4	插电混动汽车总数量		能外接电源充电作为补充动力的汽车，部分车型安装动能回收装置
5	常规汽车单位里程油耗		常规汽车的单位里程能耗在技术进步的影响下不断降低
6	油电混动汽车单位里程油耗		油电混动汽车的油耗通常低于常规汽车，但是油电混动汽车价格更高
7	插电混动汽车单位里程油耗		插电混动汽车的油耗通常低于常规汽车，并且可以部分使用电力驱动
8	常规汽车年平均行驶里程		常规汽车的年平均行驶里程受用车需求和汽油价格等因素的影响
9	油电混动汽车年平均行驶里程		油电混动汽车油耗较低，将刺激年平均行驶里程的增加
10	插电混动汽车年平均行驶里程		插电混动汽车使用充电电力的行驶里程通过折算不计入燃油行驶里程
11	摩托车汽油需求		因政策限制已经禁止发放城市号牌，摩托车燃油需求已逐渐趋于边缘化
12	经济发展水平	宏观经济	经济发展水平将提供中国汽车产业和汽车使用的发展支撑
13	人口数量		中国的人口是中国汽车需求和汽油需求的基础和根本来源
14	居民收入水平		居民收入水平可以影响居民对汽车和汽油价格的承受能力

续表

序号	影响因素	影响因素分类	影响因素说明
15	LDV 保有量	交通基础	汽车保有量受到中国经济、人口、道路条件等的影响
16	城市交通拥堵		城市交通拥堵将对消费者对于汽车的购买和使用产生抑制作用
17	重大活动和突发事件		重大活动和突发事件可能对汽车行驶里程和汽油价格等产生影响
18	公共交通发展水平		公共交通发展对汽车保有量和平均行驶里程产生负向影响
19	汽车租赁共享发展水平		汽车租赁和共享降低了汽车获取成本，可能对汽油需求产生正向影响
20	自动驾驶技术发展水平		自动驾驶提供的舒适性，可能增大人们购买和使用汽车的欲望
21	汽车产业固定资产总额	汽车产业发展	汽车制造业的大规模发展可以降低汽车的销售价格
22	汽车产业累计科技投入		汽车制造业的科技创新投入是汽车科技进步的基础
23	汽车产业人才培养		汽车制造业的管理、科研和施工人员素质将影响汽车产业的发展
24	常规汽车技术水平	汽车价格和技术水平	常规汽车技术进步会影响常规汽车的价格和油耗等
25	油电混动汽车技术水平		油电混动汽车技术进步会影响油电混动汽车的价格和油耗等
26	插电混动汽车技术水平		插电混动汽车技术进步会影响插电混动汽车的价格和油耗等
27	常规汽车价格		常规汽车价格会影响常规汽车的总数量等
28	油电混动汽车价格		油电混动汽车价格会影响油电混动汽车的总数量等
29	插电混动汽车价格		插电混动汽车价格会影响插电混动汽车的总数量等

续表

序号	影响因素	影响因素分类	影响因素说明
30	纯电动汽车数量	新能源汽车	中国电动汽车产业正在经历快速发展阶段，电动汽车数量的增加将抑制汽油消费
31	氢能汽车数量		氢能汽车在未来的发展前景非常广阔，并且是真正的清洁能源
32	天然气汽车数量		常规汽车可以改装为天然气汽车，在天然气供应好的城市有相当数量
33	新能源汽车价格		新能源汽车的价格将对新能源汽车的总数量产生决定性影响
34	天然气汽车技术水平		天然气汽车技术进步将对天然气汽车价格等产生重要影响
35	氢能汽车技术水平		氢能汽车技术进步将对氢能汽车价格等产生重要影响
36	电动汽车技术水平		电动汽车技术进步将对电动汽车价格等产生重要影响
37	加氢站发展		加氢站的发展将是未来氢能汽车发展的重要影响因素
38	充电站发展		充电站的发展将是未来电动汽车发展的重要影响因素
39	加气站发展		天然气汽车有一定局限性，加气站网络将影响天然气汽车发展
40	汽车油耗法规	政策法规	节能减排是中国经济转型发展的需要，并且汽车油耗将被要求继续降低
41	新能源汽车价格补贴		新能源汽车价格补贴逐渐退坡，但依然影响新能源汽车最终售价
42	小客车限购		为了缓解大城市交通拥堵和减少环境污染，中国大城市正在实施小客车限购
43	乘用车限行		为了缓解大城市交通拥堵和减少环境污染，中国大城市正在实施乘用车限行
44	机动车环境保护政策		环境保护政策特别是对低排放标准机动车的限制会影响车辆使用频率

续表

序号	影响因素	影响因素分类	影响因素说明
45	汽油价格	汽油供应	汽油价格将是汽油消费的重要影响因素
46	炼化产能发展		炼油产能的发展将影响汽油的供应，进而影响汽油的价格
47	石油勘探开发的发展		石油勘探开发的发展将直接影响汽油价格
48	成品油消费税		中国成品油消费税已经成为影响汽油价格的关键因素
49	油品质量升级		油品质量升级将一定程度提高汽油的价格
50	加油站市场准入改革		中国当前进行的加油站市场准入改革将对未来中国汽油市场供应产生重要影响
51	成品油批发市场准入改革		成品油批发市场准入将对未来中国汽油市场供应产生重要影响
52	原油进口权放开		原油进口权放开的改革已经对中国汽油供应产生较大影响，并将继续起作用
53	国际原油价格		中国原油进口量较大，国际原油价格变化将直接影响汽油原料成本

前文已经筛选出了中国汽油需求的影响因素集，但是该集合内部元素的关系过于复杂，该集合的规模过于庞大，不利于本书后续的建模和实证研究。因此，下文首先基于前文提出的中国汽油影响因素集，根据影响因素对汽油需求的影响程度对影响因素集进行化简；其次使用解释结构模型，研究和分析各种影响因素的层次结构。本章分析出的中国汽油需求影响因素的清晰结构将成为中国汽油需求预测建模和实证研究的基础。

4.4 中国汽油需求影响因素集的简化

对于上文已经列出的影响因素，根据影响力的大小需要进行相应的筛选，保留对中国汽油需求有较大影响的因素。一些影响因素在特征上表现了一定的相似性，可以相互合并；还有一些因素对汽油需求的影响过于间接，而且可以和其他的因素合并。本节将重点研究汽油需求影响因素的筛选和合并。

4.4.1 影响因素的化简

筛选影响因素的原则是根据对中国汽油需求影响力的大小以及影响的远近（直接起作用/通过较多的层级间接地起作用）。在筛选过程中大部分影响因素得以保留，少部分影响因素被忽略，被忽略的影响因素是重大活动和突发事件。

重大活动和突发事件的范畴比较广泛。重大活动和突发事件等对汽油需求的影响是显而易见的，然而从长期历史观察可以发现，真正对汽油需求产生重大影响的历史事件（除经济危机和石油危机等）较为罕见，并且难以统计、难以预测，重大活动和突发事件对汽油需求的影响通常是阶段性或暂时性的，对于能源转型背景下中国汽油需求的趋势的预测的影响有限。因此本书在对中国汽油需求的中长期预测中将忽略重大活动和突发事件的影响。

4.4.2 影响因素的合并

本书列出的影响因素过于复杂，已经影响了对中国汽油需求的建模研究，因此需要把本身相似或者影响相似的因素进行合并。影响因素合并的原则是相似原则，本身相似或者对汽油需求的影响相似。

4.4.2.1　直接影响因素的合并

本书在初步确定中国汽油需求的影响因素时考虑到不同动力系统（常规燃油、油电混动、插电混动）的轻型燃油汽车在数量、平均油耗、平均行驶里程方面的差异，把直接影响因素分为 3 种不同的动力系统分别予以分析。本节将对不同动力系统的轻型燃油汽车影响因素进行折算和合并，摩托车汽油需求也将被合并（2018 年汽车的汽油消费量是摩托车的约 16 倍）。

（1）燃油车的数量。燃油车的数量是合并后的影响因素名称，包括常规轻型燃油汽车的数量、油电混动燃油汽车的数量、插电混动汽车的数量、燃油摩托车的数量等。燃油车数量的计算方法是上述数量的代数总和。

（2）燃油车平均油耗（折算）。燃油车的油耗是合并后的影响因素名称，需要考虑常规轻型燃油汽车、油电混动汽车、插电混动汽车、燃油摩托车等不同车型的油耗水平。不同车型的平均油耗水平完全不同，所以燃油车的平均油耗需要进行相应的折算。折算方法是车型数量乘以对应的油耗，加总后除以所有燃油车的数量。计算公式见式（4－1）。

$$\text{平均油耗} = \frac{\sum(\text{车型数量} \times \text{对应油耗})}{\text{各种车型的总数量}} \qquad (4-1)$$

（3）燃油车年平均行驶里程。燃油车的年平均行驶里程是合并后的影响因素名称，需要考虑常规轻型燃油汽车、油电混动汽车、插电混动汽车、燃油摩托车等不同车型的年平均行驶里程的情况。其中，因为油电混动车和插电混动车的油耗水平低于常规轻型燃油汽车，油电混动车和插电混动车的驾驶者偏向于更多地驾驶汽车，所以这两类车型将产生更多的汽油需求。

4.4.2.2　汽车产业发展类影响因素的合并

汽车产业整体发展类的影响因素包括中国汽车产业固定资产总额、累计科技投入、人才培养等；汽车产业发展类的影响因素对中国汽油需求的影响集中通过汽车价格和汽车科技水平的影响因素起作用，汽车产业类的影响因素对中国汽油需求的直接影响非常有限；因此，汽车产业发展类影响因素被整体合并为中国汽车产业发展水平。

轻型燃油汽车方面的影响因素也经过了合并，包括轻型燃油汽车的价格和技术水平。轻型燃油汽车方面的影响因素合并的原因是原有的影响因素分为了不同的车型分别描述，而实质上各种影响因素在不同车型方面的差异可以合并考虑。轻型燃油汽车价格是合并后的影响因素，被合并的影响因素包括常规汽车价格、油电混动汽车价格、插电混动汽车价格。轻型燃油汽车技术水平是合并后的影响因素，被合并的影响因素包括常规汽车技术水平、油电混动汽车技术水平、插电混动汽车技术水平。

新能源汽车方面的影响因素的合并，其合并的原因是原有的影响因素分为了不同的车型分别描述，而实质上各种影响因素在不同车型方面的差异可以合并考虑。新能源汽车方面的影响因素合并包括新能源汽车的数量、技术水平、充能设施的发展情况等。新能源汽车的价格，这一影响因素被保留。新能源汽车的数量这一影响因素是合并后的影响因素，包括纯电动汽车数量、氢能汽车数量、天然气汽车数量等。新能源汽车的技术水平是合并后的影响因素，包括天然气汽车技术水平、氢能汽车技术水平、电动汽车技术水平等。新能源汽车充能设施的发展水平是合并后的影响因素，包括加氢站网络的发展、充电站网络的发展、加气站网络的发展等。

4.4.2.3 政策法规类影响因素的合并

政策法规类影响因素被合并的原因各不相同。汽油油耗法规的影响因素被保留。新能源汽车价格补贴主要通过新能源汽车的价格起作用，被归并入新能源汽车的价格。机动车管理政策是合并后的影响因素，被合并的影响因素包括小客车限购、乘用车限行、机动车环境保护政策等，这些影响因素的集中表现为对机动车的管理，因此予以合并。

4.4.2.4 汽油供应类影响因素的合并

汽油供应类影响因素对中国汽油需求的影响主要通过汽油价格起作

用，汽油价格和成品油消费税共同构成最终的销售（或购买）价格。其他汽油供应类因素包括炼化产能发展、石油勘探开发的发展、油品质量升级、加油站市场准入改革、成品油批发仓储经营审批权放开、原油进口权和进口原油使用权放开、国际原油价格等。炼化产能和石油勘探开发决定汽油的成本和行业竞争情况；油品质量升级要求生产更清洁的油品，在升级油品的同时增加了生产成本，客观上提高了汽油价格水平；加油站市场准入、成品油批发仓储审批权、原油进口权放开，一定程度活跃了成品油批发和零售环节的市场竞争，从而促进汽油价格的降低；国际原油价格将通过原料成本的方面影响汽油价格。

4.4.3 影响因素的简化结果

综上所述，根据初选的汽油需求影响因素，根据影响力的大小需要进行相应的筛选，保留对中国汽油需求有较大影响的因素。一些影响因素在特征上表现了一定的相似性，可以相互合并，还有一些影响因素对汽油需求的影响过于间接，可以和其他的因素合并。汽油需求的影响因素初选时考虑到不同动力系统（常规燃油、油电混动、插电混动）的汽油车在数量、平均油耗、平均行驶里程方面的差异被分为 3 种不同的动力系统分别分析，在此将予以合并。不同车型的平均油耗水平完全不同，所以燃油车的平均油耗需要进行相应的折算。折算方法是车型数量乘以对应的油耗，加总后除以所有燃油车的数量。燃油车的年平均行驶里程是合并后的影响因素名称，需要考虑常规汽油车、油电混动汽车、插电混动汽车等不同车型的年平均行驶里程的情况。

汽车产业发展类影响因素对汽油需求的直接影响有限，主要通过汽车价格和汽车科技水平的影响因素起作用，因此汽车产业发展类影响因素被整体合并为中国汽车产业发展水平。汽油车方面的影响因素也经过了合并，包括汽油车的价格和技术水平。新能源汽车方面的影响因素合并的原因是原有的影响因素分为了不同的车型分别描述，而实质上各种影响因素在不同车型方面的差异可以合并考虑。新能源汽车的价格，这一影响因素被保留。新能源汽车的数量这一影响因素是合并后的影响因素，包括纯电动汽车数量、氢能汽车数量、天然气汽车数量等。新能源汽车的技术水平是合并后的影响因素，包括天然气汽车技术水平、氢能汽车技术水平、电动汽车技术水平等。新能源汽车充能设施的发展水平是合并后的影响因素，包括加氢站网络的发展、充电站网络的发展、加气站网络的发展等。

政策法规类影响因素被合并的原因各不相同。汽油油耗法规的影响因素被保留。新能源汽车价格补贴主要通过新能源汽车的价格起作用，被归并入新能源汽车的价格。小客车限购、乘用车限行、机动车环境保护政策等被合并为机动车的管理。

汽油供应类影响因素对中国汽油需求的影响主要通过汽油价格起作用，汽油价格和成品油消费税共同构成最终的销售（或购买）价格。炼化产能、石油勘探开发、油品质量、加油站市场准入、成品油批发仓储经营权、石油进出口、国际油价等都是通过汽油价格对汽油需求产生影响，因此予以合并。

中国汽油需求影响因素合并结果如表4－2所示。

表4－2　中国汽油需求影响因素合并结果

影响因素分类	合并后的影响因素	原影响因素
直接影响因素	汽油车总数量（折算）	常规汽车总数量
		油电混动汽车总数量
		插电混动汽车总数量
	汽油车单位里程平均油耗	常规汽车单位里程油耗
		油电混动汽车单位里程油耗
		插电混动汽车单位里程油耗
	汽油车年平均行驶里程	常规汽车年平均行驶里程
		油电混动汽车年平均行驶里程
		插电混动汽车年平均行驶里程
	（归并入折算的燃油汽车总数量）	摩托车汽油需求
社会经济	经济发展水平	经济发展水平
	人口	人口数量
	居民收入水平	居民收入水平

续表

影响因素分类	合并后的影响因素	原影响因素
交通基础	LDV（轻型汽车）保有量	汽车保有量
	城市交通拥堵	城市交通拥堵
	（筛选被忽略）	重大活动和突发事件
	公共交通发展水平	公共交通发展水平
	汽车租赁共享发展水平	汽车租赁共享发展水平
	自动驾驶技术发展水平	自动驾驶技术发展水平
汽车产业发展	中国汽车产业发展水平	中国汽车产业固定资产总额
		中国汽车产业累计科技投入
		中国汽车产业人才培养
汽油车	汽油车技术进步	常规汽车技术水平
		油电混动汽车技术水平
		插电混动汽车技术水平
	汽油车价格水平	常规汽车价格
		油电混动汽车价格
		插电混动汽车价格
新能源汽车①	新能源汽车数量	纯电动汽车数量
		氢能汽车数量
		天然气汽车数量
	新能源汽车价格水平	新能源汽车价格
	新能源汽车技术进步	天然气汽车技术水平
		氢能汽车技术水平
		电动汽车技术水平
	新能源汽车辅助设施发展	加氢站发展
		充电站发展
		加气站发展
政策法规	汽车油耗法规	汽车油耗法规
	（归并入新能源汽车的价格）	新能源汽车价格补贴

① 新能源汽车的替代作用是汽油需求远期变化的最重要因素。

续表

影响因素分类	合并后的影响因素	原影响因素
政策法规	机动车管理政策	小客车限购
		乘用车限行
		机动车环境保护政策
汽油供应	汽油价格	汽油价格
	成品油消费税	成品油消费税
	汽油供应因素	炼化产能发展
		石油勘探开发的发展
		油品质量升级
		加油站市场准入改革
		成品油批发市场准入改革
		原油进口权放开
		国际原油价格

4.5 基于解释结构模型的影响因素分析

影响因素分析的重要目的是分析影响因素的层次结构，即分清楚哪些影响因素是最直接的、哪些是最根本和最基础的、哪些是中间的。在影响因素层次结构分析的各种方法中，解释结构模型是使用较多的一种。王敬敏等[145]用解释结构模型划分了能源总需求影响因素的九层次结构，本书也将使用这种方法。本节将使用解释结构模型，根据化简得到的新的影响因素集，分析影响因素间的层次结构。

4.5.1 解释结构模型的方法论

解释结构模型是研究元素间存在相互关系的集合，划分其层次结构的方法（中国汽油需求的影响因素集即是本书需要研究层次结构的集合）。以下将简要分析解释结构模型的方法论。

4.5.1.1 定义研究对象集合

设某元素间存在相互关系的集合为 S，记集合 $S = [s_1, s_2, s_3, \cdots, s_n]$。集合 S 的元素间本来存在相互关系，根据元素的相互关系可以确定集合 S

的元素间关系的邻接矩阵，记为A，并设$A = (a_{i,j})_{n\times n}$。

4.5.1.2　计算邻接矩阵

确定邻接矩阵的方法是：如果s_i对s_j有直接影响，则$a_{i,j} = 1$；如果s_i对s_j没有直接影响，则$a_{i,j} = 0$。于是得到集合S的邻接矩阵A。

4.5.1.3　计算可达矩阵

根据矩阵表示的相互关系原理，使矩阵A与自身做布尔代数矩阵乘法(依然是矩阵乘法，但是当计算过程遇到矩阵元素的运算时，则使用布尔代数运算法则，即让任意非0的数都等于1)，当$(A + I) \neq (A + I)^2 \neq \cdots \neq (A + I)^m = (A + I)^{m+1} = M$时，$M$被称为$A$的可达矩阵。可达矩阵$M$的含义表达的依然是集合S的元素间的相互关系。当矩阵M的某个元素$m_{i,j} = 1$时，表示s_i可以通过集合S的其他元素间接地影响s_j；当M的某个元素$m_{i,j} = 0$时，表示s_i不可以通过集合S的其他元素间接影响s_j，即s_i对s_j无影响。

4.5.1.4　根据可达矩阵判断层次关系

根据可达矩阵的意义，可达矩阵的第i行，即表示集合S的元素s_i可以对集合S的其他元素起影响作用，s_i可以影响的元素越多，就说明s_i的影响力越大。把可达矩阵M的各行求和再按照从小到大的顺序重新排列（为了保证重新排序的操作不影响到M与S的对应关系，需要先把S与M的各行对应，然后一起排序)，再按照相同的变换法则，把M的各列也重新排序，可以得到M的变换矩阵M^*，由于M^*是重排过的，M^*的各行从上到下也对应了集合S的元素从最直接影响目标元素到影响力最广的元素，根据M^*实际上也就分析清楚了集合S各元素之间的层次结构。

使用以上介绍的表示方法：在本节的其余部分，经过筛选和合并得到简化的新的中国汽油需求影响因素集，被记为集合S；S的邻接矩阵被记为矩阵A；由A计算得到的集S的可达矩阵被记为矩阵M。

4.5.2　汽油需求影响因素间的直接影响关系

根据化简得到的新的影响因素集，本书认为中国汽油需求的影响因素共有 22 个，在解释结构模型中，被影响的因素本身（汽油需求）也应被列入邻接矩阵。因此，集合 S 包含 23 个元素，集合 S 的邻接矩阵 A 是 23 × 23（23 行 23 列）的矩阵。集合 S 的组成以及 S 中元素之间的直接影响关系见表 4－3。

表 4－3　中国汽油需求影响因素之间的直接影响关系

序号	影响因素	符号	影响因素说明	直接影响
1	汽油需求	s_1		
2	燃油车数量	s_2	折算数量，包括常规汽车、油电混动和插电混动车	s_1
3	燃油车平均油耗	s_3	综合考虑常规汽车、油电混动和插电混动汽车	s_1，s_4
4	燃油车平均里程	s_4	受通勤距离和通勤频次等影响而具有一定的惯性	s_1
5	燃油车技术进步	s_5	综合考虑常规汽车、油电混动和插电混动汽车	s_3，s_6
6	燃油车价格水平	s_6	影响消费者的汽车购买决策	s_2
7	汽车业发展水平	s_7	汽车产业发展对汽车价格和技术进步等产生影响	s_5，s_6
8	LDV 保有量	s_8	汽车保有量受经济发展、人口、汽车价格等影响	s_2，s_{14}，s_{15}
9	经济发展水平	s_9	经济发展水平支撑中国汽车产业和汽车使用	s_7，s_8
10	中国人口	s_{10}	中国的人口是中国汽车和汽油的基础和根本来源	s_8
11	居民收入	s_{11}	收入水平可以影响居民对汽车和汽油价格承受能力	s_4，s_8
12	汽车油耗法规	s_{12}	汽车厂商双积分制度等，要求汽车油耗持续降低	s_5
13	机动车管理政策	s_{13}	包括小客车限购、机动车限行等	s_2，s_4
14	城市交通拥堵	s_{14}	城市交通拥堵影响消费者买车决策和平均行驶里程	s_4，s_8
15	新能源汽车数量	s_{15}	包括纯电动汽车、氢燃料电池汽车和天然气汽车等	s_2

续表

序号	影响因素	符号	影响因素说明	直接影响
16	新能源车价格	s_{16}	新能源汽车的价格将影响其销量	s_{15}
17	新能源车技术	s_{17}	综合考虑纯电汽车、氢能汽车和天然气汽车等	s_{15}，s_{16}
18	新能源车充能设施	s_{18}	包括汽车充电站、加氢站、天然气加气站等	s_{15}
19	汽油价格	s_{19}	汽油价格将是汽油消费的重要影响因素	s_4
20	公共交通	s_{20}	公共交通发展对汽车保有量和平均行驶里程产生负向影响	s_2，s_8
21	共享经济	s_{21}	网约车和共享汽车降低汽车获取成本，刺激汽油需求	s_4，s_8
22	自动驾驶	s_{22}	自动驾驶提高驾驶舒适性刺激消费者购车	s_4，s_8
23	成品油消费税	s_{23}	已有文献普遍认为燃油税影响消费者购车决策	s_2，s_3，s_{19}

从表 4－3 中可以看出，燃油车数量、燃油车（单位行驶里程）平均油耗、燃油车（年）平均行驶里程 3 个因素是中国汽油需求的直接影响因素。其他影响因素根据不同的分类标准，可以被分为宏观经济类、汽车产业类、新能源汽车类、政策法规类、汽油供应类、交通基础类等，这些分类有的类别之间包含了相互重叠的元素（中国汽油需求的影响因素）。在以上各个类别中，宏观经济类、政策法规类、技术进步类、经济发展新业态类等表现了突出的地位。

根据以上关系，可得中国汽油需求影响因素集的邻接矩阵如表 4－4 所示。

本节以下部分根据影响因素间的相互关系以及影响因素的邻接矩阵，应用解释结构模型，解释结构模型的运算结构，能够更清晰地反映中国汽油需求影响因素间的相互关系。

表 4-4　中国汽油需求影响因素集的邻接矩阵

符号	s_1	s_2	s_3	s_4	s_5	s_6	s_7	s_8	s_9	s_{10}	s_{11}	s_{12}	s_{13}	s_{14}	s_{15}	s_{16}	s_{17}	s_{18}	s_{19}	s_{20}	s_{21}	s_{22}	s_{23}
s_1	0	0	0	0	0	0	0	0	0	0	0	0	0	0	0	0	0	0	0	0	0	0	0
s_2	1	0	0	0	0	0	0	0	0	0	0	0	0	0	0	0	0	0	0	0	0	0	0
s_3	1	0	0	1	0	0	0	0	0	0	0	0	0	0	0	0	0	0	0	0	0	0	0
s_4	1	0	0	0	0	0	0	0	0	0	0	0	0	0	0	0	0	0	0	0	0	0	0
s_5	0	0	1	0	0	1	0	0	0	0	0	0	0	0	0	0	0	0	0	0	0	0	0
s_6	0	1	0	0	0	0	0	0	0	0	0	0	0	0	0	0	0	0	0	0	0	0	0
s_7	0	0	0	0	1	1	0	0	0	0	0	0	0	0	0	0	0	0	0	0	0	0	0
s_8	0	1	0	0	0	0	0	0	0	0	0	0	0	1	1	0	0	0	0	0	0	0	0
s_9	0	0	0	0	0	0	1	1	0	0	0	0	0	0	0	0	0	0	0	0	0	0	0
s_{10}	0	0	0	0	0	0	0	1	0	0	0	0	0	0	0	0	0	0	0	0	0	0	0
s_{11}	0	0	0	1	0	0	0	1	0	0	0	0	0	0	0	0	0	0	0	0	0	0	0
s_{12}	0	0	0	0	1	0	0	0	0	0	0	0	0	0	0	0	0	0	0	0	0	0	0
s_{13}	0	1	0	1	0	0	0	0	0	0	0	0	0	0	0	0	0	0	0	0	0	0	0
s_{14}	0	0	0	1	0	0	0	1	0	0	0	0	0	0	0	0	0	0	0	0	0	0	0
s_{15}	0	1	0	0	0	0	0	0	0	0	0	0	0	0	0	0	0	0	0	0	0	0	0
s_{16}	0	0	0	0	0	0	0	0	0	0	0	0	0	0	1	0	0	0	0	0	0	0	0
s_{17}	0	0	0	0	0	0	0	0	0	0	0	0	0	0	1	1	0	0	0	0	0	0	0
s_{18}	0	0	0	0	0	0	0	0	0	0	0	0	0	0	1	0	0	0	0	0	0	0	0
s_{19}	0	0	0	1	0	0	0	0	0	0	0	0	0	0	0	0	0	0	0	0	0	0	0
s_{20}	0	1	0	0	0	0	0	1	0	0	0	0	0	0	0	0	0	0	0	0	0	0	0
s_{21}	0	0	0	1	0	0	0	1	0	0	0	0	0	0	0	0	0	0	0	0	0	0	0
s_{22}	0	0	0	1	0	0	0	1	0	0	0	0	0	0	0	0	0	0	0	0	0	0	0
s_{23}	0	1	1	0	0	0	0	0	0	0	0	0	0	0	0	0	0	0	1	0	0	0	0

4.5.3　汽油需求影响因素间的间接影响关系

中国汽油需求影响因素的间接影响关系是指，某影响因素 s_i 不能直接对影响因素 s_j 产生影响，但是可以通过另一影响因素 s_k 的传导作用，从而对 s_j 产生影响。例如，新能源汽车技术进步不能直接影响中国汽油需求，但是新能源汽车技术进步可以影响新能源汽车的销售情况，影响新能源汽车的数量，由于新能源汽车对传统汽车的替代作用，实际上起到了减少轻型燃油汽车数量的作用，从而影响了中国的汽油需求。在本书中，新能源汽车技术进步是未来具有最大不确定性的方向和领域，新能源汽车技术的突破可能对新能源汽车的制造成本的降低和续航里程的提升起到巨大的推动作用，从而加快新能源汽车对轻型燃油汽车的替代速度，进而对中国汽油需求产生决定性影响，可能使汽油需求出现突变，即在一个较短的时期出现巨大变化，根据推测，这个变化可能是中国汽油需求的断崖式下跌。另外一个比较大的影响因素间接影响的路径可能出现在新能源汽车的辅助设施（如充电站、加氢站）网络的发展方面。当前纯电动汽车发展遇到的问题除了制造成本较高和电池续航里程较低以外，最主要的问题就是充电站的短缺，特别是快速充电站，在北京等大城市，充电桩数量不足、充电桩损坏率高、充电桩安装困难（部分小区和地下停车库出于安全考虑，禁止安装电动车充电设施）等问题严重困扰着（纯电动车）车主，从而也阻挡了新能源汽车的潜在用户购买纯电动汽车。未来充电设施的建设和网络布局的完善，可能加速纯电动汽车对轻型燃油汽车的替代，从而影响轻型燃油汽车的总数量，进而影响中国汽油的需求。从新能源汽车充能设施发展到中国汽油需求的这一条影响路径，也是一条间接的影响路径。以下将使用矩阵计算的方法，力图得到中国汽油需求的影响因素之间的所有间接影响关系。

要得到中国汽油需求影响因素之间的间接关系，即某元素 s_i 通过另一元素为中介可以间接地影响其他元素，根据矩阵关系的数学原理，只需要通过邻接矩阵计算出关系集合的可达矩阵，就可以得到关系集合间元素的间接影响关系。在本书中，集合 S 的邻接矩阵 A 是 23 阶的方阵，所以矩阵 A 与自己做 23 次矩阵乘法（使用布尔代数运算法则），必然得到集合 S 的可达矩阵，本书中汽油需求影响因素集合 S 的可达矩阵记为 M。中国汽油需求影响因素集可达矩阵如表 4－5 所示。

表 4-5　中国汽油需求影响因素集可达矩阵

符号	s_1	s_2	s_3	s_4	s_5	s_6	s_7	s_8	s_9	s_{10}	s_{11}	s_{12}	s_{13}	s_{14}	s_{15}	s_{16}	s_{17}	s_{18}	s_{19}	s_{20}	s_{21}	s_{22}	s_{23}
s_1	1	0	0	0	0	0	0	0	0	0	0	0	0	0	0	0	0	0	0	0	0	0	0
s_2	1	1	0	0	0	0	0	0	0	0	0	0	0	0	0	0	0	0	0	0	0	0	0
s_3	1	0	1	1	0	0	0	0	0	0	0	0	0	0	0	0	0	0	0	0	0	0	0
s_4	1	0	0	1	0	0	0	0	0	0	0	0	0	0	0	0	0	0	0	0	0	0	0
s_5	1	1	1	1	1	1	0	0	0	0	0	0	0	0	0	0	0	0	0	0	0	0	0
s_6	1	1	0	0	0	1	0	0	0	0	0	0	0	0	0	0	0	0	0	0	0	0	0
s_7	1	1	1	1	1	1	1	0	0	0	0	0	0	0	0	0	0	0	0	0	0	0	0
s_8	1	1	0	1	0	0	0	1	0	0	0	0	0	1	1	0	0	0	0	0	0	0	0
s_9	1	1	1	1	1	1	1	1	1	0	0	0	0	1	1	0	0	0	0	0	0	0	0
s_{10}	1	1	0	1	0	0	0	1	0	1	0	0	0	1	1	0	0	0	0	0	0	0	0
s_{11}	1	1	0	1	0	0	0	1	0	0	1	0	0	1	1	0	0	0	0	0	0	0	0
s_{12}	1	1	1	1	1	1	0	0	0	0	0	1	0	0	0	0	0	0	0	0	0	0	0
s_{13}	1	1	0	1	0	0	0	0	0	0	0	0	1	0	1	0	0	0	0	0	0	0	0
s_{14}	1	1	0	1	0	0	0	1	0	0	0	0	0	1	1	0	0	0	0	0	0	0	0
s_{15}	1	1	0	0	0	0	0	0	0	0	0	0	0	0	1	0	0	0	0	0	0	0	0
s_{16}	1	1	0	0	0	0	0	0	0	0	0	0	0	0	1	1	0	0	0	0	0	0	0
s_{17}	1	1	0	0	0	0	0	0	0	0	0	0	0	0	1	1	1	0	0	0	0	0	0
s_{18}	1	1	0	0	0	0	0	0	0	0	0	0	0	0	1	0	0	1	0	0	0	0	0
s_{19}	1	0	0	1	0	0	0	0	0	0	0	0	0	0	0	0	0	0	1	0	0	0	0
s_{20}	1	1	0	1	0	0	0	1	0	0	0	0	0	1	1	0	0	0	0	1	0	0	0
s_{21}	1	1	0	1	0	0	0	1	0	0	0	0	0	1	1	0	0	0	0	0	1	0	0
s_{22}	1	1	0	1	0	0	0	1	0	0	0	0	0	1	1	0	0	0	0	0	0	1	0
s_{23}	1	1	1	1	0	0	0	0	0	0	0	0	0	0	0	0	0	0	1	0	0	0	1

通过可达矩阵，可查找到任意一个影响因素可以影响的所有其他因素，这只需查找某一影响因素 s_i 对应的那一行中所有数值为 1 的项，这些项对应的列所对应的元素，就是可以被 s_i 影响的元素。同理，可以查找到任意一个影响因素 s_j 的间接因素，即通过查找可达矩阵中 s_j 对应的列，然后找出所有等于 1 的项，这些项对应的行对应的影响因素就是这个元素 s_j 的所有间接原因（影响因素）。中国汽油需求影响因素之间的间接影响关系如表 4－6 所示，中国汽油需求影响因素集合的子系统划分如图 4－9 所示。

表 4－6 中国汽油需求影响因素之间的间接影响关系

序号	影响因素	符号	间接影响	因素个数
1	汽油需求	s_1	s_1	1
2	燃油车数量	s_2	s_1，s_2	2
3	燃油车平均油耗	s_3	s_1，s_3，s_4	3
4	燃油车平均里程	s_4	s_1，s_4	2
5	燃油车技术进步	s_5	s_1，s_2，s_3，s_4，s_5，s_6	6
6	燃油车价格水平	s_6	s_1，s_2，s_6	3
7	汽车业发展水平	s_7	s_1，s_2，s_3，s_4，s_5，s_6，s_7	7
8	LDV 保有量	s_8	s_1，s_2，s_4，s_8，s_{14}，s_{15}	6
9	经济发展水平	s_9	s_1，s_2，s_3，s_4，s_5，s_6，s_7，s_8，s_9，s_{14}，s_{15}	11
10	中国人口	s_{10}	s_1，s_2，s_4，s_8，s_{10}，s_{14}，s_{15}	7
11	居民收入	s_{11}	s_1，s_2，s_4，s_8，s_{11}，s_{14}，s_{15}	7
12	汽车油耗法规	s_{12}	s_1，s_2，s_3，s_4，s_5，s_6，s_{12}	7
13	机动车管理政策	s_{13}	s_1，s_2，s_4，s_{13}，s_{15}	5
14	城市交通拥堵	s_{14}	s_1，s_2，s_4，s_8，s_{14}，s_{15}	6
15	新能源汽车数量	s_{15}	s_1，s_2，s_{15}	3
16	新能源车价格	s_{16}	s_1，s_2，s_{15}，s_{16}	4
17	新能源车技术	s_{17}	s_1，s_2，s_{15}，s_{16}，s_{17}	5
18	新能源车充能设施	s_{18}	s_1，s_2，s_{15}，s_{18}	4
19	汽油价格	s_{19}	s_1，s_4，s_{19}	3
20	公共交通	s_{20}	s_1，s_2，s_4，s_8，s_{14}，s_{15}，s_{20}	7

续表

序号	影响因素	符号	间接影响	因素个数
21	共享经济	s_{21}	s_1，s_2，s_4，s_8，s_{14}，s_{15}，s_{21}	7
22	自动驾驶	s_{22}	s_1，s_2，s_4，s_8，s_{14}，s_{15}，s_{22}	7
23	成品油消费税	s_{23}	s_1，s_2，s_3，s_4，s_{19}，s_{23}	6

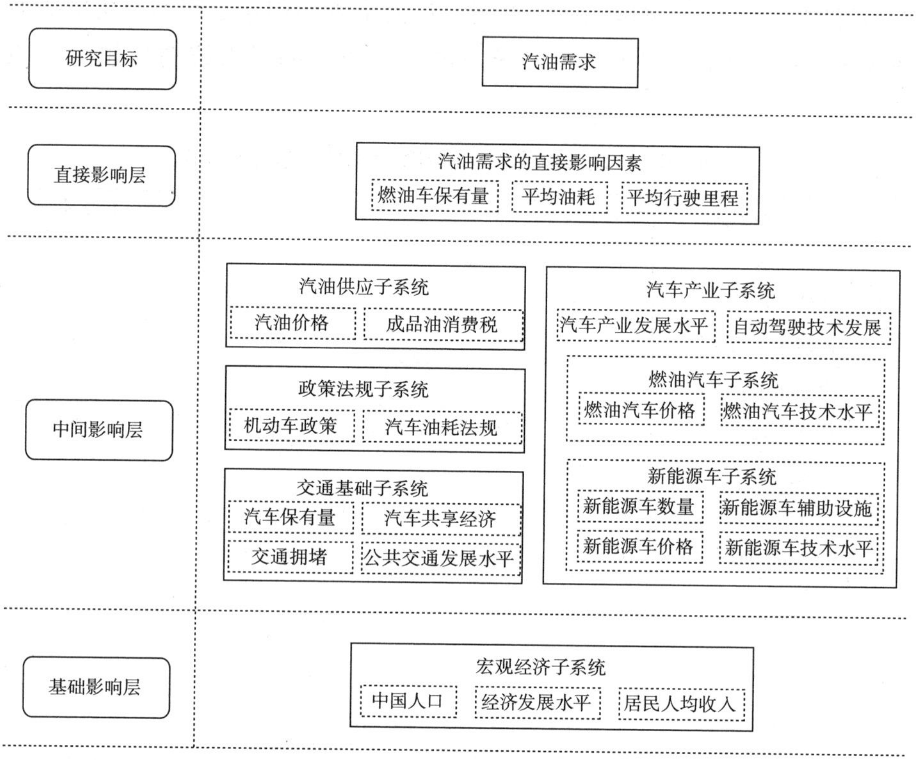

图 4－9　中国汽油需求影响因素集合的子系统划分

由已经计算得到的可达矩阵，可以得到调整行列的中国汽油需求影响因素集可达矩阵（见表 4－7）。表中最右边一列表明了对应行的影响因素可以影响的影响因素的总个数。

表 4 –7　调整后的中国汽油需求影响因素集可达矩阵

符号	s_1	s_2	s_4	s_3	s_6	s_{15}	s_{19}	s_{16}	s_{18}	s_{13}	s_{17}	s_5	s_8	s_{14}	s_{23}	s_7	s_{10}	s_{11}	s_{12}	s_{20}	s_{21}	s_{22}	s_9	合计
s_1	1	0	0	0	0	0	0	0	0	0	0	0	0	0	0	0	0	0	0	0	0	0	0	1
s_2	1	1	0	0	0	0	0	0	0	0	0	0	0	0	0	0	0	0	0	0	0	0	0	2
s_4	1	0	1	0	0	0	0	0	0	0	0	0	0	0	0	0	0	0	0	0	0	0	0	
s_3	1	0	1	1	0	0	0	0	0	0	0	0	0	0	0	0	0	0	0	0	0	0	0	3
s_6	1	1	0	0	1	0	0	0	0	0	0	0	0	0	0	0	0	0	0	0	0	0	0	
s_{15}	1	1	0	0	0	1	0	0	0	0	0	0	0	0	0	0	0	0	0	0	0	0	0	
s_{19}	1	0	1	0	0	0	1	0	0	0	0	0	0	0	0	0	0	0	0	0	0	0	0	
s_{16}	1	1	0	0	0	1	0	1	0	0	0	0	0	0	0	0	0	0	0	0	0	0	0	4
s_{18}	1	1	0	0	0	1	0	0	1	0	0	0	0	0	0	0	0	0	0	0	0	0	0	
s_{13}	1	1	1	0	0	1	0	0	0	1	0	0	0	0	0	0	0	0	0	0	0	0	0	5
s_{17}	1	1	0	0	0	1	0	1	0	0	1	0	0	0	0	0	0	0	0	0	0	0	0	
s_5	1	1	1	1	1	0	0	0	0	0	0	1	0	0	0	0	0	0	0	0	0	0	0	6
s_8	1	1	1	0	0	1	0	0	0	0	0	0	1	1	0	0	0	0	0	0	0	0	0	
s_{14}	1	1	1	0	0	1	0	0	0	0	0	0	1	1	0	0	0	0	0	0	0	0	0	
s_{23}	1	1	1	1	0	0	1	0	0	0	0	0	0	0	1	0	0	0	0	0	0	0	0	
s_7	1	1	1	1	1	0	0	0	0	0	0	1	0	0	0	1	0	0	0	0	0	0	0	7
s_{10}	1	1	1	0	0	1	0	0	0	0	0	0	1	1	0	0	1	0	0	0	0	0	0	
s_{11}	1	1	1	0	0	1	0	0	0	0	0	0	1	1	0	0	0	1	0	0	0	0	0	
s_{12}	1	1	1	1	1	0	0	0	0	0	0	1	0	0	0	0	0	0	1	0	0	0	0	
s_{20}	1	1	1	0	0	1	0	0	0	0	0	0	1	1	0	0	0	0	0	1	0	0	0	
s_{21}	1	1	1	0	0	1	0	0	0	0	0	0	1	1	0	0	0	0	0	0	1	0	0	
s_{22}	1	1	1	0	0	1	0	0	0	0	0	0	1	1	0	0	0	0	0	0	0	1	0	
s_9	1	1	1	1	1	1	0	0	0	0	0	1	1	1	0	1	0	0	0	0	0	0	1	11

4.5.4 中国汽油需求影响因素集的层次结构

调整过的可达矩阵中，影响因素对应行数值为1的项的个数已经按从小到大排列，于是得到了中国汽油需求影响因素集S的层次结构。层次数越小说明影响越直接，影响的范围越小；层次数越大证明影响越间接，影响的范围越大，即可以影响的因素越多。根据中国汽油需求因素集的调整过的可达矩阵和间接影响关系表格，可以确定中国汽油需求影响因素的层次结构关系如图4-10所示。图中的方向线表明影响因素之间直接可以发生的影响关系；图中字体加粗内容为汽油需求影响因素的关键点。关键点共有三类：第一类是底层的原发因素，底层因素的波及范围更广；第二类是中间的节点因素，节点因素是影响关系传递的枢纽；第三类是顶层的直

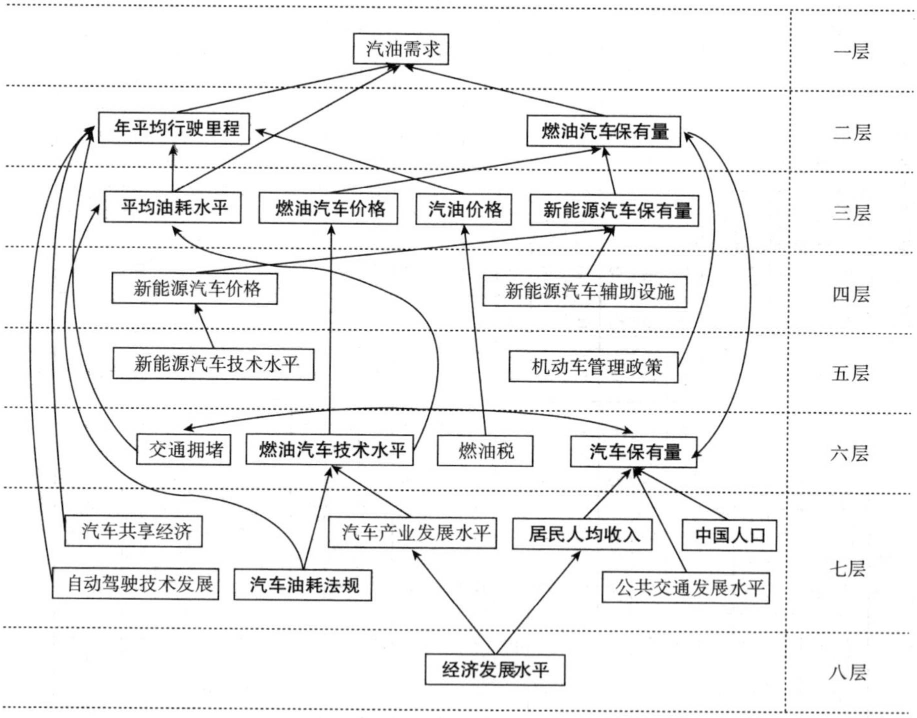

图4-10 中国汽油需求影响因素的层次结构关系

注：图中字体加粗内容为汽油需求影响因素结构的关键点，包括底层的原发因素、中间的节点因素和顶层的直接因素，这些因素是汽油需求预测的关键。

接因素，直接因素可以直接对汽油需求产生影响。

根据上文的分析，中国汽油需求及其影响因素可以定义为一个系统，中国汽油需求是系统的核心状态变量，影响因素是系统的普通控制变量。根据对中国汽油需求影响因素的层次结构分析，结合汽油需求影响因素固有的类别划分，中国汽油需求系统可以被细分为若干个子系统；子系统通过关键影响因素（关键要素）与汽油需求发生联系；这些关键要素来自汽油需求影响因素层次结构分析结果中的关键节点要素；所有关键要素构成了中国汽油需求预测的骨骼框架；该骨骼框架是中国汽油需求系统建模的基础。中国汽油需求影响因素集合的子系统结构关系如图 4－11 所示，图中字体加粗的内容即是中国汽油需求系统的关键要素。图中汽油需求的关键要素与汽油需求影响因素层次结构图所示的关键点基本一致，这些关键要素和关键点是汽油需求预测建模的基础。

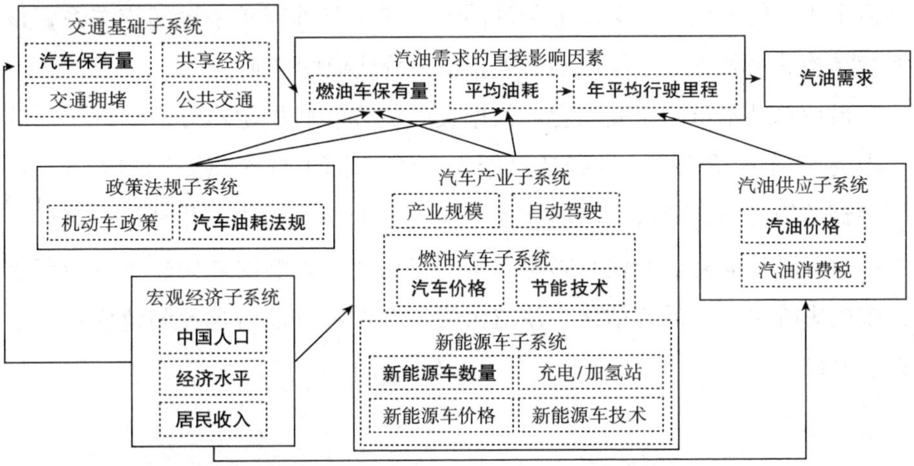

图 4－11　中国汽油需求影响因素集合的子系统结构关系

注：图中字体加粗的内容是中国汽油需求预测的关键要素；关键要素来自汽油需求影响因素层次结构分析结果中的关键节点；各个子系统通过关键要素与汽油需求发生联系；所有关键要素构成了汽油需求预测的骨骼框架；该骨骼框架是中国汽油需求系统建模的基础。

4.6 本章小结

本章首先根据对相关研究文献的梳理，研究了汽油需求的基本底层逻辑，初步选取汽油需求的52个影响因素，并且根据重要性的差异把52个影响因素逐渐简化和合并为23个关键影响因素。

其次根据解释结构模型，分析了已经筛选的汽油需求影响因素的层次结构。根据直接影响关系确定了汽油需求的邻接矩阵；根据解释结构模型方法，计算出邻接矩阵的可达矩阵；根据可达矩阵中元素的影响力的大小构建了汽油需求的影响因素层次结构，从而绘制了汽油需求的影响因素层次结构图。影响因素层次结构图中，最顶层的影响因素（例如汽油车保有量和汽油车油耗等）是汽油需求的最直接影响因素，最底层影响因素（例如人口和人均GDP）是产生汽油需求的根本动因，以上两类影响因素是汽油需求预测的关键。根据以上关键因素构建了汽油需求系统结构关系，该系统结构关系是下文中国汽油需求预测系统建模的基础。

最后总结本章的研究内容：根据文献梳理和底层逻辑分析发现了汽油需求的52个影响因素，并筛选总结出汽油需求的23个重要影响因素；根据解释结构模型，分析出汽油需求影响因素的层次结构，并且根据该层次结构发现了汽油需求的核心影响因素；根据核心影响因素构建了汽油需求系统的影响关系子系统结构，该结构为下文中国汽油需求预测建模奠定了现实基础。

第5章　中国汽油需求突变理论

中国的能源转型和作为能源转型背景的经济转型（经济转型升级和高质量发展）对中国汽油的未来需求将产生重大影响。中国经济和社会发展的长期趋势决定了中国能源转型的趋势不可逆转，新能源汽车对燃油汽车的替代，一定程度上挤压了汽油需求的增长空间。在中国经济转型的过程中，汽油需求的增速开始下降。随着新能源汽车替代程度的加大，中国汽油需求可能更激烈地下降。在此背景下，本章将根据上文的分析提出中国汽油需求突变理论。首先，根据突变理论的原始含义，定义突变理论的理论范式，即“控制变量突变引起的系统状态突变”或者“系统状态连续变化引起的系统状态突变”。其次，根据突变理论的理论范式，结合理论分析和对中国汽油需求系统的现实分析，提出中国汽油需求突变理论，该理论认为“汽油需求是一个稳定系统；中国汽油需求远期下降不可逆转；技术非连续性演进可能导致汽油需求突变；根据突变理论，即使技术不突变汽油需求依然可能突变”。再次，根据中国汽油需求突变理论的意义和内涵，本章提出了该理论的应用范式，即“控制变量突变或渐变达到边界条件，作为系统状态变量的增长率函数发生跳跃突变，引起增长率对应的本体函数的转折突变”。最后，在此基础上提出了基于突变理论的中国汽油需求中长期预测理论和模型框架，其中理论部分包括汽油需求系统稳定性理论、纯电动汽车保有量尖点突变理论、燃料电池汽车保有量突变理论等。

本章提出的突变理论的理论范式、中国汽油需求突变理论及其应用范式等具有原创性和理论创新性；预测建模理论中汽油需求系统稳定性理论应用了康德在《纯粹理性批判》中提出的“先验”概念构建了本书的系统学理论前提，具有哲学思辨性和理论创新性；预测建模理论中纯电动汽车保有量尖点突变理论突破了突变理论应用于定量研究的限制，并在本书第6章的应用研究中给出了纯电动汽车保有量突变的边界条件；基于预测建模理论中纯电动汽车保有量尖点突变理论和燃料电池汽车保有量突变建模理论等重新发现了突变理论的经济学和管理学价值。

5.1 中国汽油需求突变理论的来源

中国汽油需求突变理论的来源包含两个方面：一方面是其理论来源，即突变理论和突变思想有着深刻的内涵，既可以描述控制变量突变引起的系统突变，又可以描述控制变量连续变化引起的突变；另一方面是其现实根源，即中国汽油需求突变理论有着充足的现实基础——随着中国经济的发展汽油需求增长率开始下降，汽油消费的边际效用逐渐降低，汽油的能源效率也在不断提高；随着新能源汽车技术的进步，消费者的汽车购买意愿发生悄然变化。本节将具体阐述中国汽油需求突变理论的理论来源和现实根源。

5.1.1 中国汽油需求突变理论的理论来源和理论范式

理论上，突变理论有广义和狭义之分。广义的突变理论，侧重于突变思想，没有固定的范式，不利于实际应用；狭义的突变理论有固定的范式，但是过于固定，必须满足特定的数学公式，也不利实际应用。因此，本书提出把广义的突变思想和狭义的突变理论相结合，既借鉴狭义突变理论的范式，也充分重视突变思想，把狭义的范式一般化，从而扩大突变理论的应用范围。

狭义的突变理论（Catastrophe Theory）在经济学领域遭遇过重大挫折，当前突变理论的价值被过分地低估了，就像当初它曾被过分高估一样。狭义的突变理论有特殊的数学定义，只有符合“稳定控制系统的控制变量连续变化，系统稳定状态出现跳跃、滞后或者突然变化”现象的方程所描述的问题，才被严格地认为符合突变理论。常见的突变理论模型有尖点突变、蝴蝶突变等。突变理论中的尖点突变流形和控制向量平面如图 5 - 1 所示。图中下平面显示控制变量，上曲面显示系统状态，当控制变量沿着下平面的箭头方向连续变化时，上曲面显示的系统状态在 Q 点发生了一次突变。这一图形解释了控制变量连续变化时系统状态发生突变的现象。

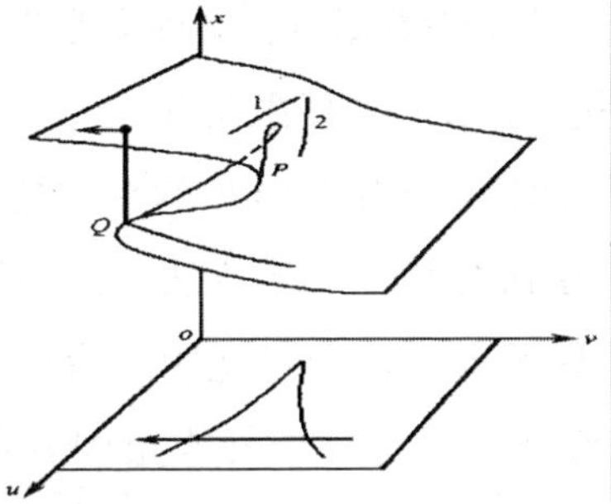

图 5 - 1　尖点突变流形和控制向量平面

在突变理论的直接应用方面，Pázsit 等[146]在研究沸水堆（核反应堆）时发现，控制参数（反应堆功率和堆芯流量）变化平稳，衰变率作为稳定参数有可能出现突变，因而提出“复杂多变量非线性系统的单模态衰减率可能服从尖点突变（典型的突变理论表达形式）”的假设，解释了沸水堆的衰变率变化机理。Tian 等[147]发现河流湖泊里有害藻类的水华现象具有一定的突变特性，因此假设营养盐和环境变量为控制变量、藻类数量为系统状态变量，使用尖点突变模型计算控制变量引发状态突变的歧点轨迹（歧点轨迹即水华发生的临界曲线），实现对水华现象的有效预测。尖点突变具有双峰性、突变性、滞后性、不可接近性和发散性 5 个性质，Wang 等[148]认为铁路事故具有尖点突变的 5 个特征，使用尖点突变方程构建了铁路安全风险研究模型，用于描述铁路事故发生条件的特征。Lv 等[149]发现人类在负面情绪影响下的个体行为具有一定的突变性，即当负面情绪（作为控制变量）连续地积累，个体行为（作为系统状态）有时会发生剧烈的突变，表现为个体的突然失控，该研究建立了解释个体认知和行为突变的 ICR（智能字符识别）模型，准确描述了个体认知的各种突变路径，可以应用于识别群体极化（偏离了理性最优的极端选择，表现为过于激进或者过于保守）现象的反转模式。

综上所述，突变理论的直接应用通常是在某个实验中（物理学、生物学、工程学等，范围非常广泛）发现了某些符合突变特征的系统状态变化，为了分析和刻画这种变化，特别是找出控制变量诱发突变的极限位置（歧点的轨迹），提出了该实验数据符合某种突变流形的假设，然后利用突变流形对应的歧点方程，计算突变极限位置。

此外，突变思想的间接应用中最常见的形式是使用突变级数评价方法（也叫突变级数法，与层次分析法、熵值法等的作用类似，是一种为指标体系赋权重的方法）。这种方法属于“逆用”突变理论的典范。这种方法把样本对某一维度（或指标）分层的样本空间看作突变流形上的散点分布，然后逆用突变理论，反向推导控制变量的数值（控制变量的个数根据样本分层的层数对应的突变类型确定），再把（一个或多个）控制变量取算术平均值作为样本空间符合这一维度（或指标）的权重。在突变评价方法的应用方面，Gao 等[150]基于粗糙集理论、综合指数理论和突变级数理论，对海岛开发的生态安全及其驱动因素进行评价，建立了包括社会经济和资源环境在内的应力—状态—响应生态环境可持续性评价指标体系，在评价方法上使用了突变级数理论。Chen 等[151]对铝粉厂铝粉爆炸原因进行了分析，建立了安全评价指标体系，将模糊分析方法与评价对象的层次分解相结合，在评价过程中使用了突变评价法。Chen 等[152]利用突变方法建立了城市水资源可持续利用的评价指标体系和评价方法模型，并应用模型对大连市 2001—2011 年水资源可持续利用水平进行了评价，该文也是在评价方法上使用了突变级数评价方法。以上各种评价方法尽管都使用了突变级数法，除了评价对象和指标体系不同外，构造的具体评价方法也各不相同，主要表现在与突变级数法结合的其他评价方法的差异、结合方式的不同、数据处理方式的不同等。以上不同的方法设计主要是为了反映不同被评价对象在评价要求上的不同。

文献中突变理论的各种应用表现出一定的共性，即研究对象符合突变理论的特征。文献中数据大部分也不符合突变理论的梯度动力系统函数公式，文献中普遍把突变理论的梯度动力系统函数、势函数、分叉集公式等作为一种经验公式，先应用后验证。根据文献的启示，本书提出突变理论的一般化，即把突变理论的范式要求的数学条件适当放宽，把“控制变量突变引起系统状态变量突变”和“控制变量连续变化系统状态变量突变”两种范式定义为本书的突变理论基本范式。

5.1.2　中国汽油需求突变理论的现实根源

中国经济向高质量增长转变带来能源消费方式的转变，雾霾和气候变暖带来了严峻的环保压力，消费者能源消费观念发生重要变化，新能源汽车产业发展迅速，中国汽油需求预测的背景和前提悄然发生了不同以往任何时期的全新变化。上文已经基于线性回归证实了中国汽油需求出现结构性下降趋势，并且基于库兹涅茨曲线分析证实了中国汽油需求的下降趋势属于系统性趋势。本小节将从经济、社会、环境、能源、技术、产业等方面进一步阐释中国汽油需求突变理论。

5.1.2.1　消费理念的变化是中国汽油需求突变的社会原动力

消费理念的变化主要来源于两个方面：一方面中国消费者环保意识不断提高，开始主动接受和选购电动汽车；另一方面是收入增长促进消费者心理发生改变，人们的需求由对温饱的需要转变为对美好生活的向往，电动汽车的加速性能和静音体验都好于内燃机汽车，从舒适享受和减少噪声污染的角度，消费者也有可能偏好电动汽车。中国消费者消费观念改变的根本原因是经济收入的增加（人们开始对美好生活品质的追求）和环境形势的严峻（人们意识到环境保护和自身健康密切相关）。一方面，电动车和氢能车直接排放低、污染小（特别是与可再生能源发电体系相结合）可以满足人民群众对环保的追求；另一方面，由于电动机启动阶段扭矩大，加速性能好，并且电动机的运行噪声更低，满足人们对体验性和舒适性的追求。消费理念变化直接影响消费者的汽车购买决策，进而影响新能源汽车在汽车保有量中占比，最终影响中国汽油需求（见图5－2）。

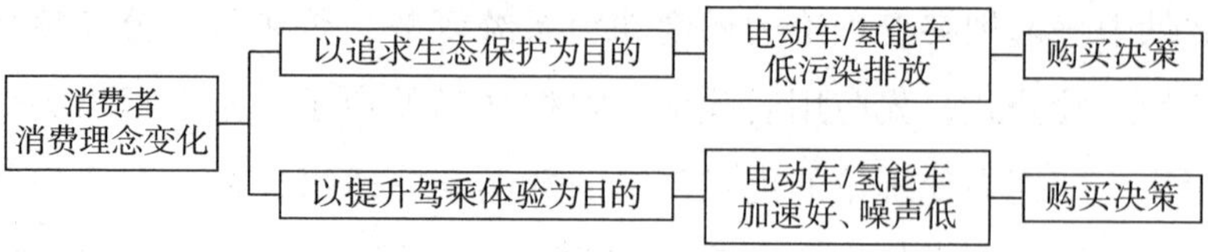

图5－2 消费理念的变化成为中国汽油需求突变的原动力

5.1.2.2 汽车节能技术和新能源汽车技术是中国汽油需求突变的技术原动力

汽油车可以分为常规汽车、油电混合动力汽车（不插电）、插电混合动力汽车等不同的车型种类，不同的车型在油耗和平均行驶里程方面的差异较大。

首先，常规燃油汽车是指只使用汽油内燃机作为动力来源的汽车，其节能技术潜力如表5－1所示。

表5－1 常规汽车节能技术提升潜力

类型	措施
减少行驶阻力	轻量化（高强度钢＋铝合金）、低滚阻轮胎＋外形优化
提高发动机效率	缸内直喷＋涡轮增压（小型化）、气门控制技术、减少热损失和机械损失
提高传动效率	CVT＋DCT等高效变速器、多挡化＋速比优化
减少辅助能耗	高效发电机等
优化能量管理	怠速启停＋制动能量回收、断缸燃烧

其次，油电混动汽车指安装了动能回收装置，可以回收内燃机怠速动能充电，并且可以使用辅助电动机行驶的汽车。油电混动汽车在城市工况节省燃油的根本原理是利用了汽油内燃机的效率特性。内燃机的实时热效率（把热能转化为动能的能力）与内燃机的实时转速和实时负载相关，内燃机工作效率较高的转速和负载区域被称为内燃机的经济工况，经济时速的概念即是由经济工况的概念衍生。油电混动汽车节油的原理即是尽可能地使发动机始终处于最经济的运行转速和负荷的工况，即利用动能回收装置回收多余动能发电储存、利用电动机使用电能弥补瞬时的功率缺口（内

燃机功率输出和车辆实际需求的缺口，比如在车辆启动加速时刻），从而实现节油。油电混动汽车的节能原理如图 5－3 所示。

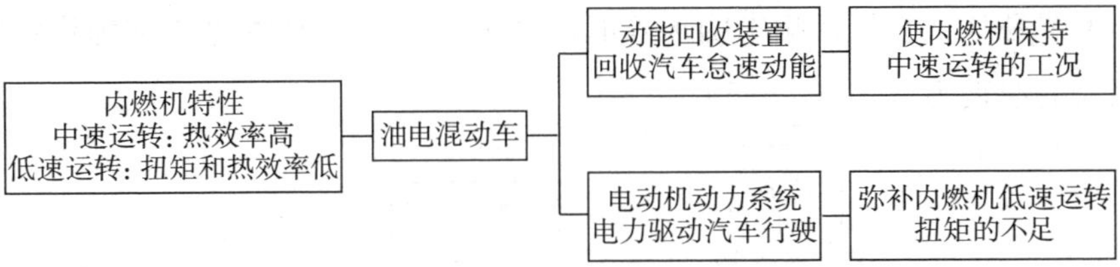

图 5－3　油电混动汽车节能原理

最后，插电混动汽车是指可以外接电源充电，使用电力行驶的同时装配内燃机和电动机的汽车。这类汽车的早期型号不具备动能回收装置，新的车型逐渐具备了装配动能回收装置。随着产业的发展，越来越多的插电混动车型将具有更为复杂的动能回收系统，具有更高的动能回收效率。插电混动车型与油电混动车型的差异已经越来越小，逐步变成了有没有外接电源和蓄电池容量大小的差别。

综上所述，汽车节能技术已经在多方面快速进步。另外，电动汽车电池技术的进步也较为显著，特别是一些最新的技术可以降低三元锂电池中钴元素的含量，从而使动力电池成本大幅下降。氢燃料电池技术也在逐渐成熟，氢燃料电池汽车面临的主要问题是制造成本问题和氢气加气站的推广。图 5－4 列出了汽车节能技术进步及其影响。

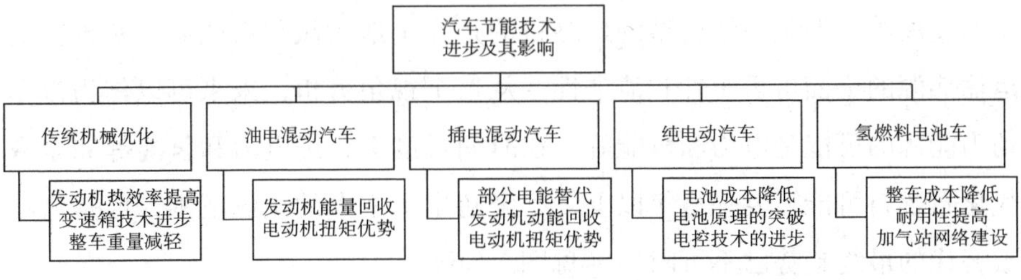

图 5－4　汽车节能技术进步及其影响

能源转型背景下，国家积极支持清洁能源汽车的生产消费和技术研发，对新能源汽车持续采取补贴和不限行等的政策支持。中国新能源汽车的产销量均已排名世界第一。在国家鼓励支持下，如果中国电动汽车和氢燃料电池汽车等技术取得突破，或者因为生产规模的扩大实现单车成本的大幅降低，中国的新能源汽车产销量可能继续出现快速增长，进而对燃油汽车形成替代，直接影响中国未来的汽油需求，使得技术进步成为汽油需求突变的原动力（见图5－5）。

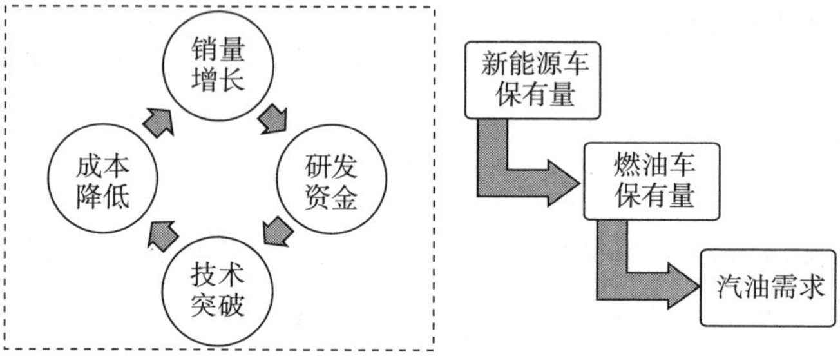

图5－5　技术进步成为中国汽油需求突变的原动力

5.1.2.3　中国汽油需求突变是经济转型、能源转型、社会发展、技术进步和产业演进等共同作用的结果

首先，中国能源结构调整决定了中国的能源体系从整体上开始向可再生能源的转型，是一种体系性、结构性的调整，在未来的由可再生能源构成的能源系统中，作为石油产品的汽油、柴油必然是处于被淘汰的地位。为了适应整个能源系统向可再生能源的转型，交通运输能源体系必须做出相应的变革以适应未来的发展需求，包括燃油汽车的节能发展、新能源汽车的发展等，但是一切转型的最终目的是完全地淘汰化石能源，实现交通运输能源的全面可再生性和清洁性。从这个视角分析，未来可以作为汽车动力能源的可能是电力和氢能等。在时间尺度上，用电力和氢能等完全取代化石燃料可能需要一百年以上，已经超出了本书的预测范围，但是汽油被替代的最终趋势已不可阻挡（见图5－6）。

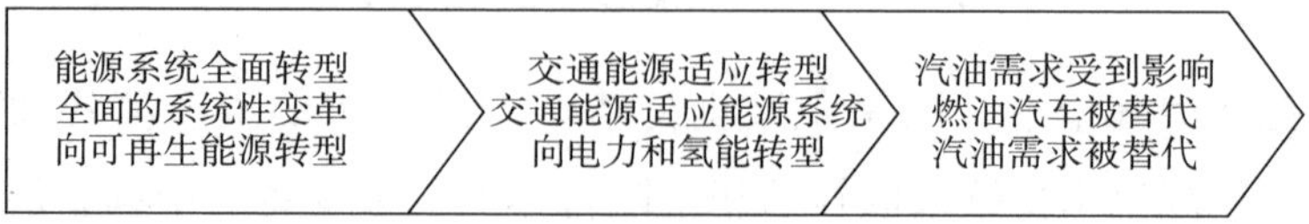

图5－6　汽油被替代的趋势不可阻挡

其次，经济转型对汽油需求产生重要影响。从一般原理而言，经济发展将促进汽车保有量的提升，将促进汽油消费。中国的经济转型不仅是追求经济总量的增长，以跨越中等收入陷阱，更重要的是实现在部分领域的技术引领或产业引领。从中国经济转型的大视角分析，中国的汽车保有量需要进一步增长以满足经济发展和人民生活对交通运输的需求，特别是个性化交通运输的需求；汽车消费作为当前中国消费增长的重要拉动力量，在经济从出口和投资拉动转向消费拉动的关键时期，中国汽车消费可以成为重要的消费增长点；汽车行业作为重要的制造业行业在经济中占有重要比重，在新能源汽车兴起的大背景下，中国汽车行业在新能源汽车领域的技术突破可以实现在汽车制造业的弯道超车，实现汽车制造业的创新引领全球新能源汽车行业发展，中国经济转型已经对中国汽油需求产生深刻影响。

再次，低碳环保政策对汽油需求产生重要影响。在汽车消费领域，工业和信息化部出台的“双积分”政策，对中国汽车的能耗控制和新能源汽车的发展产生重要影响。双积分政策对汽车油耗的计算原则是一家汽车企业的所有汽车车型，车型产量与油耗乘积（某车型产量 × 该车型油耗）求和，再除以所有车型的总产量，即计算所有产量的平均油耗。这种计算方法与大学计算学生学分平均绩点（GPA）的方法类似。双积分政策要求，每家汽车生产企业的所有产量的平均油耗必须达到某个限值（根据车型的总重量，节能标准逐年提高），达不到标准将产生负积分，负积分需要通过生产新能源汽车或者从其他汽车企业购买积分弥补。并且随着新能源汽车产能和成本控制的行业性进步，未来的标准可能更为严格。另外，中国大型城市目前实施的乘用车限牌限行等政策也将一定程度影响中国汽车销售（或购买）结构。以上政策最终都将影响中国汽油的中长期需求。

又次，颠覆性创新可能引起新能源汽车市场份额的急剧变化。颠覆性创新固然与技术创新紧密相连，然而相比于技术创新，市场对技术的反应可能更加难以预测。类似的颠覆性变化对产业产生重要影响的例子屡见不鲜，液晶成像技术的突破使得液晶电视和显示器全面取代了传统显像管电视和显示器，智能手机技术的进步使得智能手机全面取代传统的功能手机，数码成像技术的进步使得数码相机全面取代胶片相机，甚至未来的人工智能还将越来越多地取代人类劳动。在汽车领域，纯电动汽车发展的关键是动力电池。以锂电池为代表的电化学电池尽管原理已经成熟，但是已经有厂商开发出快速充电技术；并且有厂商开发出降低三元锂电池钴元素含量的技术，使得电池制造成本降低50%，并且已经投入了商业化。另外，汽车制造业的经营主体发生了重大变化，越来越多的IT企业、电子企业加入汽车制造业，成为汽车行业的“造车新势力”。传统的技术和商业组合的思维模式已经发生改变，未来市场对新能源汽车的接受程度变得更加难以预测。颠覆性创新以及颠覆性的市场影响可能使得汽油需求发生颠覆性变化（见图5－7）。

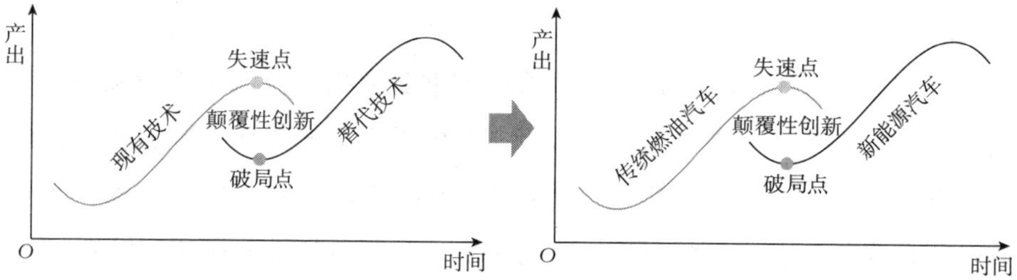

图5－7　颠覆性创新可能对汽油需求产生颠覆性影响

最后，根据突变理论，技术水平不突变汽油需求依然可能突变。尽管颠覆性创新可能引起中国汽油需求突变的逻辑显得更为合理，然而根据突变原理，把中国汽油消费系统设为稳定系统，以中国汽油需求的影响因素为控制变量，当控制变量连续变化时系统状态依然可能出现突变。根据汽车销售市场的历史情况，当车型售价下降到一定程度（明显低于竞品价格）时，销量突变的例子屡见不鲜（例如某品牌第十代“Accord”车型），特别是2018年以来，一些纯电动汽车车型（例如某品牌“eQ1”车型）本身有较强的产品力，而且价格明显低于竞品，其销量出现了井喷式增长。类似情况可以基本判定为符合突变理论的基本范式。因此，至少从新能源汽车替代的角度，中国汽油需求可能出现突变现象，即上文提出的中国汽油需求突变的表述是基本正确的。用尖点突变流形及其控制向量表示的技术渐进引起需求突变的示意图如图 5－8 所示。

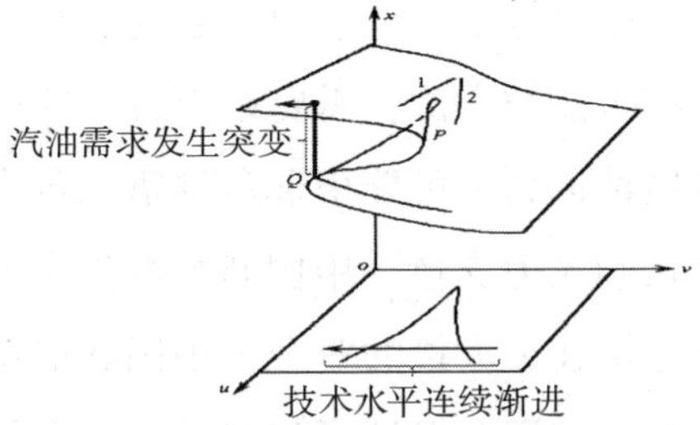

图 5－8　尖点突变流形表示的技术渐进引起需求突变示意图

5.2　中国汽油需求突变理论的内涵

根据对历史数据的观察，中国汽油消费的边际效用已经出现了下降趋势，并且汽油的能源效率正在不断提高，中国汽油需求开始表现一定的结构性下降趋势。中国各省份的汽油需求增长率普遍降低，表明中国汽油需求出现一定的系统性下降趋势。如果这种趋势继续加强，则有可能促使中国汽油需求在未来发生意想不到的突变。同时，根据上文对世界能源转型和中国能源转型背景的分析，能源转型的形势不可逆转，能源转型已经成为世界能源行业发展的必然趋势，能源转型是世界经济和社会可持续发展的必然选择。在能源转型的大背景下，可再生能源（或者其他清洁能源，如核聚变）必然取代化石能源成为世界主要能源，甚至完全取代化石能源。在交通运输领域，电气化铁路、电动汽车等方面也已经开启了向电气化的转型发展。能源转型不能直接消灭汽油需求，但是结合电动汽车和燃料电池汽车可能的技术突破，可能实现电力和氢能等对汽油的替代。

第一，能源转型的趋势不可逆转，决定了汽油终将被淘汰。由于人类可持续发展的需要、环境污染对化石能源粗放利用的限制和全球气候变暖对二氧化碳排放总量的限制，全球能源系统向可再生能源（或者其他清洁能源，如核聚变）转型的发展趋势不可逆转。中国的能源转型（包括经济转型和经济高质量发展、人民群众对良好空气质量的盼望、中国能源的清洁低碳安全高效发展方向等）决定了中国的能源系统向清洁能源转型的发展趋势同样不可逆转。中国新能源汽车产业的发展和技术的进步，已经为中国新能源汽车技术突破打好了物质基础，在化石能源被淘汰、石油被淘汰的趋势下，汽油也有可能被淘汰，需要讨论的只是时间早晚的问题。

第二，技术的颠覆性创新，可能引起汽油需求的突变。在新能源汽车领域，由于政府的补贴和大力支持，中国新能源汽车产业快速发展，新能源汽车的产销连年快速增长，大量的资金为中国新能源汽车的技术研发提供了资金保障，较为充足的资金保证了技术的进步和推广，新技术的研发和应用、生产流程和管理的优化又促使新能源汽车企业降低生产成本、提高新能源汽车的产品性能和质量，从而进一步促进新能源汽车销量的增长，形成良性循环。国际上，新能源汽车关键技术的创新生态也在加速形成。Aaldering 等[153]指出技术创新产生于重组现有技术的能力，电动汽车等作为内燃机的替代动力系统，已经形成了一个具有凝聚力的技术知识生态系统，从而有力地推动了底层关键技术在合作策略下快速创新发展。从技术的角度，新能源汽车的机械优化（整车重量减轻、变速箱技术进步等）、电池和电控技术、氢燃料电池技术、氢气储运技术等，都处在快速开发阶段。可以预计，如果技术发生重大突破，中国汽油需求可能发生重大突变。

第三，根据突变理论，即使技术水平不突变汽油需求依然可能突变。尽管颠覆性创新可能引起中国汽油需求突变的逻辑显得更为合理，然而根据突变原理，把中国汽油消费系统设为稳定系统，以中国汽油需求的影响因素为控制变量，当控制变量连续变化时系统状态依然可能出现突变。现实中限制中国新能源汽车数量增长的两个制约因素是电动汽车的销售价格和续航里程。根据电池企业宁德时代公布的数据，2018 年电动汽车动力电池成本占总成本的 40% 左右，是成本最高的模块。另外，制约电动汽车续航里程的已经不是电池的体积和质量，而是电池的价格。因此，电动汽车售价和续航里程实际上是同一个问题，即电池的价格问题。Sakti 等[154]指出关于潜在变革效应推动电池成本迅速下降的说法屡见不鲜，但是准确的电池成本预测需要注重技术细节，不是模糊地预测总成本，而是在每一个技术细节的成本预测上与专家互动，从某种程度上说，决定未来电动汽车命运的，正是这些成本和价格。已有的资料显示，一些日本供应商供应美国某世界著名电动车厂商的电池价格比中国国内生产的电池价格低 45% 左右，原因是日本厂商基于技术突破降低了镍钴锂三元锂电池中钴元素的含量。Lee 等[155]指出电动汽车的舒适性和驾驶体验高于传统内燃机汽车，在价格相当的情况下，消费者可能倾向于购买更清洁的电动汽车。

综上所述，技术突变只是影响动力电池成本和价格的关键因素，即使技术稳定进步（不发生突变），只要电动汽车成本持续降低，汽油需求依然可能受到重大影响，甚至可能在电动汽车价格达到某个临界点时，汽油需求发生突变，即突变理论所描述“控制变量稳定变化，状态变量发生突变”的现象。

5.3　中国汽油需求突变理论的应用范式

根据上文定义，突变理论包含“控制变量突变引起系统状态变量突变”和“控制变量连续变化系统状态变量突变”两种理论范式。同时根据中国汽油需求突变理论的内涵，本节将提出突变理论应用于中国汽油需求预测研究的基本应用范式。需要特别强调的是，首先，突变理论是一种微型世界观和方法论，即突变的思维，这一思维方式比突变的应用更为重要。其次，上文提出的突变理论的理论范式和中国汽油突变理论是本节提出的应用范式的理论和现实基础，但是该应用范式包含的内容并非只适用于中国汽油需求预测，其他研究同样可以参考本书提出的应用范式。最后，本书提出的突变理论应用范式表现为：当控制变量达到某种边界条件时，作为系统状态的增长率函数发生突变，由一条增长率曲线跳跃到另一条增长率曲线，进而引起增长率对应的本体数据的改变。例如，当纯电动汽车的售价和续航里程变化达到突变边界条件时，纯电动汽车销量的增长率发生跳跃，进而引起纯电动汽车保有量的变化。突变理论的基本应用形式如图 5 -9 所示。

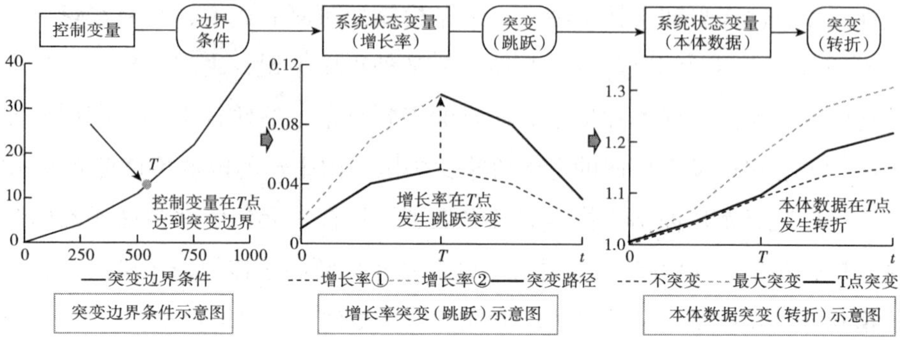

图5-9　中国汽油需求突变理论的应用范式示意图

注：突变理论在本书应用范式表现为，当控制变量达到某种边界条件时（见上图中“突变边界条件示意图”），作为系统状态变量的增长率函数首先发生突变（见上图中“增长率突变（跳跃）示意图”），由一条增长率曲线（图中的增长率①）跳跃到另一条增长率曲线（图中的增长率②），进而引起增长率对应的本体数据的转折（见上图中“本体数据突变（转折）示意图”）。

另外，需要注意的是，最大突变情景对应在预测开始时控制变量已经达到了突变边界条件。此时，最大突变对应的本体变量将直接按照突变后的增长率变化，从而得到最大突变情景的预测结果。同理，完全不突变的情景，控制变量一直未达到边界条件，本体变量将根据未突变的增长率曲线变化。如此将得到突变情况和不突变情况的两条预测曲线。所以，突变理论应用的结果将表现为突变情景和不突变情景，预测曲线的不唯一性。

5.4　基于突变理论的中国汽油需求预测理论和模型框架

根据以上理论，本节提出了中国汽油需求预测的理论和组合模型框架；构建中国汽油需求系统稳定性理论，为中国汽油需求预测奠定系统化前提；详细阐述模型框架中基于突变理论的电动汽车和燃料电池汽车保有量预测理论和方法。

中国汽油需求预测模型框架是根据系统学原理结合前文对中国汽油需求及影响因素分析的结果，构建的由汽油车保有量、年平均行驶里程和平均油耗直接影响因素，由新能源汽车保有量、汽车保有量①、汽油车价格、机动车管理政策、汽油价格、经济发展水平和新能源汽车技术水平等因素间接影响的系统模型。该模型框架主要包括建模理论和组合模型。理论部分包括汽油需求系统稳定性理论、新能源汽车保有量尖点突变理论、燃料电池汽车保有量突变建模理论等。组合模型包括汽油车保有量模型和汽油车年平均油耗模型。其中，汽油车保有量预测模型又将包括轻型汽车保有量预测模型、纯电动汽车保有量预测模型、燃料电池汽车保有量预测模型等；汽油车油耗预测模型包括汽油车单位油耗模型、汽油车年平均行驶里程模型等，以上所有模型的详细数学模型将在下文给出。突变理论的应用范式贯穿模型和方法。基于突变理论的中国汽油需求预测理论和模型框架如图 5－10 所示。

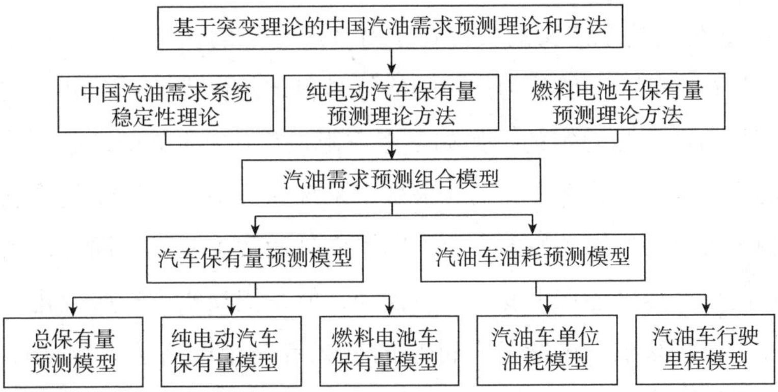

图 5－10　基于突变理论的中国汽油需求预测理论和模型框架

5.4.1　中国汽油需求系统稳定性理论

突变理论在经济学领域遭遇过重大挫折，当前突变理论的价值被过分低估了，就像当初它曾被过分高估一样。为了重新使突变理论在经济学领域焕发生机，本节构建了基于均衡原理的基本理论，把经济均衡作为系统先验的稳态。先验的概念源于康德的《纯粹理性批判》，康德的定义具有唯心主义色彩，本节将论证“先验”概念在本书的唯物属性，而且通过使

① 这里的保有量指轻型汽车(LDV，汽油车或可以替代汽油车的车辆)保有量，下文与此相同。

用“先验”概念拓展突变理论在经济学研究中的应用范围。

使用突变理论研究经济学问题必须要求被研究的经济学问题符合突变理论的模型实例。符合模型实例的前提是被研究的系统是稳定系统，并且符合突变模型实例的梯度系统模型。经济学系统的稳定性并不是天然存在的，被研究的经济学系统未必符合突变模型的特征；在以往应用突变理论的经济学研究中，也少有学者论证经济系统的突变理论适用性和系统稳定性，而是不假思索地把系统稳定且符合突变理论当作前提。

突变理论的本质是稳定系统发生跳跃式的稳态变动，前提是系统是稳定系统，因此使用突变理论研究中国汽油需求首先需要论证中国汽油需求系统是稳定的，这一工作由中国汽油需求系统的稳定性理论完成。物理学中，稳定系统的定义是指该系统在外界微小扰动下可以恢复稳定状态（也称稳态），但是这个定义的关键在于对系统稳态的认定。静止和周期运动被认为是稳态的。一般认为静止的物体是稳定的；周期运动并且在扰动下能够恢复的系统是稳定的，例如不考虑阻尼作用①的单摆，地球、月球和太阳的运行等。尽管在定义上要求稳定系统在扰动下可以恢复稳态，但是新的稳态可能与原来的稳态完全不同，而且通常确实是不同的，例如外力作用后的单摆尽管还在重复周期性摆动，但是摆动幅度有所变化。本书的难点在于经济系统不可能是“静止的”或者完全严格的“周期性变化”，因此本书需要作以下论证。

第一，中国汽油需求系统是先验的稳定系统。中国汽油需求系统由中国汽油需求及其影响因素构成，中国汽油需求作为研究对象，可以被认为是该系统的状态变量。当所有影响因素不发生变化时，中国汽油需求不发生变化；当某些影响因素发生微小变化后，中国汽油需求发生微小变化，之后可以继续恢复稳定。以上特征表明，中国汽油需求系统具有稳定的特征，因此本书认为中国汽油需求系统一定程度上属于稳定系统。但是需要

① 阻尼作用：物理学术语。阻尼（damping）是指任何振动系统在振动中，由外界作用（如流体阻力、摩擦力等）和/或系统固有的原因引起的振动幅度逐渐下降的特性，以及此一特性的量化表征。

注意，因为这种稳定性需要在系统稳定的前提下才能被论证；如果系统不稳定，论证也就无法进行。中国汽油需求系统稳定性论证的困境在于，论证以前系统的稳定性是未知的，如此就形成了一个死循环。因此，本书在此处使用先验概念来破解这一困境。先验通常被用作形容词，用于形容“不依赖人类的经验而是先天存在的规律”。借用先验的概念，本书首先认定中国汽油需求系统是稳定的，其次对系统的稳态进行验证，如果论证成立，那么假设就是正确的，即中国汽油需求系统稳定性成立。另外，本书的研究目的是完成对中国汽油需求的中长期预测，因此不仅要证明系统当前的稳态存在，还要定量标度系统稳态。

第二，经济均衡是中国汽油需求系统先验的稳态。突变理论的原型来源于力学系统，力学系统的稳态可以用“空间位置不随时间变化”或者“空间位置是时间的周期函数”等方式定义。中国汽油需求系统作为经济学系统，系统的稳态不可能通过时间和空间的变化特征来定量标度。借鉴已有文献，宏观经济学定义的稳态经济为人口和经济总量等保持动态平衡，可见动态均衡可以被认为经济系统的稳定状态。中国汽油需求系统的研究目的是预测汽油需求，而经济学的稳态又是动态的，因此本书假设中国汽油需求系统的稳态是先验的经济均衡。这一表述既符合经济学稳态定义的思想，又符合中国汽油需求系统的实际，而且这一稳态是可以实现的。

第三，中国汽油需求系统稳定是利益相关方博弈的结果。系统稳定指系统可以在外界有小扰动的时候保持稳态。上文把中国汽油需求系统的经济均衡定义为先验的稳态，但是先验的概念本身具有一定的唯心主义色彩，把系统稳定和系统稳态设定为先验的，固然可以解决中国汽油需求系统的稳定性验证问题，然而缺少了必要的逻辑支撑。事实上，中国汽油需求系统作为经济学系统的稳定是系统内所有利益相关方相互博弈的结果。这一事实从逻辑上证明了，本书对系统稳定和系统稳态的先验性设定不是唯心的，而是完全的、唯物的。中国汽油需求系统的稳定不是凭空产生的，而是利益相关方各自追求自身利益最大化的博弈结果，这也符合亚当·斯密对“看不见的手”的描述。综上所述，本质上，中国汽油需求系统的稳定性是人类追逐利润的天性、市场经济的特性和利益相关者的博弈等共同作用的结果。

第四，中国汽油需求系统的控制条件连续变化，系统状态依然可能突变。此突变的理论是使用突变理论研究中国汽油需求预测的基础。该理论有较为充足的现实依据，根据中国纯电动汽车产业发展的现实情况，其发展面临两个问题：制造成本和销售价格偏高；电池的续航里程低和充电速度慢。如果纯电动汽车的整车价格下降、电池续航里程提高，则中国纯电动汽车的销量可能出现突变，当这一突变的效应传导到中国汽油需求，则可能引起中国汽油需求突变。这一原理在本书第4章已经详细论证过。

5.4.2 中国纯电动汽车保有量尖点突变理论

上文提出了“中国汽油需求系统的控制条件连续变化，系统状态依然可能突变”的理论，主要目的是用尖点突变研究中国纯电动汽车保有量突变的边界条件。然而和上文面临的问题一样，尖点突变是一个纯数学模型，用于描述符合某些特征的力学梯度系统，通常被用作力学的分析研究。然而，能够完全符合尖点突变建模条件的系统即使在力学领域也非常罕见。已有文献大多是把尖点突变应用的合理性作为结果不加讨论地接受，然后用历史数据验证模型是否可行，这一方法与自然科学领域的“经验公式”研究方法类似。因此，首先设定中国纯电动汽车保有量符合尖点突变。

尖点突变是梯度动力学系统的一个特例。梯度动力学系统的公式如式（5－1）所示。

$$\frac{\mathrm{d}x}{\mathrm{d}t} = -grad_x F(x,a) \qquad (5-1)$$

式（5－1）中，x 和 a 是实向量，x 表示系统状态；a 表示系统的控制变量；t 表示时间；$\mathrm{d}x/\mathrm{d}t$ 表示系统状态对时间的导数；$grad_x$ 表示求 x 方向的梯度；$F(x,a)$ 是 x 和 a 的函数，表示该梯度系统的势函数。根据势函数的定义，$F(x,a)$ 需要满足以下条件：① $F(x) \geqslant 0, x \in (-\infty,\infty)$；②存在 x_0，

使得 $F(x)$ 在 $(-\infty,x_0)$ 上单调递增，在 (x_0,∞) 上单调递减，并称 x_0 为此势函数的中心点，$F(x_0)$ 为此函数的高度。

尖点突变的势函数公式如式（5－2）所示。式中 u 和 v 是控制变量向量 a 的分量表示。

$$F = x^4 + ux^2 + vx \tag{5-2}$$

因此尖点突变的平衡位置方程如式（5－3）所示。

$$grad_x F = 4x^3 + 2ux + v = 0 \tag{5-3}$$

平衡位置方程对应尖点突变图形上的曲面，根据拓扑学该曲面是一个流形，被称为尖点突变流形（简称流形）。在尖点突变流形上，同一组控制变量（u,v）对应的流形上的位置可以是1个到3个，根据对应点个数的不同，可以把流形分为上中下三叶，其中上叶和下叶的平衡位置稳定，中叶平衡位置不稳定并势函数取极大值。求解流形的竖直切线位置，即式（5－4）是尖点突变的突变边界点满足的条件。

$$grad_x(grad_x F) = 12x^2 + 4u = 0 \tag{5-4}$$

利用式（5－3）和式（5－4）消去 x 可得突变分叉集方程，如式（5－5）所示。

$$8u^2 - 27v^3 = 0 \tag{5-5}$$

根据上文的分析，中国纯电动汽车保有量符合尖点突变，即中国纯电动车保有量的变化规律符合尖点突变流形，当控制变量连续变化并经过突变点构成的分叉集时，中国纯电动汽车（EV）的保有量发生突变。根据中国纯电动汽车保有量符合尖点突变的设定，则式（5－6）即为突变发生的边界条件。

$$au^2 = v^3 \tag{5-6}$$

5.4.3　中国燃料电池汽车保有量突变建模理论

根据各国政府的产业规划，燃料电池汽车技术具有发生技术突破的可能性，出于预测研究的需要，本书采用情景分析的形式对技术突破和不突变情况的两种情景分别予以考虑。与突变理论严格定义的控制变量连续变化时系统状态发生突变的情形不同；在控制变量突变的情况下，系统状态也可能发生突变。具体到中国燃料电池汽车的技术和保有量，当燃料电池汽车出现技术突破时，燃料电池汽车的保有量可能发生突变，突变情况燃料电池汽车的保有量大幅增长，替代汽油车，进而大幅影响中国汽油需求。

在当前技术条件下，燃料电池汽车主要是氢燃料电池汽车，即氢能汽车。2019 年日本某公司推出了全球第一款正式上市销售的氢燃料电池乘用车，该车的量产和上市表明氢燃料电池乘用车的产业已逐步走上正轨。2018 年中国氢燃料电池汽车产量 1619 辆当中并不包含可以量产和正式上市销售的小型和微型乘用车，即不属于可以替代汽油燃油车的车辆。根据中国科学院院士欧阳明高①提出的中国燃料电池汽车产业战略规划，中国燃料电池汽车保有量预计在 2020 年达到 1 万辆（其中客车 5000 量、城市物流车 5000 辆，乘用车和轿车市场启动），2025 年乘用车达到 10 万辆，2030 年轿车达到 100 万辆。根据测算，该规划要求燃料电池汽车的产量年均增长率达到 60%，本书把以上的规划作为中国燃料电池汽车在技术渐变情况的保有量预测值，然后使用产量高斯函数增长率假设（根据相关研究，汽车保有量增长率的最佳拟合曲线是高斯曲线），拟合出增长率数据。假设中国燃料汽车产业在 2020 年起步，产量 1 万辆，增长率 40%；2025 年形成一定产业规模，产量增长率达到 80%；2030 年，市场基本成熟，产量增长率 30%；2040 年技术实现稳定，产量增长率 10%；2050 年达到成熟，产量增长率开始接近于零。由该假设得出的产量增长率数据如式（5－7）所示。

$$\begin{cases} f(x) = \alpha \cdot e^{-\frac{(x-\beta)^2}{2\gamma^2}} \\ \alpha,\beta,\gamma \text{ 由历史数据回归} \end{cases} \tag{5-7}$$

假设中国燃料电池汽车技术可能发生技术突破，燃料电池汽车技术突

① 欧阳明高，中国科学院院士，清华大学教授，汽车动力系统专家，汽车安全与节能国家重点实验室主任。本书引用的战略规划数据来自其 2018 年 9 月 1 日的主题演讲《电动汽车技术路线的演变创新与发展》。

破可能引起燃料电池汽车保有量的突变。突变情况，燃料电池汽车的年销量增长率会有一定的提升，根据实际情况，假设突变情况，产量增长率数据如式（5－8）所示。

$$\begin{cases} f(x) = \alpha \cdot e^{-\frac{(x-\beta)^2}{2\gamma^2}} \\ \alpha,\beta \text{ 由历史数据回归}, \gamma \text{ 假设验证} \end{cases} \qquad (5-8)$$

综上所述，在不同的技术演进背景下，中国燃料电池汽车保有量的差异将表现为增长率的差异，而当技术突变（一种技术条件突变到另一种技术条件）时，中国燃料电池汽车的增长率将由式（5－7）的曲线突变到式（5－8）的曲线。

5.5 本章小结

本章提出了中国汽油需求突变理论的理论根源、现实基础、理论范式和应用范式。其中，本书提出的中国汽油需求突变理论来源于“符合力学梯度系统的力学系统在控制变量达到边界条件时系统状态发生突变”的基本理论。本书提出的中国汽油需求突变理论的现实基础是能源结构、经济结构、消费者能源消费理念、新能源汽车技术进步、国家环保法规和低碳发展政策等对汽油需求的影响，使得汽油需求具有了突变的可能。本书提出了中国汽油需求突变理论的理论范式，即“控制变量突变引起系统状态变量突变”和“控制变量连续变化，系统状态变量突变”两种基本突变情景。本书提出的中国汽油需求突变理论的内涵为“汽油需求是一个稳定系统；汽油需求下降的趋势不可逆转；技术突变可能导致汽油需求突变；技术不突变，汽油需求依然可能突变”。本书提出的中国汽油需求突变理论的应用范式为“当控制变量达到某种边界条件时，作为系统状态的增长率函数发生突变，由一条增长率曲线跳跃到另一条增长率曲线，从而引起增长率对应本体数据的改变”。

根据以上提出的中国汽油需求突变理论，本书提出了中国汽油需求预测的建模基本理论和组合预测模型框架。建模基本理论构建了中国汽油需求系统稳定性理论，为中国汽油需求预测奠定系统化基础；详细阐述了模型框架中基于突变理论的电动汽车和燃料电池汽车保有量预测理论和方法。中国汽油需求预测组合模型框架是由汽油车保有量、汽油车年平均行驶里程和汽油车平均油耗直接影响因素，由新能源汽车保有量、汽车保有量、汽油车价格、机动车管理政策、汽油价格、经济发展水平和新能源汽车技术水平等间接影响因素构成的系统模型。该模型将用于下文的中国汽油需求预测应用研究。

第6章　基于突变理论的中国汽油需求预测研究

根据对中国汽油需求影响因素及其相互关系的分析，中国汽油需求的直接影响因素即汽油车的保有量和汽油车的年平均油耗。根据上文提出的基于突变理论的中国汽油需求预测模型框架，汽油车保有量预测模型和汽油车年平均油耗预测模型是组合模型的主体。本章将根据基于突变理论的中国汽油需求预测模型框架中组合模型进行中国汽油需求的预测研究，研究内容将多次使用中国汽油需求突变理论的应用范式（将在具体的位置分别标注）。

本章研究内容主要为：第一，根据中国30个省份的汽车总保有量的历史面板数据，使用分布拟合方法分析其变化特征，并借鉴国际经验（世界各国在不同人均GDP、不同人口密度情景的汽车保有量密度变化特点），预测中国汽车的总保有量。第二，根据上文提出的中国纯电动汽车保有量尖点突变理论，使用尖点突变的模型研究纯电动汽车保有量发生突变的边界条件，建立中国纯电动汽车保有量预测模型，预测中国纯电动汽车保有量；根据中国燃料电池汽车技术突破可能引起保有量突变的理论，提出中国燃料电池汽车的保有量预测模型，预测燃料电池汽车的保有量。第三，综合以上模型给出中国汽车保有量预测结果，以及给出各种车型分布的预测结果。第四，给出中国汽油车年平均油耗预测模型，包括汽油车单位里程汽油消耗预测模型和汽油车年平均行驶里程预测模型，综合两个模型的预测结果，给出中国汽油车的年平均汽油消耗量的预测结果。第五，根据上文提出的中国汽油需求预测组合模型框架，给出中国汽油需求的总预测结果，并进行了分析和讨论。第六，使用指数平滑法和蒙特卡洛方法进行汽油需求预测研究，并与突变方法做对比；使用系统动力学建模分析模型参数对预测结果的摄动影响规律，并对本书的汽油需求预测方法和建模过程进行分析和讨论。本章的研究实际是中国汽油需求突变理论的应用。

6.1 中国汽车总保有量预测研究

中国30个省份的汽车保有量面板数据，反映了全国以及各省份的汽车保有量特征，特别是汽车保有量增长率的数据特征，对于汽车保有量的预测研究具有参考价值。此外，汽车保有量测算过程中一个重要指标是每千人的汽车保有量。因此本节将首先分析中国汽车保有量面板数据的数据特征；其次分析世界各国千人汽车保有量的特征和成因，提出对中国汽车保有量的假设；最后用历史数据与假设相结合，预测中国的汽车总保有量。

6.1.1 中国汽车保有量面板数据的特征分析

本章所指汽车保有量即轻型汽车（Light Duty Vehicle，LDV）保有量，是指汽油车或与汽油车同级别可以替代汽油车的机动车辆的保有量。根据1995—2018年中国30个省份轻型汽车保有量的面板数据[①]，可以计算得到1996—2018年的轻型汽车保有量增长率的面板数据，绘制得到轻型汽车保有量增长率面板数据的省份分布图和轻型汽车保有量增长率面板数据的年份分布图，分别如图6－1和图6－2所示。从图中可以看出，各省份汽车保有量增长率在不同年份尽管存在差距，但是总体增长率水平相对一致，平均值大致维持在15%；各年份增长数据有一定差异，总体上增长率呈先上升后下降趋势。

根据所有省份的综合面板数据可以绘制轻型汽车保有量增长率面板数据的总体分布图，如图6－3所示。图中所有散点形成一个短粗的纺锤形，“纺锤”的中部较粗而上下两端纤细。数据相对集中在［0.05，0.24］区间，该区间外的数据分布极少，这是“纺锤”短粗的原因。根据箱形图的

① 数据来源于国家统计局“分省年度数据”；全国共34个省级行政区，香港、澳门、台湾和西藏数据暂缺。

箱线的含义和对应的数据值，数据的中间值为 14. 611%，数据大小位于最中间的 50% 的轻型汽车保有量增长率集中在 10. 223% ~19. 149% 的范围；数据大小位于最中间 80% 的数据，集中在 5. 068% ~23. 738% 的范围。

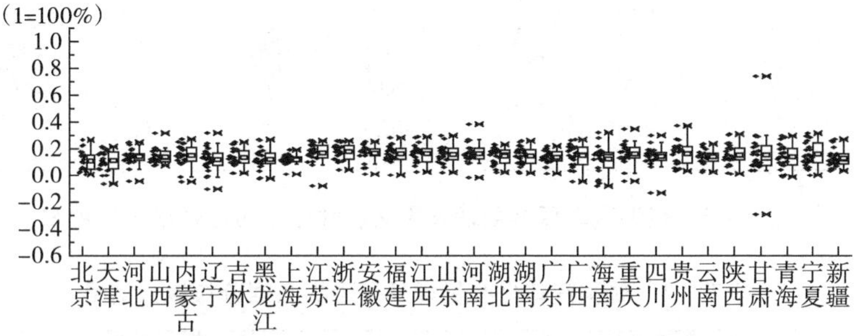

图 6 －1　轻型汽车保有量增长率面板数据的省份分布

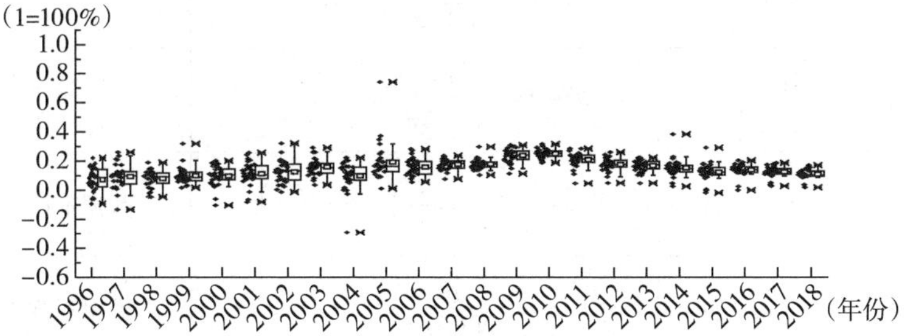

图 6 －2　轻型汽车保有量增长率面板数据的年份分布

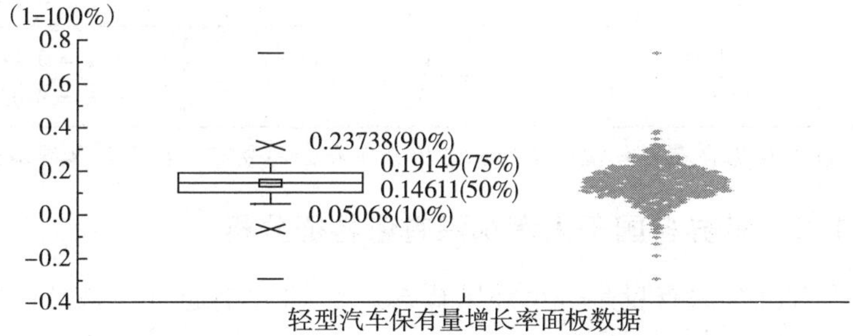

图 6 －3　轻型汽车保有量增长率面板数据箱形图和散点分布

根据增长率面板数据分别使用正态分布、对数正态分布等进行分布拟合，得到的结果如图 6 －4 和表 6 －1 所示。根据拟合结果的图形比较，正态分布的误差最小，因此可以确定轻型汽车保有量增长率面板数据基本符合于正态分布。

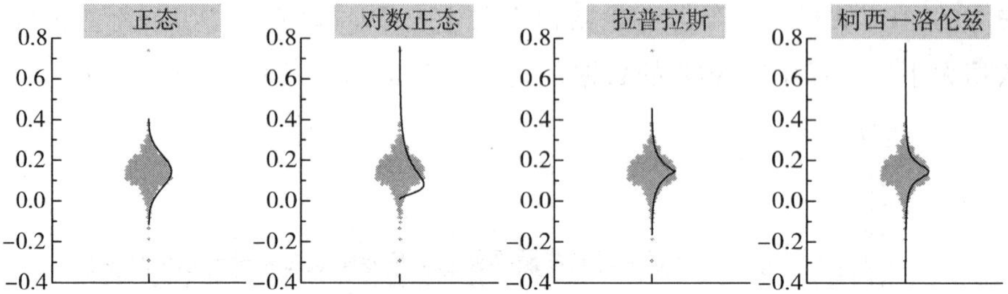

图6－4　轻型汽车保有量增长率面板数据分布拟合结果示意图

表6－1　轻型汽车保有量增长率面板数据分布拟合结果

序号	分布类型	分布函数	拟合结果
1	正态分布	$f(x)=\frac{1}{\sqrt{2\pi}\sigma}\cdot e^{-\frac{(x-x_0)^2}{2\sigma^2}}$	$x_0=0.14479$ $\sigma=0.07951$
2	对数正态分布	$f(x)=\frac{1}{x\sigma\sqrt{2\pi}}\cdot e^{-\frac{(\ln x-\mu)^2}{2\sigma^2}}$	$\mu=-2.02512$ $\sigma=0.68325$
3	韦伯分布	$f(x)=\frac{k}{\lambda}\cdot\left(\frac{x}{\lambda}\right)^{k-1}\cdot e^{-\left(\frac{x}{\lambda}\right)^k}$	数据不符合该分布
4	伽马分布	$f(x)=\frac{\beta}{\Gamma(\alpha)}\cdot x^{\alpha-1}\cdot e^{-\beta}$	数据不符合该分布
5	柯西—洛伦兹分布	$f(x)=\frac{1}{\pi}\cdot\frac{\gamma}{(x-x_0)^2+\gamma^2}$	$x_0=0.14611$ $\gamma=0.04463$
6	拉普拉斯分布	$f(x)=\frac{1}{2\lambda}\cdot e^{-\frac{\lvert x-\mu\rvert}{\lambda}}$	$\mu=0.14611$ $\lambda=0.05852$

注：散点数据存在负数值，不符合韦伯分布和伽马分布，拟合计算得不到参数值。

6.1.2　世界各国千人汽车保有量特征分析

每千人汽车保有量是一个地区概念，它的大小通常与该地区的某些因素（例如经济发展水平、地区人口密度、交通需求总量、交通运输需求构成、交通运输结构、生活习惯和意识形态等）相关。根据其他国家的经验，每千人汽车保有量通常与3个因素相关：一是历史原因形成的交通习惯的差异；二是地区的经济发展状况；三是地区的人口密度。其中，第一条和第三条存在一定程度的相互关联，地区的人口密度可能是造成交通习惯差异重要原因。造成交通习惯差异的其他原因也可能包括该地区的经济发展路径的历史，比如美国汽车工业发展早、发展快，美国石油资源相对丰富（1950 年以前美国石油产量长期超过世界总产量的 50%）、汽柴油价格较低，美国的人口密度相对较低等因素，共同促进了美国汽车文化的形成，进而造成美国的千人汽车保有量保持较高水平；而对于发展中国家而言，汽车工业的发展在时间上落后于经济总体发展，发展中国家普遍表现为由政府主导的公共交通占较大比重，汽车保有量普遍远低于美国。根据世界银行的统计数据，2019 年世界主要国家千人汽车保有量等相关数据如表 6 - 2 所示。

表 6 - 2　2019 年世界主要国家千人汽车保有量等相关数据

排名	国家	千人汽车保有量		国家分类	人均 GDP（美元）		人口密度
		数量	分类		数值	分类	人/千米^2
1	美国	837	>500	发达国家	62600	>3 万	33
2	澳大利亚	747	>500	发达国家	57300	>3 万	3
3	意大利	695	>500	发达国家	34300	>3 万	201
4	加拿大	670	>500	发达国家	46100	>3 万	4
5	日本	591	>500	发达国家	39300	>3 万	335
6	德国	589	>500	发达国家	48670	>3 万	232
7	英国	579	>500	发达国家	42500	>3 万	271
8	法国	569	>500	发达国家	41500	>3 万	123
9	韩国	438	>400	发达国家	31400	>3 万	513
10	马来西亚	433	>100	发展中国家	11200	>5000	98
11	俄罗斯	373	>100	发展中国家	11300	>5000	9
12	巴西	350	>100	发展中国家	8921	>5000	24
13	墨西哥	297	>100	发展中国家	9698	>5000	63
14	沙特阿拉伯	209	>100	发展中国家	23200	>5000	16
15	土耳其	199	>100	发展中国家	9311	>5000	105
16	伊朗	178	>100	发展中国家	5258	>5000	49
17	南非	174	>100	发展中国家	6340	>5000	46
18	中国	173	>100	发展中国家	9201	>5000	144
19	印度尼西亚	87	<100	发展中国家	3894	<5000	138

续表

排名	国家	千人汽车保有量		国家分类	人均 GDP（美元）		人口密度
		数量	分类		数值	分类	人/千米^2
20	尼日利亚	64	<100	发展中国家	2028	<5000	204
21	印度	22	<100	发展中国家	2016	<5000	404

由表6－2可知：人均GDP超过3万美元的发达国家，普遍有较高的千人汽车保有量；汽车文化强势或汽车产业发达的国家，普遍拥有更高的千人汽车保有量；人口密度越低的国家，普遍拥有越高的千人汽车保有量。

综上所述，发达国家的千人汽车保有量长期处于较稳定的水平，可以作为中国经济发展到发达国家水平时千人汽车保有量预测的重要参考。根据中国的实际情况：①人均GDP达到3万美元是发达国家的重要指标，当前中国的人均GDP与发达国家还有较大差距，按照每年5%的人均GDP增速，达到人均3万美元，从2020年开始大约需要25年；考虑到人均GDP的实际增速在未来25年可能有所降低、中国人口政策可能导致人口增长速度略微快于之前的预期等因素的影响，中国人均GDP实际可能在2050年前后达到3万美元。②在中国经济快速发展的历史阶段（1978—2019年），交通运输需求的增长快于中国汽车工业的发展速度，中国的大量交通需求通过公共交通得到满足，高铁、地铁和城市公交巴士系统非常发达，公共交通对家用汽车形成替代效应，中国既没有形成强势的汽车文化，也没有形成强大的汽车产业；近年来中国的汽车产业在快速发展是不争的事实，但是在发达公共交通系统的影响下，中国的汽车文化和汽车产业势必不会形成如同美国的态势，中国的千人汽车保有量势必远低于美国的水平。③按照第五次人口普查确定的胡焕庸线两侧的土地和人口比例，根据2019年的中国人口数据，2019年胡焕庸线东南部的人口密度约是309人/千米^2，（以较粗的尺度衡量）与日本、韩国、英国、法国、德国、意大利等国家处在相近的数量级。

根据上文的分析本书假设：①到2050年前后，中国的人均GDP达到3

万美元；②2050 年以前，中国胡焕庸线东南部的人口密度维持在 350 人/千米^2 以下；③2050 年中国的千人汽车保有量达到峰值，约 450 辆。本节以上部分提到的汽车保有量是指总的汽车保有量，包括柴油车和汽油车，根据中国 LDV 和其他汽车（主要是柴油车）保有量的比例关系①（2018 年保有量，LDV: 其他汽车≈19:1），本书假设 2050 年中国 LDV 千人保有量约为 430 辆。2002—2018 年中国汽车保有量、LDV 保有量及 LDV 保有量在汽车总保有量中所占比例如图 6－5 所示。

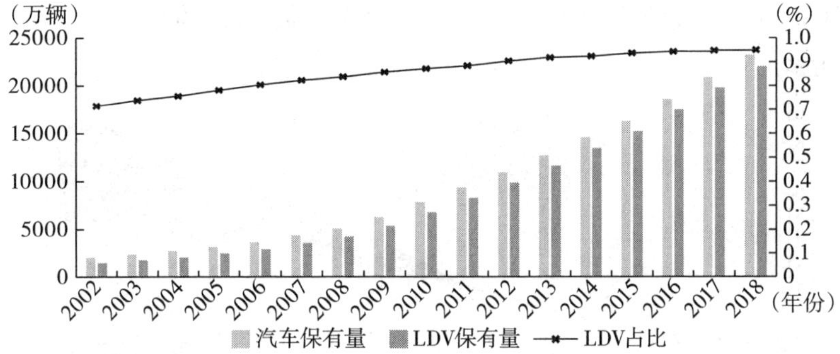

图 6－5　2002—2018 年中国汽车保有量、LDV 保有量及 LDV 保有量在汽车总保有量中的占比

6.1.3　中国汽车总保有量预测

根据轻型汽车保有量增长率面板数据符合正态分布的结论，可以使用蒙特卡洛方法，模拟出轻型汽车保有量的范围。具体方法是根据上文分布拟合回归得到的正态分布及其期望和方差值，即如下式。

$$f(x) = \frac{1}{\sqrt{2\pi}\sigma} \cdot e^{-\frac{(x-x_0)^2}{2\sigma^2}}\text{，其中 } x_0 = 0.14479\text{，}\sigma = 0.07951$$

使用随机方法产生一组轻型汽车保有量增长率的数据，并作用于已有的保有量历史数据，得到蒙特卡洛模拟的一个分支，把以上过程重复 1000 次，即可得到蒙特卡洛模拟的轻型汽车保有量预测。需要注意的是，该模

① 这里需要注意的是尽管汽油车的数量远高于柴油车，但是每辆柴油车平均成品油消费量远高于汽油车。

拟过程没有考虑当中国的人均汽车保有量达到一定数值后，汽车消费的边际效用必然降低，汽车的增长率会出现更大下降趋势，因此该模拟的预测结果可能是偏低的。根据增长率的随时间推移在平衡点左右对称分布特点，强制使增长率的分布更多地随时间推移向分布函数值更小的方向偏转，可以得到更符合人均汽车保有量对比发达国家略小的预测结果，作为该保有量的最终参考范围。蒙特卡洛方法的轻型汽车保有量预测结果如图 6－6所示；蒙特卡洛模拟结果的散点分布如图 6－7 所示。根据模拟结果，2035 年中国轻型汽车保有量大概率分布 4 亿～7 亿辆。

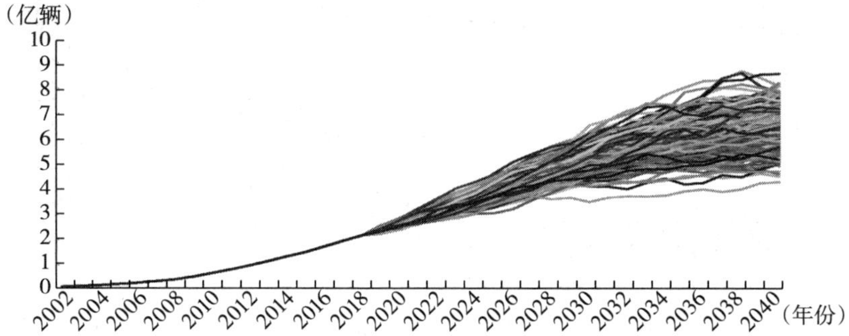

图 6－6　中国轻型汽车保有量蒙特卡洛模拟结果

注：MS Word 图表只允许展示 255 组数据，全部数据将展示于散点分布图。

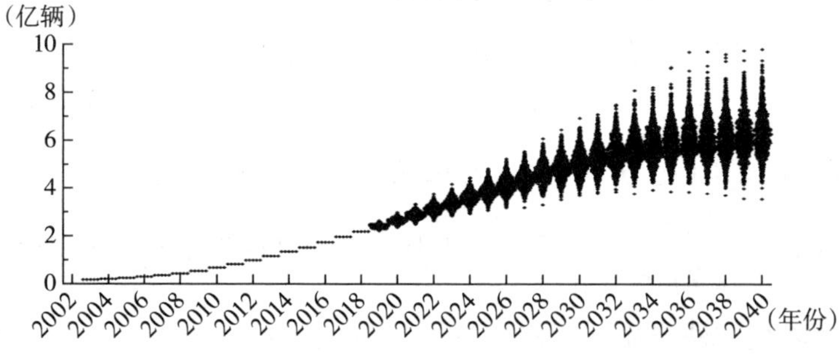

图 6－7　中国轻型汽车保有量蒙特卡洛模拟结果的散点分布

根据上文的分析和假设，中国 LDV 千人保有量 2050 年达到峰值约 430 辆。LDV 的实际保有量等于 LDV 千人保有量除以 1000，再乘以中国的人口。2018 年底中国人口约 13.95 亿人，根据联合国《世界人口展望 2019》的预测，中国人口将在 2030 年前后达到峰值 14.5 亿人，随后逐渐下降至

2050年的14亿人。根据以上分析，2050年中国的LDV保有量为5.5亿～6亿辆。根据相关研究结果汽车保有量增长率的最佳拟合曲线是高斯曲线，本书假设中国LDV的销量增长率符合高斯分布。中国汽车保有量、LDV保有量及LDV保有量增长率的历史数据如图6－8所示。

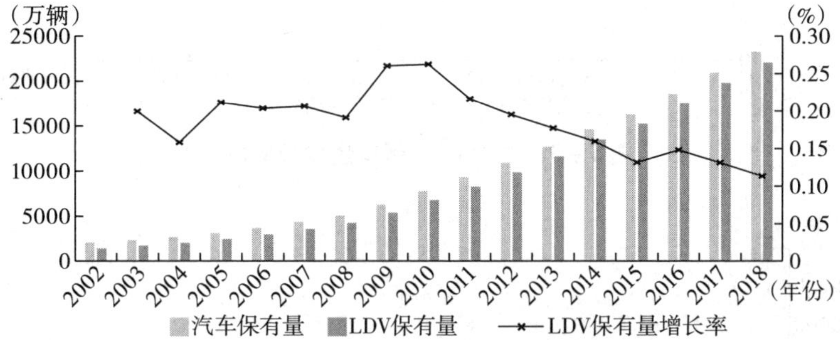

图6－8　2002—2018年中国汽车保有量、LDV保有量及LDV保有量增长率

图6－8中，中国LDV保有量的增长率趋势确实符合高斯分布“中间高、两边低”的特征。根据上文中国LDV保有量增长率的面板数据分布拟合，LDV保有量的增长率符合高斯分布。根据高斯公式，代入相关数据，得到的高斯公式集合结果如式（6－1）所示（括号内是参数的最小值和最大值，即取值范围）。

$$\begin{cases} f(x) = \alpha \cdot e^{-\frac{(x-\beta)^2}{2\gamma^2}} \\ \alpha = 0.223(0.203, 0.243) \\ \beta = 2008.5(2007.3, 2009.7) \\ \gamma = 7.621(5.76, 9.481) \end{cases} \tag{6-1}$$

根据式（6－1）绘制的中国LDV保有量增长率曲线如图6－9所示。

根据中国LDV增长率的预测数据，可以得到LDV保有量的预测曲线，如图6－10所示。

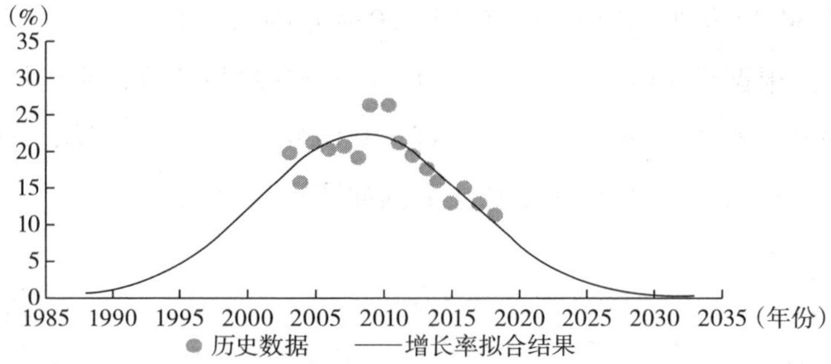

图 6－9　中国 LDV 保有量增长率曲线

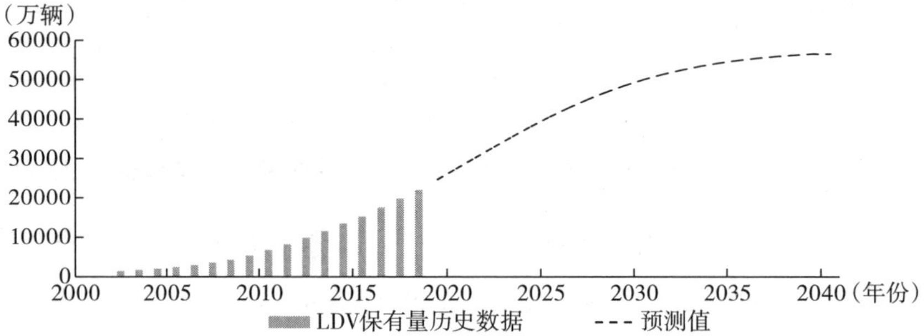

图 6－10　中国 LDV 保有量的预测曲线

6.2　中国新能源汽车保有量预测研究

与以往使用历史数据的外推法研究纯电动汽车保有量的方法不同，本书的研究思路是，首先假设中国纯电动汽车的销量①增长率符合高斯函数，使用高斯函数拟合的方法预测在不发生突变的情况，中国纯电动汽车保有量的变化趋势。其次假设中国纯电动汽车保有量符合尖点突变，然后利用尖点突变的突变歧点的控制变量方程，研究和确定中国纯电动汽车保有量发生突变的边界条件。最后根据突变边界条件，设定包含系统突变的中国纯电动汽车保有量预测模型，并最终作为中国汽油需求预测系统动力学模型的一部分，用于中国汽油需求预测研究。

① 仅限于新车销量，不包含二手车销量，下文与此处相同。

6.2.1　基于尖点突变模型的电动汽车保有量突变边界条件研究

电动汽车在未来的保有量和在汽车保有量中的比例，将对未来的汽油需求产生重大影响。本节将使用突变原理和尖点突变模型研究中国电动汽车保有量的突变边界条件。

尖点突变是梯度动力学系统的一个特例。梯度动力学系统的公式如式（6－2）所示。

$$\frac{\mathrm{d}x}{\mathrm{d}t} = -grad_x F(x,a) \tag{6-2}$$

式（6－2）中，x 和 a 是实向量，x 表示系统状态，a 表示系统的控制变量；t 表示时间；$\frac{\mathrm{d}x}{\mathrm{d}t}$ 表示系统状态对时间的导数；$grad_x$ 表示求 x 方向的梯度；$F(x,a)$ 是 x 和 a 的函数，表示该梯度系统的势函数。根据势函数的定义，$F(x,a)$ 需要满足以下条件：① $F(x) \geqslant 0, x \in (-\infty,\infty)$；②存在 x_0 使得 $F(x)$ 在 $(-\infty,x_0)$ 上单调递增，在 (x_0,∞) 上单调递减，并称 x_0 为此势函数的中心点，$F(x_0)$ 为此函数的高度。

尖点突变的势函数公式如式（6－3）所示。式中，u 和 v 是控制变量向量 a 的分量表示。

$$F = x^4 + ux^2 + vx \tag{6-3}$$

因此尖点突变的平衡位置方程如式（6－4）所示。

$$grad_x F = 4x^3 + 2ux + v = 0 \tag{6-4}$$

尖点突变的流形和方程及其分叉集方程如图 6－11 所示。平衡位置方程对应图中上方的曲面，根据拓扑学该曲面是一个流形，被称为尖点突变流形（简称流形）。

在尖点突变流形上，同一组控制变量（u,v）对应的流形上的位置可以是 1～3 个，根据对应点个数的不同，可以把流形分为上中下三叶，其中上叶和下叶的平衡位置稳定，中叶平衡位置不稳定并势函数取极大值。求解流形的竖直切线位置，即式（6－5）是尖点突变的突变边界点满足的条件。

$$grad_x(grad_x F) = 12x^2 + 4u = 0 \tag{6-5}$$

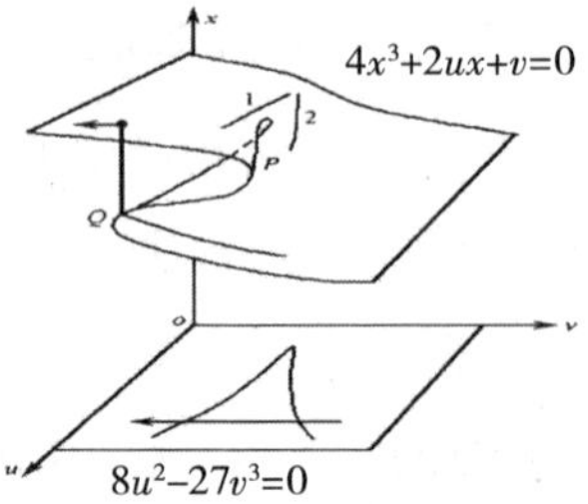

图 6－11　尖点突变流形和方程及其分叉集方程

利用式（6－4）和式（6－5）消去 x 可得突变分叉集方程，如式（6－6）所示。

$$8u^2-27v^3=0 \tag{6-6}$$

根据上文的理论，中国纯电动汽车保有量符合尖点突变，即中国纯电动车保有量的变化规律符合尖点突变流形，当控制变量连续变化并经过突变点构成的分叉集时，中国纯电动汽车（EV）的保有量发生突变。中国纯电动汽车保有量的突变过程如图 6－12 所示。图中下平面的箭头方向表示纯电动汽车影响因素作为控制变量的连续变化趋势，当控制变量经过分叉集时，中国纯电动汽车保有量在图中 Q 点发生突变。

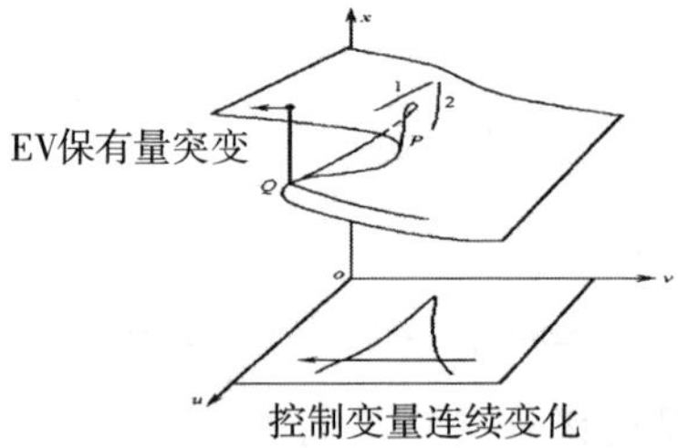

图 6－12　中国纯电动汽车保有量的突变过程

根据中国纯电动汽车保有量符合尖点突变的假设，可以假设式（6－6）的方程形式即突变发生的边界条件。假设中国纯电动汽车保有量突变的边界条件方程满足的条件如式（6－7）所示。

$$au^2=v^3 \tag{6-7}$$

然而要确定中国纯电动汽车保有量突变的边界条件还需要假设边界条件的关键点位置，以及确定突变条件在坐标轴上的截距等变量的数值。根据对中国纯电动汽车历史数据的分析，特别是不同车型的参数和销量数据，电动汽车销量的主要制约是：制造成本和销售价格偏高；电池的续航里程低和充电速度慢。数据显示，某品牌 A0 级（微型汽车，普遍以两乘员为设计主流）电动汽车售价降到 10 万元、续航里程达到 300 千米时，销量大幅上升；某品牌 A1 级（主流型号的紧凑型轿车或紧凑型 SUV）电动汽车售价降至 15 万元、续航里程达到 270 千米时，销量开始增长。根据以上情况，中国电动汽车销售开始接近销量爆发的增长点，但是显然车辆价格和续航里程与消费者需求之间还有差距，根据已经出现的销售突然增长的情况，可以判断出整车价格 10 万元、续航里程 400 千米很可能是消费者的心理预期，因此本书对中国纯电动汽车保有量突变的条件作出以下两种设置：①如果主流 A1 级（主流型号的紧凑型轿车或紧凑型 SUV）纯电动汽车的整车价格下降到 10 万元、电池续航里程达到 400 千米（冬季除外），则中国纯电动汽车保有量发生突变；②如果主流 A1 级纯电动汽车的整车价格下降到 10 万元、电池续航里程达到 600 千米（冬季除外），则中国纯电动汽车保有量发生突变。设 A1 级纯电动车续航里程（单位是千米）用 u 表示，价格（单位是万元）用 v 表示。则以上假设对应两组不同的控制变量的取值：①$u = 400$ 千米时，$v = 10$ 万元；② $u = 600$ 千米时，$v = 10$ 万元，代入式（6-10），保留突变边界条件中数值大于零的分叉，得到中国纯电动汽车保有量突变的边界条件。根据以上两式可以画出中国纯电动汽车保有量两种不同的突变边界条件示意图，如图 6-13 所示。

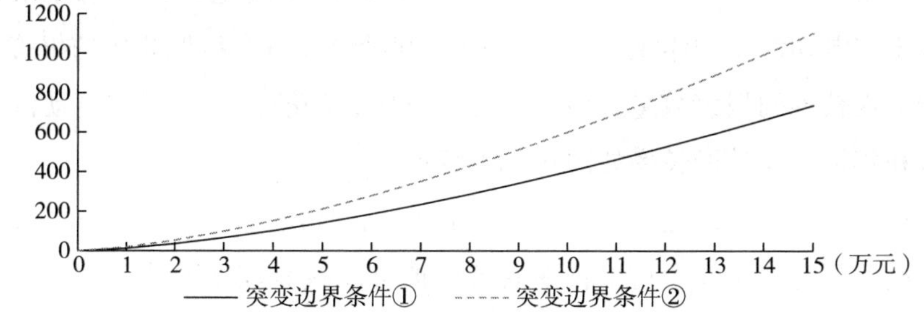

图 6-13　中国纯电动汽车保有量两种不同的突变边界条件

6.2.2 基于突变理论的中国电动汽车保有量预测研究

在电动汽车保有量预测的相关研究方面，Rietmann 等[156]使用 2010—2018 年的实际销售数据，基于 Logistic 增长模型对五大洲 26 个国家的电动汽车库存进行了长期预测；研究结果表明，到 2032 年，全球 30% 的乘用车将是电动汽车，但是各国间存在巨大差异。Rietmann 等的预测结果毫无疑问是非常激进的，但是根据电动汽车的历史销量和增长率，电动汽车的销量和保有量在未来大量增加将是大概率事件。

根据国家对电动汽车的定义，电动汽车是指符合国家道路交通和安全法规要求，可以获得正式机动车牌照，可以正常上路行驶的电动车辆。根据 JATO 咨询公司数据，欧洲 24 个国家 2010 年电动汽车销量共 1337 辆，彼时欧洲的电动汽车生产和销售产业起步。2009 年，中国正式启动新能源汽车的示范推广。根据中国汽车协会的统计数据，2011 年中国纯电动汽车销量超过 5000 辆，保有量达到 6000 多辆，2011 年被本书确定为中国纯电动汽车生产和销售的起始（2009—2011 年的数量较少，不属于规模化的工业和商业发展阶段，本书将不予讨论）。

纯电动汽车动力电池的使用年限是 5 ~ 8 年。截至 2019 年底，A1 型家用纯电动轿车生产成本的 40% 是动力电池成本。而且，购买纯电动车新车可以享受政府补贴，旧车更换电池不享受政府补贴。综合多方面考虑，本书把纯电动汽车的实际使用年限，即报废年限假设为 8 年。纯电动汽车的实际年增量等于年销量减去年报废量，根据以上假设，2011—2019 年，纯电动汽车的报废数量为 0，所以 2011 年至 2019 年纯电动汽车的年增量实际等于纯电动汽车的年销量，自 2020 年起纯电动汽车按照 8 年的报废年限开始出现较多的报废数量。根据中国汽车协会的统计，中国纯电动汽车保有量和年销量及其增长率如图 6 - 14 所示。

在图 6 - 14 中，纯电动汽车年销量的增长率出现中间高两边低的现象，根据相关研究汽车保有量增长率的最佳拟合曲线是高斯曲线，因此本书假设纯电动汽车的销量增长率符合高斯分布，即假设中国纯电动汽车销量的增长率符合高斯分布，如式（6 - 8）所示，其中 α、β、γ 是待回归的

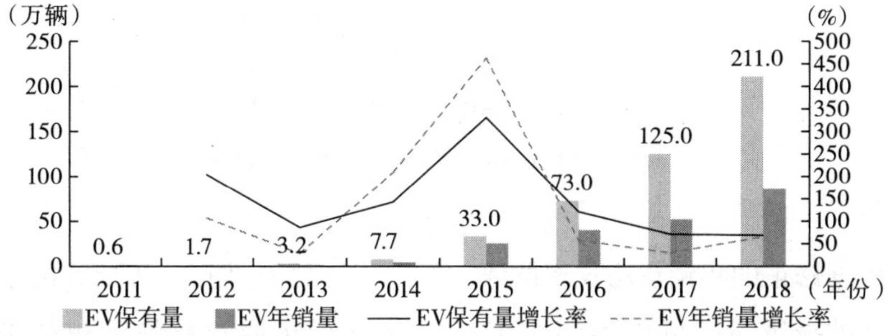

图 6－14　中国纯电动汽车（EV）保有量和年销量及其增长率

数据来源：中国汽车协会。

参数。

$$f(x) = \alpha \cdot e^{-\frac{(x-\beta)2}{2\gamma^2}} \tag{6-8}$$

将中国纯电动汽车年销量的增长率数据代入式（6－8），得到的直接拟合结果如式（6－9）所示（括号内是参数的最小值和最大值，即取值范围）。

$$\begin{cases} f(x) = \alpha \cdot e^{-\frac{(x-\beta)2}{2\gamma^2}} \\ \alpha = 4.944125(2.633, 7.252) \\ \beta = 2014.78(2014.40, 2015.15) \\ \gamma = 0.5962(0.259, 0.9335) \end{cases} \tag{6-9}$$

根据中国纯电动汽车年销量的实际增长情况，直接拟合的结果存在增长分布过于集中的问题（“尖峰”问题，不符合中国纯电动汽车年销量增长率的实际情况）。因此本书在直接拟合结果的基础上，对拟合函数 $f(x)$ 中的 γ 值进行了控制，经过反复试验和矫正，设 $\gamma = 8$，从而人为地使年增长率的分布在形态上更“扁平”，也使拟合结果更能反映中国纯电动汽车年销量增长率的实际情况，经过修正的拟合结果如式（6－10）所示（括号内是参数的最小值和最大值，即取值范围）。

$$\begin{cases} f(x) = \alpha \cdot e^{-\frac{(x-\beta)^2}{2\gamma^2}} \\ \alpha = 0.7740(-0.805, 2.350) \\ \beta = 2011.81(1973.23, 2050.46) \\ \gamma = 8 \end{cases} \tag{6-10}$$

根据修正的年销量增长率曲线，结合实际销量数据，用预计的销量减去预计的报废量，可以得到中国纯电动汽车年增长量的预测结果，如图 6－15 所示。

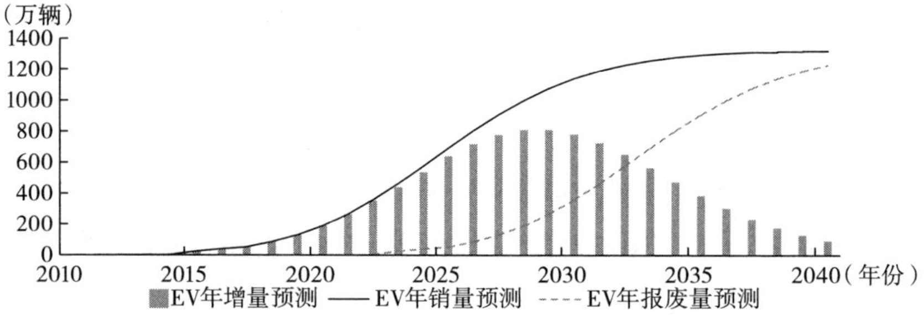

图 6－15　中国纯电动汽车年销量、年报废量和年增量的预测结果

根据中国纯电动车年增量的预测数据，可以得到 EV 保有量的预测曲线，如图 6－16 所示。

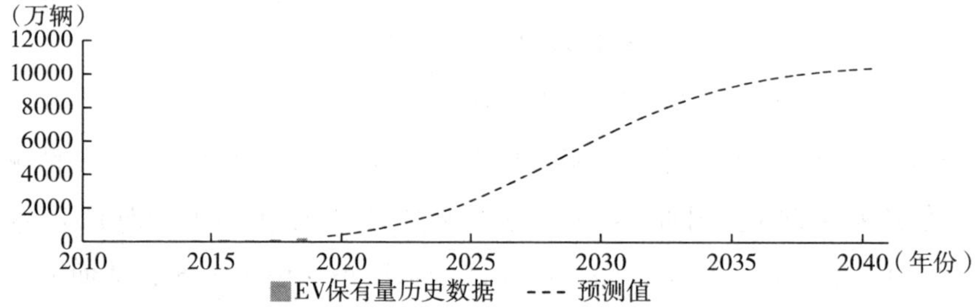

图 6－16　中国纯电动车保有量的预测曲线

假设当纯电动汽车的技术水平作为控制变量达到突变边界条件时，中国纯电动汽车保有量将会发生突变。其中，突变边界条件①的表达式为 $u^2 = 160v^3$，u 表示续航里程（单位是千米），v 表示汽车售价（单位是万元）。该边界条件是由本书第 169 页的假设①得出的，其中假设①即“如果主流 A1 级（主流型号的紧凑型轿车或紧凑型 SUV）纯电动汽车的整车价格下降到 10 万元、电池续航里程达到 400 千米（冬季除外），则中国纯电动汽车保有量发生突变”。控制变量达到边界条件①情况的纯电动汽车销量增长率函数设为式（6－11）（括号内是参数的最小值和最大值，即取值范围）。

$$\begin{cases} f(x) = \alpha \cdot e^{-\frac{(x-\beta)^2}{2\gamma^2}} \\ \alpha = 0.794(-1.581, 3.168) \\ \beta = 2010.073(1949.64, 2070.51) \\ \gamma = 9 \end{cases} \tag{6-11}$$

突变边界条件②的表达式为 $u^2 = 360 v^3$，u 表示续航里程（单位是千米），v 表示汽车售价（单位是万元）。该边界条件是由本书第 169 页的假设②得出的，其中假设②即“如果主流 A1 级纯电动汽车的整车价格下降到 10 万元、电池续航里程达到 600 千米（冬季除外），则中国纯电动汽车保有量发生突变”。控制变量达到边界条件②情况的纯电动汽车销量增长率函数设为式（6－12）（括号内是参数的最小值和最大值，即取值范围）。

$$\begin{cases} f(x) = \alpha \cdot e^{-\frac{(x-\beta)^2}{2\gamma^2}} \\ \alpha = 0.827(-2.631, 4.285) \\ \beta = 2007.991(1920.9, 2095.08) \\ \gamma = 10 \end{cases} \tag{6-12}$$

根据突变情况的年销量增长率预测结果，结合实际销量数据，用预计的销量减去预计的报废量，可以得到突变情况的中国纯电动汽车年增长量的预测结果。其中突变条件①情况的预测结果如图 6－17 所示，突变条件②情况的预测结果如图 6－18 所示。

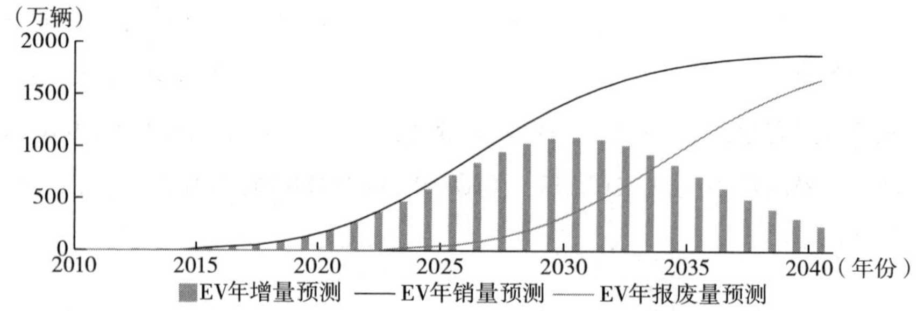

图 6－17　突变条件①情况下中国 EV 年增量的预测结果

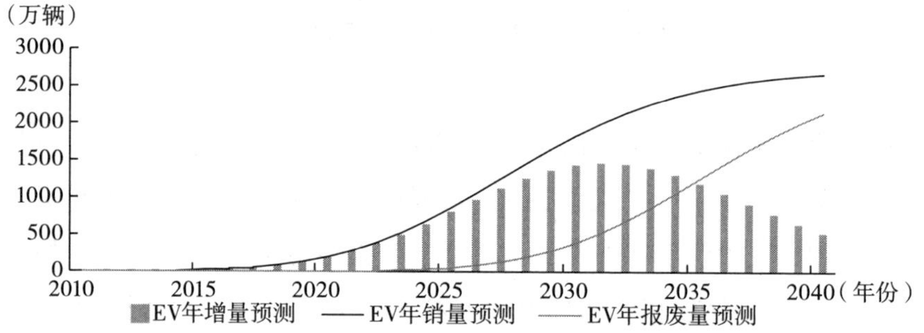

图 6－18　突变条件②情况下中国 EV 年增量的预测结果

根据中国纯电动车年增量的预测数据，可以得到不突变和突变情况 EV 保有量的预测曲线，如图 6－19 所示。

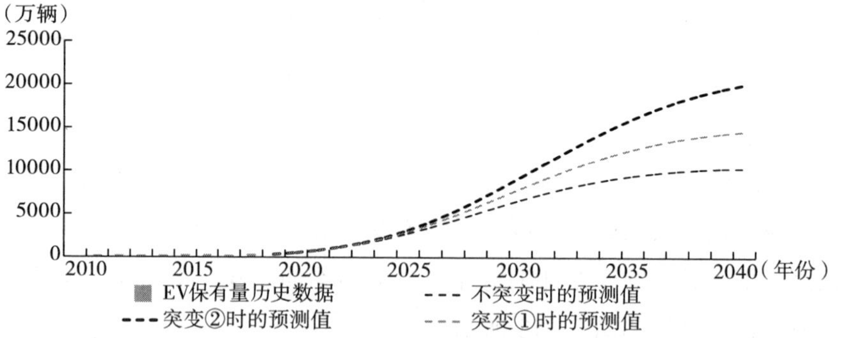

图 6－19　中国纯电动车保有量的预测曲线①

需要注意的是，图 6－19 表示的是两种突变情况下中国纯电动汽车保有

① 突变理论的应用体现在预测曲线的不唯一性，具体原理详见本书第 4.4 节。

量的上限，即两种突变情况下（根据突变的各种假设），中国纯电动汽车保有量的所有可能情况中的最大值。在实际的预测过程中，因突变时机和突变发生时系统状态的不同，实际的预测结果可能会低于图 6－19 给出的值。

6.2.3　中国燃料电池汽车保有量预测研究

在当前技术条件下，燃料电池汽车主要是氢燃料电池汽车，即氢能汽车。2019 年日本某公司推出了全球第一款正式上市销售的氢燃料电池乘用车，该车售价约合人民币 45 万元，单次加氢 400 元续航 650 千米。该车的量产和上市表明氢燃料电池乘用车的产业已逐步走上正轨。2018 年中国氢燃料电池汽车产量 1619 辆当中并不包含可以量产和正式上市销售的小型和微型乘用车，即不属于可以替代汽油车的车辆。因此本书的预测遇到了一定的数据困难，根据中国科学院院士欧阳明高提出的中国燃料电池汽车产业战略规划，中国燃料电池汽车保有量预计在 2020 年达到 1 万辆（其中客车 5000 量、城市物流车 5000 辆，乘用车和轿车市场启动），2025 年乘用车达到 10 万辆，2030 年轿车达到 100 万辆。根据测算，该规划要求燃料电池汽车的产量年均增长率达到 60%，本书把以上规划作为中国燃料电池汽车在技术渐变情况的保有量预测值，然后使用产量高斯函数增长率假设（根据相关研究，汽车保有量增长率的最佳拟合曲线是高斯曲线），拟合出增长率数据。假设中国燃料汽车产业在 2020 年起步，产量 1 万辆，增长率 40%；2025 年形成一定产业规模，产量增长率达到 80%；2030 年，市场基本成熟，产量增长率 30%；2040 年技术实现稳定，产量增长率 10%；2050 年达到成熟，产量增长率开始接近于零。由该假设得出的产量增长率数据如式（6－13）所示（括号内是参数的最小值和最大值，即取值范围）。

$$
\begin{cases}
f(x) = \alpha \cdot e^{-\frac{(x-\beta)^2}{2\gamma^2}} \\
\alpha = 0.8048(0.499, 1.110) \\
\beta = 2024.572(2022.74, 2026.407) \\
\gamma = 3.868(2.163, 5.573)
\end{cases}
\tag{6-13}
$$

燃料电池膜电极技术是氢燃料电池汽车发展的关键，膜电极占电堆成本的70%，2019年国内生产的膜电极寿命低于两万小时。按照每年两千小时的平均使用度计算，氢燃料电池汽车的平均报废年限大约是10年。假设氢燃料电池汽车的报废年限为10年，根据氢燃料电池汽车年销量增长率曲线，结合实际销量数据，用预计的销量减去预计的报废量，可以得到技术不突破情况下中国氢燃料电池汽车（FCEV）年增长量的预测结果，如图6－20所示。

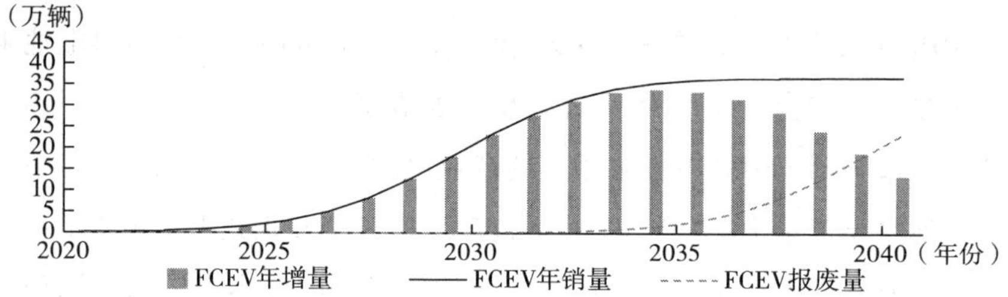

图6－20　中国氢燃料电池汽车年增长量的预测

根据本书第5.3小节的假设，中国燃料电池汽车技术可能发生技术突破，燃料电池汽车技术突破可能引起燃料电池汽车保有量的突变。突变情况下，燃料电池汽车的年销量增长率会有一定的提升，根据实际情况，假设突变情况下，产量增长率数据如式（6－14）所示（括号内是参数的最小值和最大值，即取值范围）。

$$\begin{cases} f(x) = \alpha \cdot e^{-\frac{(x-\beta)^2}{2\gamma^2}} \\ \alpha = 0.615(0.286, 0.943) \\ \beta = 2024.313(2017.39, 2031.24) \\ \gamma = 7 \end{cases} \tag{6-14}$$

假设氢燃料电池汽车的产量等于销量，根据式（6－14）可以计算出突变情况中国氢燃料电池汽车年销量增长率预测如图6－21所示，图中两线交叉点设为突变发生时刻。

依然假设氢燃料电池汽车的报废年限为10年，根据氢燃料电池汽车年销量增长率曲线，结合实际销量数据，用预计的销量减去预计的报废量，可以得到突变情况中国氢燃料电池汽车年增长量的预测结果如图6－22所示。

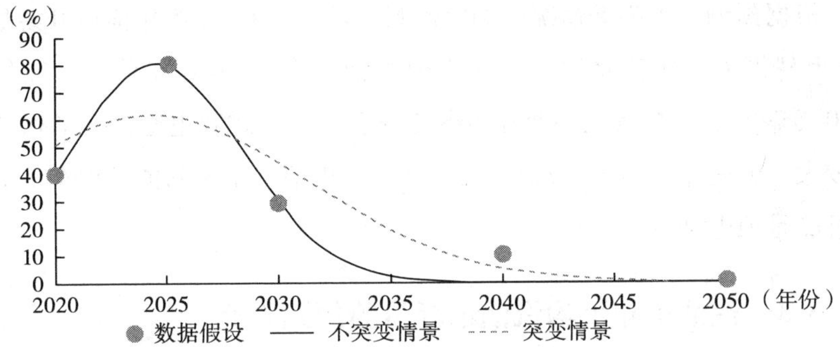

图6－21　中国氢燃料电池汽车年销量增长率预测

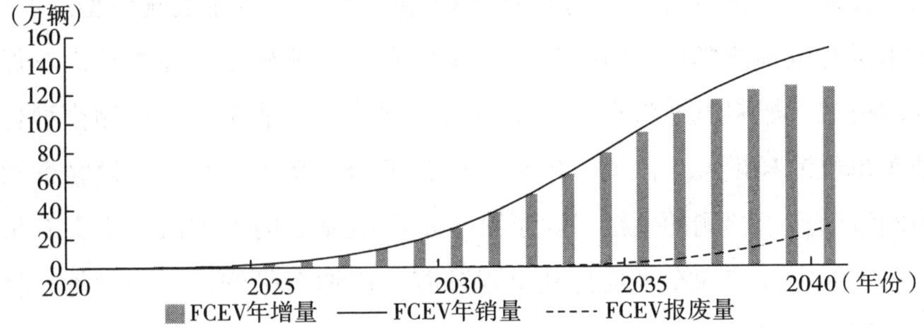

图6－22　突变情况中国氢燃料电池汽车年增长量的预测

根据不突变和突变情况中国氢燃料电池汽车年增量的预测数据，可以得到不突变和突变情况下中国氢燃料电池汽车保有量的预测曲线，如图6－23所示。

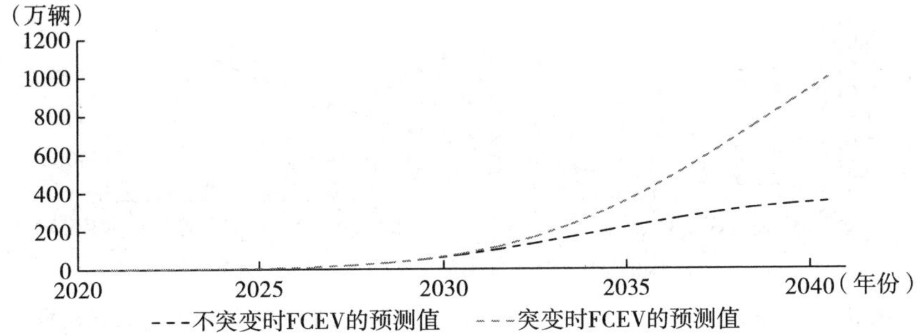

图6－23　中国氢燃料电池汽车保有量的预测曲线①

① 突变理论的应用体现在预测曲线的不唯一性，具体原理详见本书第4.4节。

根据预测，不突变情况中国氢燃料电池汽车在2045年前后开始稳定在370万辆左右；突变情况中国氢燃料电池汽车在2060年前后可以稳定在1680万辆左右。尽管在突变和不突变假设下，氢燃料电池汽车的保有量差距较大，但是相比纯电动汽车，在2060年以前，中国新能源汽车的主力依然可能是纯电动汽车。

6.3 汽油车年平均汽油消耗量的预测研究

根据第5章提出的中国汽油需求预测建模方法框架，中国汽油需求预测的组合模型包括汽油车保有量预测模型、汽油车油耗预测模型。其中，汽油车保有量预测模型又包括轻型汽车保有量预测模型、纯电动汽车保有量预测模型、燃料电池汽车保有量预测模型等；汽油车油耗预测模型包括汽油车单位油耗模型、汽油车年平均行驶里程模型等。基于该模型框架进行中国汽油需求预测的关键，除了第6章已经完成的中国汽油车保有量预测，还需要完成汽油车平均行驶里程预测、汽油车平均油耗预测等，将在下文分别予以研究。

根据中国的历史数据，随着中国轻型汽车保有量的增加，汽油车（燃油LDV）的平均汽油消耗是不断下降的。2001—2018年中国LDV保有量和燃油LDV年平均汽油消耗量如图6－24所示。

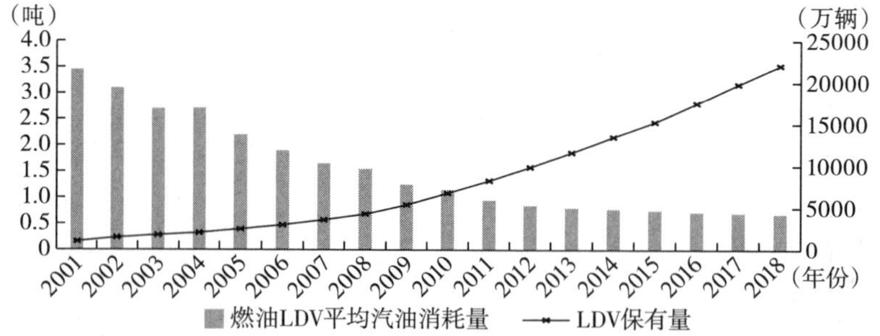

图6－24 2001—2018年中国LDV保有量和燃油LDV年平均汽油消耗量

数据来源：国家统计局、中石油规划院。

从图6－24中可以看出，中国汽油车每年的平均汽油消耗量从2001年的约3.5t下降到2018年的不足1t。造成这一下降的主要原因有两方面：

①随着汽车节油技术的进步，单位行驶里程的油耗有所下降，从（2001年）平均每百千米消耗12升汽油下降到（2018年）每百千米8升左右；②更重要的是随着轻型汽车保有量的增加，轻型汽车的使用负荷大幅下降，即轻型汽车单车的年平均行驶里程大幅下降，从（2001年）每年平均行驶3.5万千米，下降到（2018年）每年平均行驶不到1万千米。

根据1995—2017年中国30个省份汽油消费量和轻型汽车保有量的面板数据①，可以计算得到1995—2017年的轻型汽车年平均汽油需求的面板数据。根据所有省份的综合面板数据可以绘制轻型汽车年平均汽油需求面板数据的分布图（见图6-25）。从图中可以看出各省份的油耗差距正在逐年缩小，整体趋势与全国数据的趋势类似，大致符合指数函数。

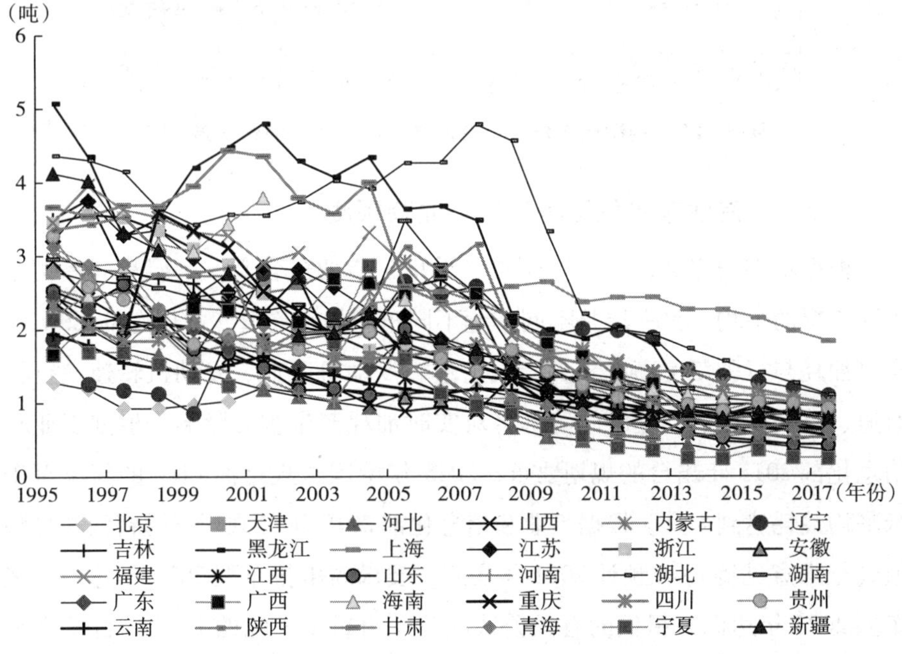

图6-25　轻型汽车年平均汽油需求面板数据分布图

为了进一步说明各省份的差距逐年减小的事实，可以根据以上数据绘

① 数据来源是国家统计局“分省年度数据”；全国共34个省级行政区，香港、澳门、台湾和西藏数据暂缺。

制面板数据的年份分布箱形图（见图 6－26）。由图可知，2008 年起箱形图的箱线纵向跨度逐渐缩小，到 2013 年缩小到极低水平，说明各省份的轻型汽车年平均油耗差异呈现明显的下降趋势；整体数值也表现一致的下降趋势，总体上符合指数函数的特征。因此，本节使用指数函数分别拟合平均油耗的下降情况和年平均行驶里程的下降情况，并进行预测。需要注意的是，平均油耗乘以年平均行驶里程，即年平均汽油需求水平。

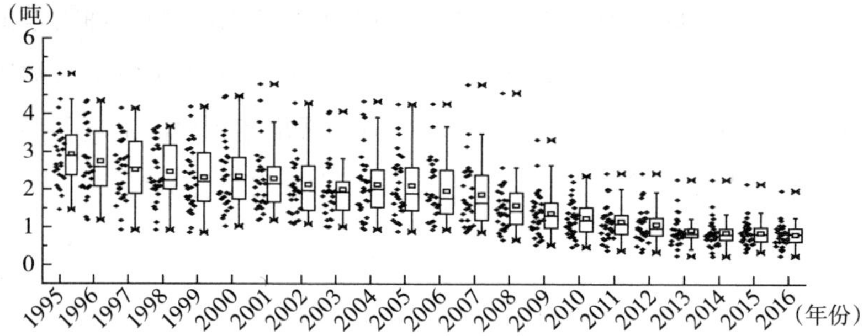

图 6－26　轻型汽车年平均汽油需求面板数据的年份箱形图

6. 3. 1　汽油车单位里程的平均油耗预测

根据本书的定义，平均油耗的“平均”有两层含义，一层是同一辆车不同工况的平均，另一层是不同车辆不同车型的平均值。常规燃油 LDV 的实时油耗与行驶工况高度相关，载重量、发动机载荷、发动机转速、行驶时速、路面状况、怠速时间等都将对实时油耗产生重要影响。根据工业和信息化部 2015 年出台的规划要求，2025 年中国常规燃油 LDV 的新车百千米平均油耗达到 4 升。根据工业和信息化部 2019 年《乘用车燃料消耗量限值（征求意见稿）》（预计 2021 年实施，要求新申报车型 2021 年达标，老车型 2023 年达标）提供的有关公式测算，自重 1. 3 吨的 LDV 的百千米油耗标准约为 8. 6 升。根据以上分析，2015 年和 2019 年工业和信息化部出台的油耗标准的要求出现了较大差异。出现如此差异的原因是，2019 年出台的标准使用的测试工况为 WLTC（全球轻型汽车测试循环），更接近 LDV 的实际使用工况，但是比原来使用的 NEDC（新标欧洲测试循环）的测试数据有所上升。主要国家和共同体燃料消耗量标准目标对比如表 6－3

所示。

表 6－3　主要国家和共同体燃料消耗量标准目标对比

国家共同体	制定时间	测试方法	2015 年		2020 年		2025 年	
			原值	换算值	原值	换算值	原值	换算值
欧盟		NEDC	130g/km	5.2L/100km	95g/km	3.8L/100km	75g/km	3L/100km
美国		WLTC	36.2mpg	6.7L/100km	44.8mpg	6L/100km	56.2mpg	4.8L/100km
日本		WLTC	16.8km/L	5.9L/100km	20.3km/L	4.9L/100km		
中国	2015 年	NEDC	6.9L/100km		5L/100km		4L/100km	
	2019 年	WLTC			8.6L/100km（新车型 2021 年，老车型 2023 年）			

数据来源：工业和信息化部装备司“乘用车燃料消耗量第四阶段标准解读”，《乘用车燃料消耗量限值（2019）》。

注：表中两次规划的数据差异来自油耗测试方法的不同，即 NEDC 工况和 WLTC 工况的差异。表中 mpg 为单位英里每加仑，即每加仑燃料所行英里数。

使用 WLTC 测试工况的数据已经较接近汽油车（燃油 LDV）的实际驾驶工况取得的油耗数据。但是 WLTC 标准需要到 2021 年正式启用，因此 2021 年前已经申报的燃油 LDV 车型的所谓工业和信息化部规划油耗与实际油耗存在较大差异，不能应用于油耗预测研究。同时需要注意的是燃油 LDV 新车平均油耗不代表存量燃油 LDV 的平均油耗，存量燃油 LDV 中包含一定数量的旧车。本书统计了来自“汽车之家”网站由普通消费者贡献的油耗数据，如图 6－27 所示。

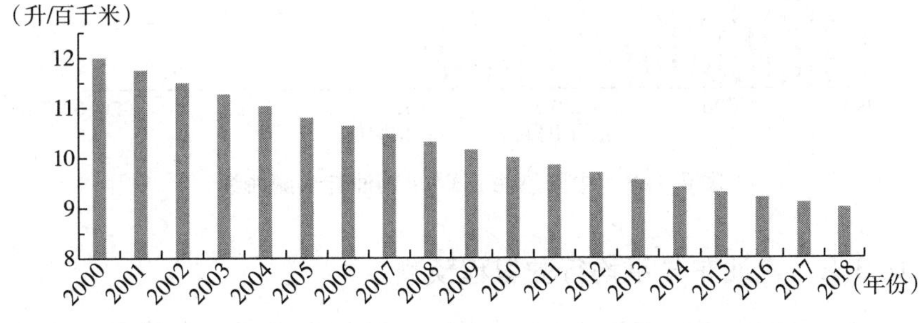

图 6－27　中国汽油车（燃油 LDV）的实际平均油耗数据

根据本书的定义，燃油 LDV 包含不插电的油电混动轻型汽车（HEV）、插电混动汽油车（PHEV），2019 年新款 B 级轿车（轿车中型车）

的 HEV 车型实际城市百千米油耗达到 4.2 升；PHEV 根据实际用电行驶里程的不同，PHEV 工业和信息化部规划油耗普遍低于 3 升/百千米。因此在不考虑经济效益的情况，根据当前（2019 年）技术水平，燃油 LDV 的平均油耗已经可以达到 4.5 升/百千米。在油耗统计过程中发现，自主品牌的燃油 LDV 的平均油耗略高于合资品牌。出于实现良好经济效益和促进中国汽车产业合理健康发展的考虑，本书假设 2030 年燃油 LDV 的平均油耗达到 5 升/百千米，2050 年达到 3 升/百千米。假设燃油 LDV 的油耗变化满足指数函数，根据指数函数拟合，得到中国燃油 LDV 的平均油耗预测如式（6－15）所示。

$$\begin{cases} f(x) = \alpha \cdot e^{-\gamma \cdot (x-\beta)} \\ \alpha = 11.84 \\ \beta = 2000.51 \\ \gamma = 0.017 \end{cases} \tag{6-15}$$

根据式（6－15）绘制的中国燃油 LDV 平均油耗预测曲线如图 6－28 所示。

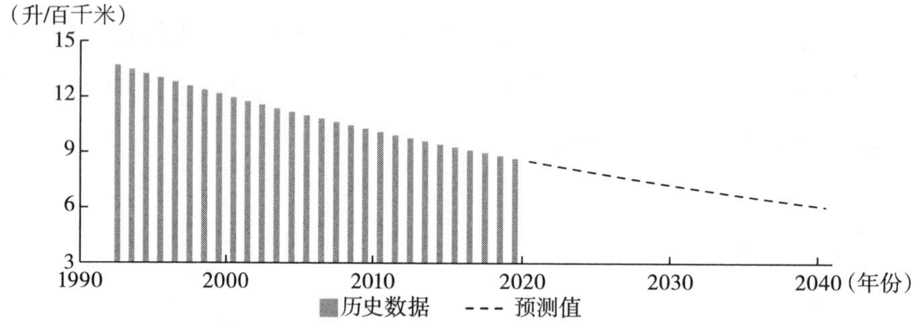

图 6－28　中国燃油 LDV 平均油耗预测曲线

6.3.2　汽油车年平均行驶里程预测

根据本书的定义，燃油 LDV 平均行驶里程是指同一自然年度内不同 LDV 车辆的年行驶里程的平均值。随着 LDV 保有量的上升，公务车、商务车和出租车在轻型汽车中比重逐渐降低，轻型汽车作为一种资源的稀缺性下降，轻型汽车单车平均使用频率降低，平均行驶里程下降。近年来（主要是自 2015 年以来），随着自动驾驶技术的进步，汽车的驾驶体验得到进一步改善，一定程度上可能促进 LDV 平均行驶里程的提高；同时，随着共享经济的发展，网约车、共享汽车的普及将一定程度地提高 LDV 的平均行驶里程。本小节对 LDV 每年行驶里程的预测需要先假设 LDV 平均行驶里程的下限和拟合函数。

6.3.2.1　关于 LDV 平均行驶里程下限的假设

本书假设 LDV 每年的平均行驶里程不小于 4000 千米，该假设的原因是根据“理性人”假设，当持有汽车的花费大于打车花费时，“理性人”将选择打车而不是持有汽车（乘坐出租车和持有汽车的经济平衡点是行驶里程 7000 千米/年，估算过程见下文）。按照 2019 年物价水平，假设购买一辆原售价 12 万元的 A1 级轻型汽车（LDV），平均每年行驶使用 7000 千米，使用 6 年后作为二手车出售。

首先，估算该车使用 6 年的折价损失，中国二手车市场的评估标准如表 6－4 所示。根据二手车残值评估标准，一辆原始售价为 12 万元（不包括购置税 11%、保险最低 950 元/年、上牌等费用 500 元）、车龄满 6 年的二手车残值为 3.96 万元，即 6 年的总折旧费用为 9.94 万元。

表 6－4　中国二手车市场价格的平均评估标准

车龄（年）	1	2	3	4	5	6	7	8	9	10	11	12
残值	80%	65%	55%	45%	38%	33%	28%	22%	17%	12%	7%	报废

注：车龄指使用满 x 年的年限，残值指占原始售价（不包含购置税、保险等）的比例。

其次，估算汽油费、汽车保养费和停车费。每年 7000 千米行驶里程，按平均油耗 8 升/百千米计算，平均油价按每升汽油 7 元计算，汽油消费约 3920 元/年，6 年总油费 2.352 万元。汽车保养，按每 1 万千米保养 1 次计算，每年行驶 4000 千米，每年保养 0.5 次，花费 400 元，6 年花费 0.24 万元。停车费按每周 20 元计算，每年 1040 元，6 年合计 0.624 万元。假设情况的汽车使用费用统计如表 6－5 所示。根据表中统计结果，按照 2019 年物价计算，6 年中每年的汽车使用的费用为 2.1926 万元。

表 6－5　假设情况下的某燃油 LDV 使用费统计

花费项目	每年花费（元）	6 年合计花费（元）
车辆折旧	13333	80000
购置税	2200	13200
上牌费用	83	500
保险费	950	5700
汽油费	3920	23520
保养费	400	2400
停车费	1040	6240
总计	21926	131560

注：假设原始售价 12 万元，每年平均行驶里程 7000 千米，使用 6 年后出售。

再次，估算 2.1926 万元用于打车（乘坐出租车）的总里程。合理化假设，每次打车的距离是 10 千米（北京打车 10 千米约 30 元），2.1926 万元可以打车 730 次，合计 7300 千米，已经超过原始假设的行驶里程（7000 千米）。

最后，根据以上计算得出，持有汽车和打车的经济平衡点是每年行驶里程 7000 千米。根据“理性人”假设，当年行驶里程小于 7000 千米时，持有汽车不再划算，理性人将选择打车而不是购买汽车。实际情况比理想状态更为复杂，考虑持有汽车的其他效应，本小节假设燃油 LDV 的平均行驶里程始终不小于每年 4000 千米。

6.3.2.2　关于 LDV 平均行驶里程拟合函数的假设

2001—2018 年中国轻型汽车（LDV）年平均行驶里程和 LDV 保有量的统计情况如图 6－29 所示，随着 LDV 保有量的增加，边际效应递减，LDV 的年平均行驶里程逐渐降低。根据以上变化趋势，假设 LDV 平均行驶里程满足指数函数。

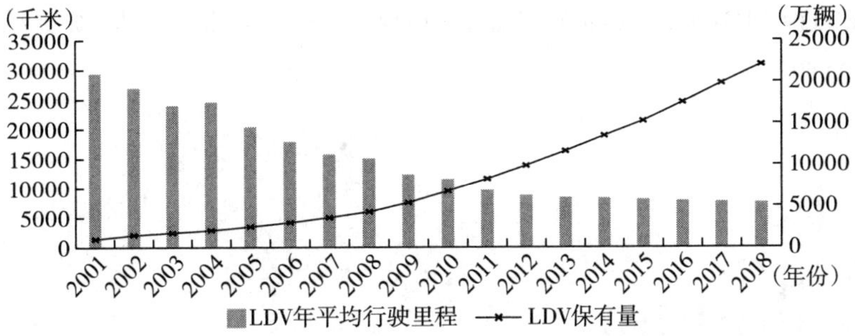

图 6－29　2001—2018 年中国 LDV 年平均行驶里程和 LDV 保有量

6.3.2.3　LDV 平均行驶里程预测结果

根据指数函数拟合，得到中国 LDV 的每年行驶里程的预测结果，见式（6－16）。

$$\begin{cases} f(x) = \alpha \cdot e^{-\gamma \cdot (x-\beta)} + 5000 \\ \alpha = 23900 \\ \beta = 2001.8 \\ \gamma = 0.1347 \end{cases} \tag{6-16}$$

根据式（6－16）绘制的中国 LDV 平均行驶里程预测曲线如图 6－30 所示。

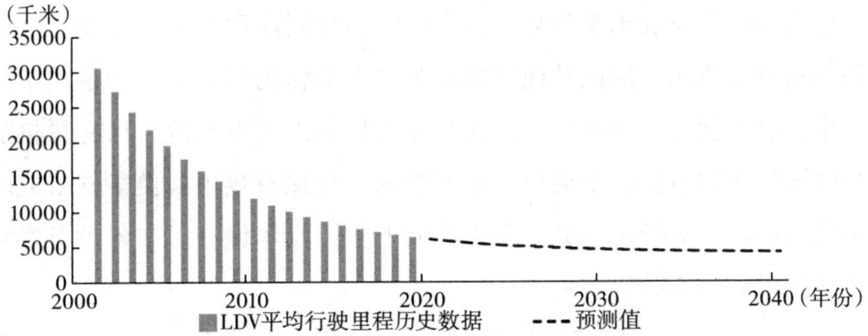

图 6－30　中国 LDV 平均行驶里程预测曲线

6.3.3　汽油车年平均油耗的预测结果

根据上文的分析，汽油车（燃油 LDV）平均汽油消耗量的预测结果等于 LDV 每年平均行驶里程与燃油 LDV 单位行驶里程平均油耗的乘积。根据上文的预测结果，汽油车（燃油 LDV）平均汽油消耗量预测结果如图 6－31所示。

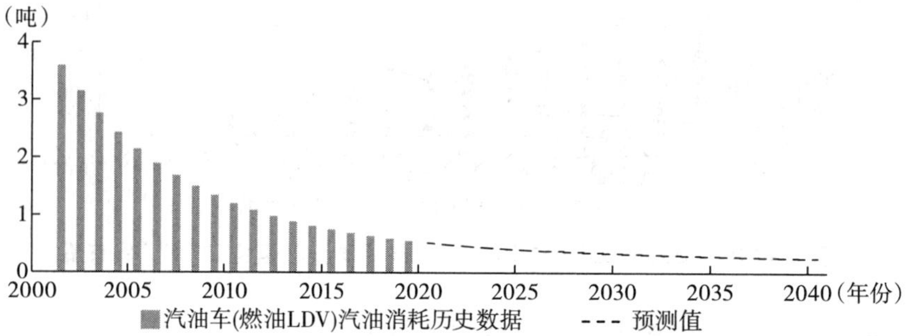

图 6－31　中国汽油车（燃油 LDV）汽油消耗量预测结果

6.4　基于突变理论的中国汽油需求预测结果

中国汽油车保有量预测结果是对上文各类汽车保有量预测结果的综合，即中国汽油车保有量等于中国轻型汽车保有量减去纯电动汽车保有量减去燃料电池汽车保有量再减去其他轻型汽车保有量。此外，中国汽油需求的预测结果等于汽油车辆保有量乘以汽油车的每年汽油消耗量。

6.4.1　中国汽车保有量预测结果

根据历史数据和未来趋势，未来中国轻型新能源汽车将主要是电动汽车和燃料电池汽车，因此其他轻型汽车在本书作为回归分析的余项予以考虑，中国汽车保有量包括中国汽油车保有量加上纯电动汽车保有量再加上燃料电池汽车保有量。不突变情形下中国汽车保有量中各类车型组成的预测结果如图 6－32 所示。最大突变情形下中国汽车保有量中各类车型组成的预测结果如图 6－33 所示。

从图 6－32 和图 6－33 中可以看出，在突变和不突变情形下，轻型汽车总的保有量是一定的，这与人民群众搭乘轻型汽车的交通出行需求和使用轻型汽车运输货物的需求相关，属于外生变量，所以本书在假设阶段，假设了在突变和不突变情形下，轻型汽车的总保有量是一致的，这一假设在预测结果中也得到了如实的呈现。轻型汽车总保有量的增长在 2000 年前后增速逐渐提高，较高的增速将持续到 2030 年前后，使得中国轻型汽车的总保有量达到 5 亿辆左右；之后，将以较低的增速增长，到 2035 年达到 6 亿辆，并在 2035 年之后长期稳定在 6 亿辆左右。

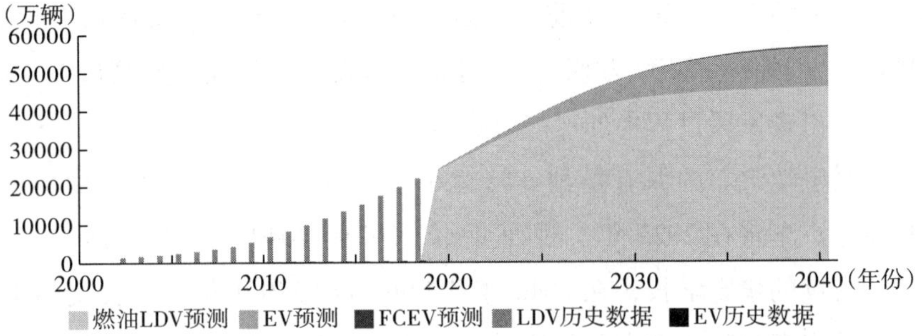

图 6－32　（不突变情形下）中国 LDV 保有量中各类车型组成的预测结果

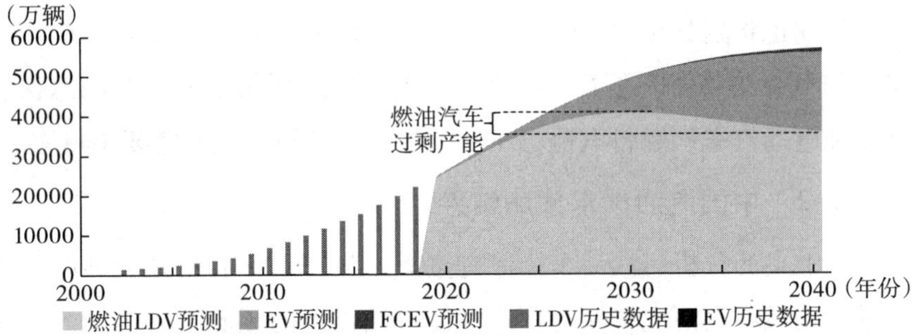

图 6－33　（最大突变情形下）中国 LDV 保有量中各类车型组成的预测结果①

注：最大突变情形下，部分燃油汽车产能将过剩，必须转产。

在不突变的情形下，纯电动汽车的保有量也将在 2035 年前后达到最大值约 1 亿辆，根据纯电动汽车使用寿命不到 10 年（动力电池寿命小于 8 年，电池成本占动力成本的 80%）的现状计算，在这种预测情形下，2035 年前后中国的纯电动汽车产能需要达到年产 1000 万辆以上（预计约 1200 万辆）。

在纯电动汽车销量突变情形下，尽管技术不突变，但是技术条件达到了销量突变的临界点，即续航 400 千米的 A1 级车型的纯电动车的销售价

① 突变理论的应用体现在预测结果的不唯一性，具体原理详见本书第 4.4 节。

格下降到（按照2019年价格水平）10万元时，纯电动汽车销量增长率发生突变。在最大突变情形下，中国纯电动汽车保有量的最大值预计在2045年前后达到，最大保有量预计为2亿辆。根据纯电动汽车寿命小于10年的假设，这种情形下，2035年前后中国的纯电动汽车产能需要达到年产2000万辆以上（预计约2400万辆）。并且在纯电动汽车最大突变情形下，燃油汽车可能出现发展过程中的产能过剩。

燃料电池汽车的保有量预计将远小于纯电动汽车。在不突变情形下，燃料电池汽车将在2025年实现商业化，2025—2040年燃料电池汽车保有量保持持续的稳定增长，在2040年达到峰值约370万辆。在突变情形下，燃料电池汽车初步实现商业化的时间预计也是2025年，假设技术突变发生在2030年前后，随后燃料电池汽车保有量增长率将明显高于不突变情形，快速增长期也将延长至2050年，并预计在2050年达到峰值约1680万辆。在突变和不突变两种情形下，相比纯电动汽车，燃料电池汽车的总保有量将低于纯电动汽车，燃料电池汽车对汽油需求的影响也明显要小得多。

6.4.2 中国汽油需求预测结果

根据上文的分析，汽油车辆保有量等于汽车总保有量减去纯电动汽车保有量减去燃料电池汽车保有量。中国汽油需求的预测结果等于汽油车保有量乘以汽油车的每年汽油消耗量。根据上文给出的中国汽油车保有量的预测结果和中国汽油车每年汽油消耗量的预测结果，可以得到中国汽油需求预测结果，如图6－34所示。

从图6－34可以看出，2000—2010年中国汽油需求经历平稳增长，2010—2017年增速有所加快，2018年和2019年受中国汽车（LDV）总销量下降的影响，中国汽油需求增长速度有所放缓。根据2015年IEA给出的中国汽油需求预测，中国汽油需求预计在2025年达到峰值约1.7亿吨。根据本书的预测结果，中国汽油需求达到峰值的时间预计也是2025年前后，但是需求预测的增长比IEA的预测更平缓，峰值也明显低于IEA的预测。2025—2035年，预计中国汽油需求开始下降，IEA的预测也显示了相似的趋势。2020—2035年，本书突变和不突变的预测结果有一定差异，IEA预测 2035 年中国汽油需求为 1.4 亿吨，本书不突变情形下的预测结果为 1.26 亿吨，最大突变情形下的预测结果为 1.08 亿吨。自 2030 年起中国汽油需求下降的速度开始加快，与 IEA 的结果预测相似。

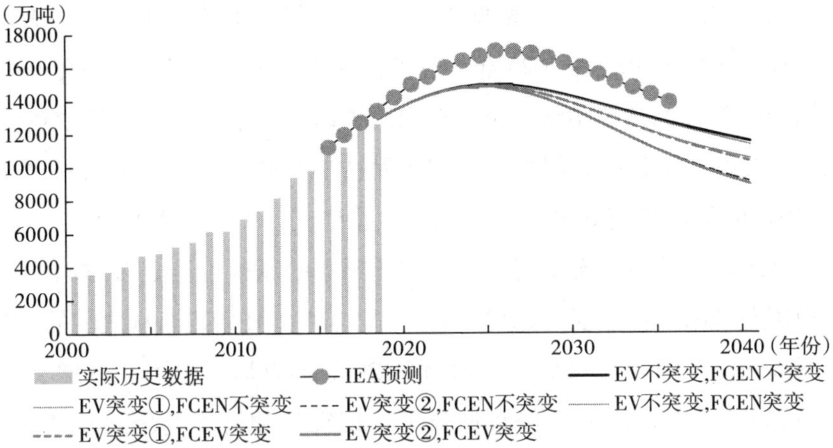

图 6－34　中国汽油需求预测结果①

6.5　中国汽油需求预测结果的分析和讨论

根据本书给出的预测结果，中国汽油需求的峰值在 2025 年前后出现，这一峰值时间的预测与 IEA 的预测结果大致相同；根据 IEA 的预测结果，2025 年中国汽油需求为 1.7 亿吨左右，而根据本书的预测结果 2025 年中国汽油需求在各种情形下均低于 1.5 亿吨；预计从 2040 年起随着汽油消费的减少，存量汽油的经济竞争力将逐渐提高，新能源对汽油的替代速度将大幅度降低；技术经济对比决定了氢燃料电池汽车的发展速度将慢于纯电动汽车，对中国汽油需求的影响也将小于纯电动汽车。对预测结果的分析结论如下。

第一，中国汽油需求的峰值大约在 2025 年达到峰值（与 IEA 预测的时间大致相同），但是 IEA 的预测结果明显偏高。根据本书的预测结果，在各种不同的情形下，中国汽油需求的峰值都将出现在 2025 年，中国汽油

① 突变理论的应用体现在预测结果的不唯一性，具体原理详见本书第 4.4 节。

的峰值需求分别为1.4969亿吨、1.4886亿吨、1.4813亿吨，分别对应纯电动汽车的不突变、突变条件①和突变条件②的情景（这里需要说明的是，氢燃料电池汽车的技术突变假设发生在2030年，所以在2025年不会影响汽油需求的预测结果）。根据IEA在2017年给出的预测结果，认为中国的汽油需求峰值出现在2025年，峰值汽油需求为1.7亿吨。对比本书的预测结果和IEA的预测结果，可以发现两种结果对于中国汽油需求达到峰值的时间是基本一致的，但是IEA的预测结果明显高于本书的结果，并且根据2018年和2019年的中国汽油需求数据证实，IEA在2017年给出的中国汽油需求预测数值确实偏高。出现如此预测的原因可能是多方面的：首先，中国经济的增长速度（GDP增速）从2015年开始逐渐从之前的9%～14%下降到之后的6%～7%，而且预计2019年以后，中国经济增长速度将进一步下降到5%左右，经济增长乏力使得汽油需求的增长低于预期；其次，2018年起国家逐步停止了自2008年起执行的“1.6L排量以下汽车购置税减半征收”的政策，2018年以后中国汽车销售成交量增速和实际成交量出现下跌，2019年汽车市场成交量下降的影响开始波及汽油消费市场，一定程度地造成了汽油需求小于预测。

第二，随着汽油消费的减少，存量汽油的经济竞争力将逐渐提高。根据本书的中国汽油需求预测结果，从长期趋势分析，2030年起中国汽油需求的下降速度开始加快，与IEA的结果预测相似，预计中国汽油需求较快下降的趋势将持续到2035年前后，2035—2040年中国汽油需求下降的趋势将逐渐稳定，2040年以后预计因为汽油的比较优势更高，汽油需求将保持一定的稳定期。出现以上情况的原因是在新能源汽车发展初期（2011—2025年），新能源汽车对传统燃油汽车替代的经济优势不明显，新能源汽车主要依靠补贴和“限行”政策的扶持一定程度上替代燃油汽车；从2025年起，随着新能源汽车产业发展带来的规模效应和制造技术的提高，新能源汽车将逐步具有一定的经济优势，可以在经济上完全替代一部分传统燃油汽车；但是根据经济学的基本规律，即边际递减效应，随着新能源汽车对传统燃油汽车的逐渐替代，新能源汽车的边际效益将逐渐提高，燃油汽车的边际成本将逐渐降低，当新能源汽车和燃油汽车的边际成本再次相等时，新能源汽车对燃油汽车的替代速度将大幅降低。

第三，技术经济对比决定了氢燃料电池汽车的发展速度将慢于纯电动汽车。根据本书的预测结果，氢燃料电池汽车的数量预计远低于纯电动汽车数量，氢燃料电池汽车对汽油需求的影响也远低于纯电动汽车对汽油需求的影响。这一预测结果的直接原因固然是本书对纯电动汽车和氢燃料电池汽车预测模型中参数假设的不同引起的。本书对纯电动汽车相关参数的假设主要是依据纯电动汽车的历史保有量和历史增长速度的回归，但是本书对氢燃料电池汽车保有量预测的相关参数的假设是根据专家的推测。专家对燃料电池汽车保有量的预测的主要依据是纯电池汽车和燃料电池汽车经济性的对比，根据清华大学欧阳明高院士的引述：2009 年汽车产业界和学术界普遍认为纯电动乘用车和燃料电池汽车的成本平衡点是 150 千米；2016 年德国奔驰公司认为平衡点上升为 350 千米；2019 年韩国现代公司认为平衡点为 500 千米，即单次充电或加氢的续航里程低于 500 千米时纯电动汽车更经济，续航里程高于 500 千米时燃料电池汽车更经济。根据当前（2019 年）燃油轿车的一般油箱容积为 50L、单位里程油耗为 9 升/百千米，当前燃油汽车单次加油的续航里程为 550～600 千米。如果纯电动汽车和燃料电池汽车的成本平衡点是续航 500 千米，那么在绝大多数使用场景决定的购买需求下，纯电动汽车都将比氢燃料电池汽车具有更高的经济性。因此，在预测结果上，燃料电池汽车的保有量预期远低于电池电动汽车。

6.6 预测方法对比和建模过程讨论

根据历史数据、专家判断和各种假设，本书得到了一个较为科学和完整的中国汽油需求预测模型框架，并通过应用研究得到了能源转型背景下的中国汽油需求预测结果。从理论上分析，在能源转型和汽油需求可能突变的背景下，直接外推法并不适用于中国汽油需求的中长期预测研究，但是实际情况究竟如何，还需要进行实际验证。此外，上文提出了基于突变理论的中国汽油需求预测模型框架并进行了实证研究，但是该研究的可靠性究竟如何，模型参数对预测结果将会产生何种影响同样需要检验。因此，本节使用指数平滑法和蒙特卡洛模拟方法进行中国汽油需求的预测研究，把研究结果与上文的预测结果进行对比，并讨论直接外推法在中国汽油中长期预测中的可行性和适用范围。然后，使用系统动力学建模和系统仿真模拟的方法，复现本书的预测模型框架，从而验证组合模型的稳定性，研究模型参数与预测结果间的摄动关系，绘制模型参数和预测结果摄动关系图，并定量标度汽油能效和新能源汽车保有量等对汽油需求的具体影响。最后，在建模和应用研究的基础上对全文的预测方法和建模过程等进行分析和讨论。

6.6.1 基于直接外推法的汽油需求预测及与突变方法的对比

在能源转型背景下，中国汽油需求突变成为大概率事件，而中国汽油需求的远期下降更几乎可以肯定。从理论上分析，在能源转型和汽油需求可能突变的背景下，直接外推法似乎不适用于中国汽油需求的中长期预测研究，但是实际情况究竟如何，还需要进行实际的验证。本节将实际选取二次指数平滑法和蒙特卡洛模拟方法预测中国汽油需求，并将预测结果与突变方法的汽油需求预测结果做比较，讨论直接外推法预测中国汽油需求的可行性和适用范围。

6.6.1.1 基于指数平滑法的汽油需求预测及其与突变方法的对比

指数平滑法即对历史数据求加权平均得到其“平滑值”，当期的平滑值等于当期值的加权加上历史平滑值，未来的预测值根据历史平滑值逐期推导。本书使用的二次指数平滑法公式见式（6－17）。

$$\begin{cases} \widehat{Y}_{t+T} = a_t + b_t \cdot T \\ S_t^{(2)} = \alpha S_t^{(1)} + (1-\alpha) S_{t-1}^{(2)} \\ a_t = 2S_t^{(1)} - S_t^{(2)} \\ b_t = \dfrac{\alpha}{1-\alpha}\left(S_t^{(1)} - S_t^{(2)}\right) \end{cases} \tag{6-17}$$

式中，$S_t^{(k)}$ 代表时间 t 的 k 次平滑值。$\widehat{Y}_{t+T}$ 表示需要预测的数列在任意时间 $t+T$ 的值。a_t 和 b_t 是预测时的过程变量，α 是平滑系数，本书取 $\alpha=0.2$、0.5 和 0.8，则根据以上公式和汽油需求的历史数据可以得到中国汽油需求的二次指数平滑预测结果，如图 6－35 所示。

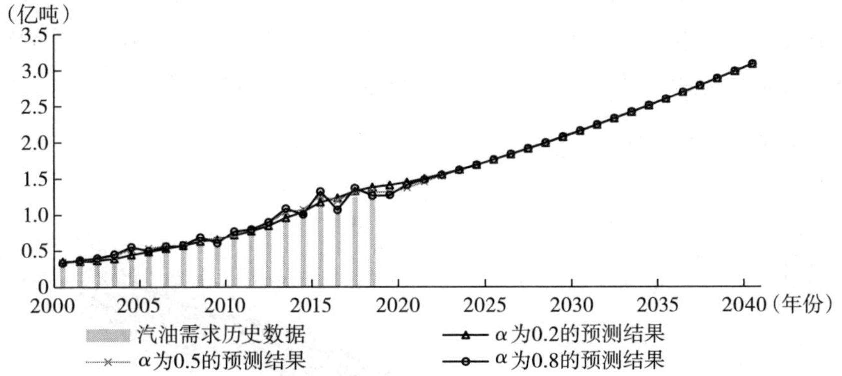

图 6－35　基于指数平滑法的中国汽油需求预测结果

根据指数平滑法的预测结果，2035 年中国汽油需求为 2.599 亿吨。需要注意的是，以上结果是完全根据汽油需求的历史增长情况，并大致延续了中国汽油的历史增长率而得到的预测结果，既没有考虑新能源汽车对汽油车的替代，也没有考虑汽油车燃油效率的提高，因此以上预测结果明显偏高。对比突变理论的预测结果，2035 年外推法预测的汽油需求比突变方法高 58.4%（突变方法的预测结果 2035 年为 1.08 亿吨）。从预测方法的角度，在汽油需求预测背景发生系统性变化的当下，指数平滑法不适合中国汽油需求中长期预测；而在短期预测中，考虑到中国汽油需求可能在 2025 年达到峰值（根据 IEA 的预测和本书的预测），指数平滑法的预测范围至多为三年（第三年时的预测误差约为 7%），否则即有可能产生重大误差。

6.6.1.2　基于蒙特卡洛法的汽油需求预测及其与突变方法的对比

根据上文对汽油需求增长率面板数据的特征分析，可知汽油需求增长率面板数据符合柯西—洛伦兹分布，因此可以使用蒙特卡洛方法模拟中国

汽油需求的增长范围。具体方法是根据上文分布拟合回归得到的柯西—洛伦兹分布的参数，即

$$f(x) = \frac{1}{\pi} \cdot \frac{\gamma}{(x - x_0)^2 + \gamma^2}，其中 x_0 = 0.04332，\gamma = 0.02518$$

使用随机方法产生一组汽油需求增长率的数据，并作用于历史数据，得到蒙特卡洛模拟的一个分支，将以上过程重复1000次，可得到蒙特卡洛方法的轻型汽车保有量预测数据集（见图6－36）；蒙特卡洛模拟结果的散点分布如图6－37所示。

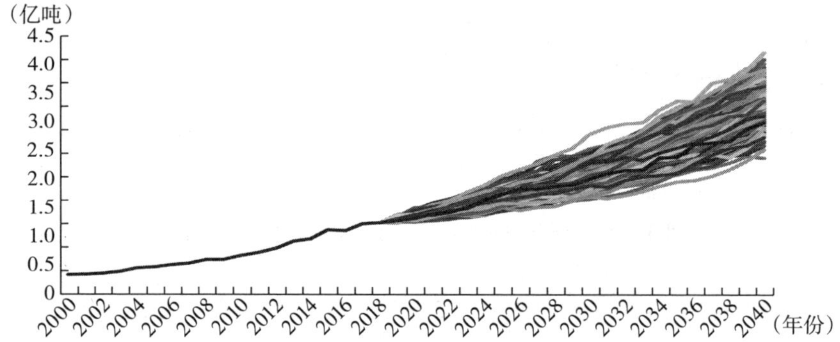

图6－36　中国汽油需求预测的蒙特卡洛模拟结果

注：MS Word 图表只允许展示255组数据，全部数据将展示于散点分布图。

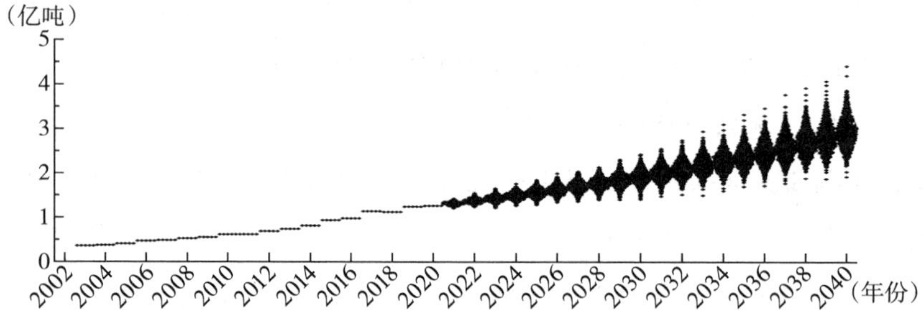

图6－37　中国汽油需求预测的蒙特卡洛模拟结果散点分布

根据蒙特卡洛模拟结果，2035年中国汽油需求大概率分布在1.5亿～2.5亿吨，最大概率点为2亿吨左右。需要注意的是，蒙特卡洛方法完全根据汽油需求的历史增长情况，并大致延续了中国汽油的历史增长率而得到的预测结果，既没有考虑新能源汽车对汽油车的替代，也没有考虑汽油

车燃油效率的提高，因此以上预测结果明显偏高。对比突变理论的预测结果，2035 年蒙特卡洛法预测的汽油需求比突变方法高 46% 左右；从预测范围分析，1.5 亿~2.5 亿吨比突变方法的预测结果高 28% ~56.8%。从预测方法的角度，在汽油需求预测背景发生系统性变化的当下，蒙特卡洛法不适合于中国汽油需求中长期预测；而在短期预测中，考虑到中国汽油需求可能在 2025 年达到峰值（根据 IEA 的预测和本书的预测），蒙特卡洛法的预测范围至多为三年（第三年时的预测误差为 4% ~6%），而且该方法只适用于给出汽油需求的大致范围而不适用于给出汽油需求的准确预测结果。

6.6.2　基于系统动力学的模型参数设置及其影响研究

从上文的预测过程已经看出，预测模型中模型选择和各种参数的设置成为模型预测的关键，同时对预测结果产生较大的影响。在模型选择方面，根据历史数据的趋势和已有的研究文献，本书选择的模型结构具有较高的可靠度。但是，本书的参数设置通常是历史数据回归的结果，一方面，历史数据不足以全面反映变量在未来的发展趋势；另一方面，历史数据本身存在数据量不足和统计误差等问题。因此，为了保证预测结果的稳定性，本节基于系统动力学建模检验上文建立的汽油需求预测模型对参数设定的稳定性，同时研究模型参数与预测结果之间的摄动关系，系统动力学建模的关键参数如表 6 -6 所示。

表 6 -6　系统动力学建模的关键参数

影响因素	关键要素	相关公式
燃油 LDV 保有量	LDV 保有量、EV 保有量、FCEV 保有量	
LDV 保有量	LDV 增长率	$\alpha \cdot e^{\frac{-(x-\beta)^2}{2\gamma^2}}$
EV 保有量	EV 销量增长率	$\alpha \cdot e^{\frac{-(x-\beta)^2}{2\gamma^2}}$
FCEV 保有量	FCEV 销量增长率	$\alpha \cdot e^{\frac{-(x-\beta)^2}{2\gamma^2}}$
单位里程平均油耗		$\alpha \cdot e^{-\gamma\cdot(x-\beta)}$
全年平均行驶里程		$\alpha \cdot e^{-\gamma\cdot(x-\beta)}+4000$

基于系统动力学建模的变量设置如表6－7所示。根据汽油需求预测框架建立的系统动力学模型系统因果图如图6－38所示。中国汽油需求预测模型系统仿真模拟过程如图6－39所示。

表6－7　基于系统动力学建模的变量设置

变量名称	变量类型	表达式	单位
中国汽油需求	Auxiliary	燃油 LDV ×（里程 ÷ 100）×（油耗 ÷ 1000）	万吨
燃油 LDV 保有量	Auxiliary	LDV 保有量 - EV 保有量 - FCEV 保有量	万辆
LDV 保有量	Lever	INTEG（LDV 年增长量，22000）	万辆
LDV 年增长量	Auxiliary	LDV 保有量 × LDV 保有量年增长率	万辆
LDV 年增长率	Rate	A：LDV × EXP［－（Time - Mu：LDV）^{2} ÷（2 × Sigma：LDV^2）］	100%
A：LDV	Constant	0.223	
Mu：LDV	Constant	2008.50	
Sigma：LDV	Constant	9.621	
EV 保有量	Lever	INTEG（EV 年销量 - EV 年报废量，530.439）	万辆
EV 年销量	Lever	INTEG（EV 销量增长量，130.555）	万辆
EV 销量增长量	Auxiliary	EV 年销量 × EV 年销量增长率	万辆
EV 销量增长率	Rate	A：EV × EXP［－（Time - Mu：EV）^{2} ÷（2 × Sigma：EV^2）］	100%
EV 年报废量	Lever	INTEG（EV 报废量增长量，2.15）	万辆
EV 报废增长量	Auxiliary	EV 年报废量 × EV 年报废量增长率	万辆
EV 报废增长率	Rate	A：EV × EXP［－（Time - Mu：EV - 8）^{2} ÷（2 × Sigma：EV^2）］	100%
A：EV	Constant	0.774	
Mu：EV	Constant	2011.81	
Sigma：EV	Constant	8	
FCEV 保有量	Lever	INTEG（FCEV 年销量 - FCEV 年报废量，1）	万辆
FCEV 年销量	Lever	INTEG（FCEV 销量增长量，0.15）	万辆
FCEV 销量增长量	Auxiliary	FCEV 年销量 × FCEV 年销量增长率	万辆

续表

变量名称	变量类型	表达式	单位
FCEV 销量增长率	Rate	A：FCEV × EXP [− (Time − Mu：FCEV)^2 ÷ (2 × Sigma：FCEV^2)]	100%
FCEV 年报废量	Lever	INTEG（LDV 年增长量, 0.075）	万辆
FCEV 报废增长量	Auxiliary	EV 年报废量 × EV 年报废量增长率	万辆
FCEV 报废增长率	Rate	A：FCEV × EXP [− (Time − Mu：FCEV − 10)^2/ (2 × Sigma：FCEV^2)]	100%
A：FCEV	Constant	0. 8048	
Mu：FCEV	Constant	2024. 57	
Sigma：FCEV	Constant	3. 868	
单位里程平均油耗	Auxiliary	A：油耗 × EXP [− Sigma：油耗 × (Time + 2020 − Mu：油耗)]	升
A：油耗	Constant	11. 84	
Mu：油耗	Constant	2000. 51	
Sigma：油耗	Constant	0. 017	
全年平均行驶里程	Auxiliary	A：里程 × EXP [− Sigma：里程 × (Time + 2020 − Mu：里程)] +4000	千米
A：里程	Constant	23900	
Mu：里程	Constant	2001. 8	
Sigma：里程	Constant	0. 1347	

注：变量类型中 Constant 表示“常量”；Rate 表示“增长率”；Auxiliary 表示“辅助变量”；Lever 表示“积分量”。

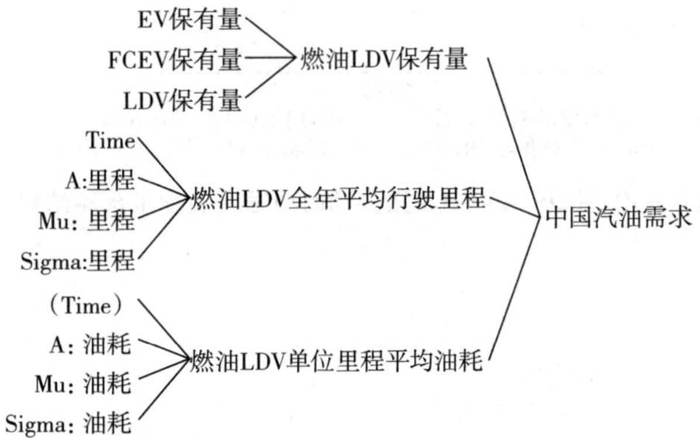

图 6－38　基于系统动力学建模的因果图

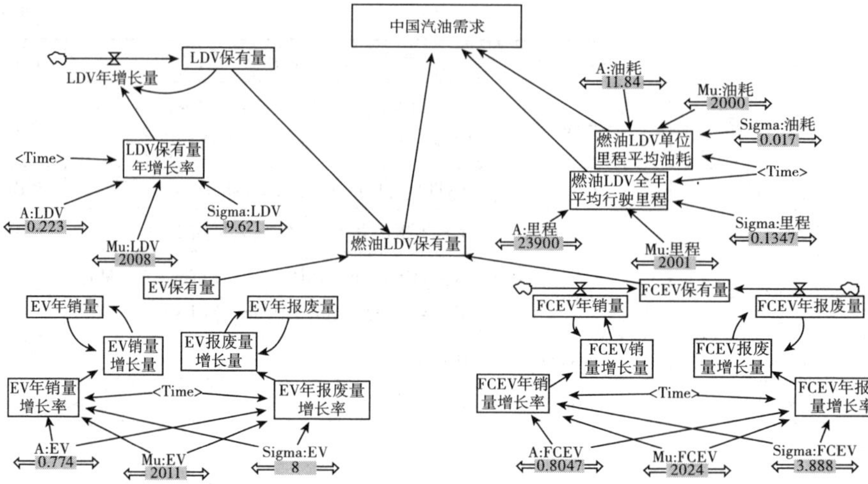

图 6－39　基于系统动力学建模的系统仿真模拟

如图 6－39 所示，模型中共包含 15 个参数。其中 5 个参数是回归的中间值，即由 Mu 表示的各公式中的 β，取值的准确性较高。在不改变其他参数设定的情况下，分别变动 Mu 除以一个数值单位，变动另外 10 个参数数值除以本身数值的 10%，得到中国汽油需求预测结果的变动情况如图 6－40 至图 6－44 所示。

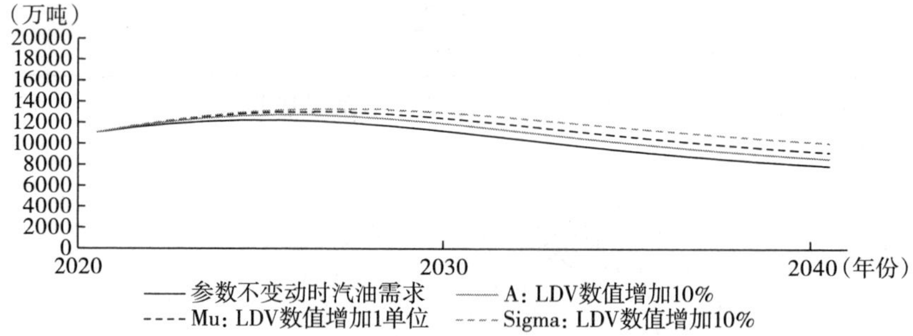

图 6－40　LDV 保有量参数变动时中国汽油需求预测结果

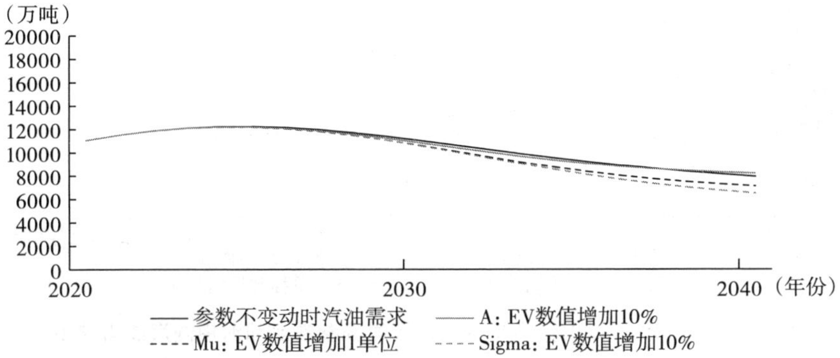

图 6－41　EV 保有量参数变动时中国汽油需求预测结果

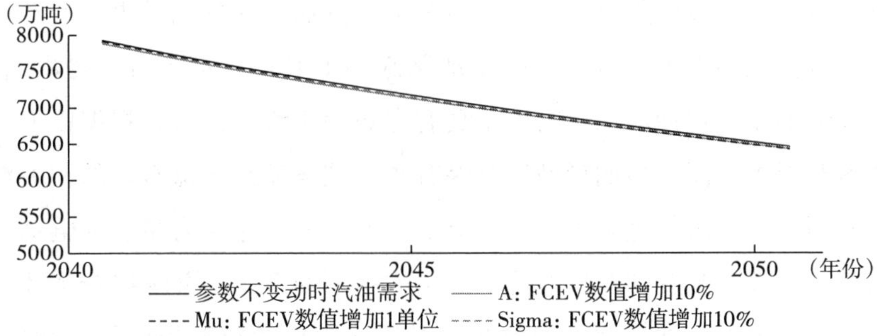

图 6－42　FCEV 保有量参数变动时中国汽油需求预测结果

注：FCEV 相关参数变动时中国汽油需求预测结果的变动较小。

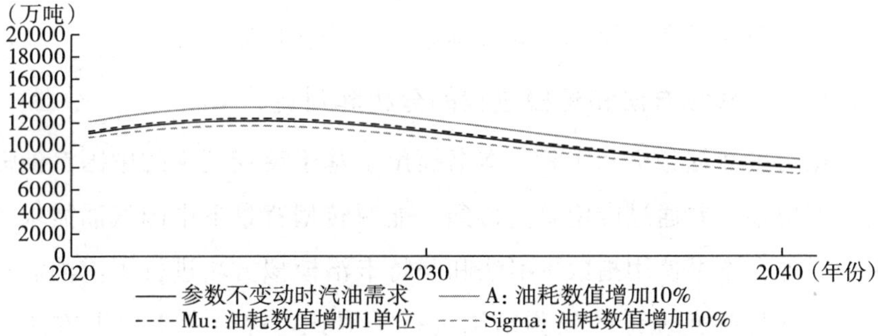

图 6－43　燃油 LDV 单位里程平均油耗参数变动时中国汽油需求预测结果

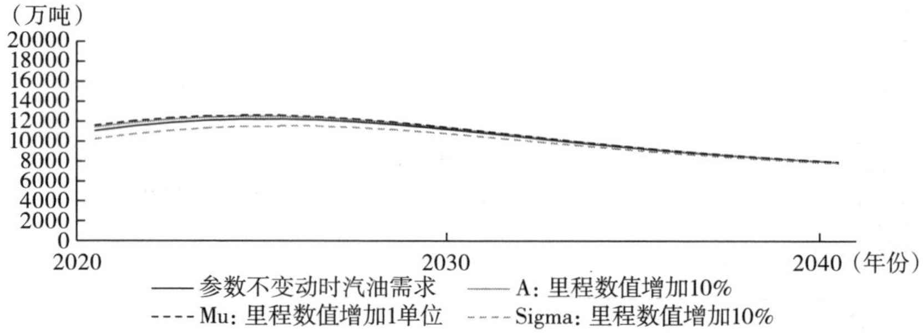

图6－44　汽油车（燃油 LDV）全年平均行驶里程参数变动时中国汽油需求预测结果

根据以上检验，不同参数对预测结果产生不同影响，但是参数变动10%（其中 Mu 参数变动 1 单位）情况下，汽油需求预测结果的变动是有限的，并且汽油需求预测结果的变动普遍小于 10%，因此可以得出结论，本书建立的中国汽油需求预测模型具有参数稳定性。同时，根据以上参数和预测结果关系图，短期轻型汽车保有量、纯电动汽车保有量的相关参数变动只对汽油需求产生微小影响，但是长期轻型汽车保有量、纯电动汽车保有量的相关参数变动对汽油需求的影响将不断变大，并最终产生非常显著的影响。另外，油耗相关参数变动对汽油需求的影响相对稳定和持续，将产生长期作用。以上结果证明，短期对汽油需求发挥主要影响的是汽车的能源效率，而长期影响中汽车能源效率和新能源汽车保有量的影响同样显著，并且新能源汽车保有量的影响会持续不断扩大。

6.6.3　预测方法和建模过程的分析和讨论

根据历史数据分析和实验，本书提出了基于突变理论的中国汽油需求预测模型框架，并通过应用研究得到了能源转型背景下中国汽油需求预测结果。另外，本书使用指数平滑法和蒙特卡洛模拟方法进行了汽油需求预测研究，并与突变理论的预测结果进行了对比。综合考虑以上方法和结果，可以得到以下规律：

第一，指数平滑法和蒙特卡洛模拟方法等直接的外推法已经不能适应汽油需求中长期预测的需要。上文应用研究已经证明了这一点。主要原因是，指数平滑法和蒙特卡洛方法完全根据汽油需求的历史增长情况，并大致延续了中国汽油的历史增长率而得到的预测结果，既没有考虑新能源汽车对汽油车的替代，也没有考虑汽油车燃油效率的提高，因此在汽油需求预测上基本不符合未来趋势，所产生的预测结果也明显偏高。在新能源汽车快速发展的背景下，中国汽油需求预测的逻辑框架需要充分地考虑新能源汽车对传统燃油车的替代产生的对中国汽油需求的替代作用。新能源汽车发展，科学研究和规模效应，都会推动新能源汽车技术条件和水平的进步，促使经济环境和技术环境越来越完善，对非连续性创新适应能力越来越强，更加促进非连续性创新的产生，进而使新能源汽车技术突破的可能与日俱增；另外，根据突变理论，结合新能源汽车的部分车型在特定价格、特定续航里程时销量突变的历史现象，当新能源汽车的续航增长伴随售价降低的发展变化过程，（区别于特定车型的销量突变）新能源汽车销量可能发生整体性突变。基于以上这些情况，本书设计了基于突变理论的考虑新能源汽车可能发生突变情形的中国汽油需求预测逻辑框架。

第二，中国汽油需求预测的关键点是模型选择和参数设定。在确定了新能源汽车替代作用的预测逻辑框架以后，中国汽油需求预测的关键点转变为模型的选择和参数的设定。模型的选择指的不是模型的回归方法、最小二乘法、后向反馈算法（BP）等方法是回归方法。在预测过程中，模型的选择首先是指建模对象的选择，即以某个变量本身为基准进行建模，或是以该变量的增长率为基准；其次是模型类别的选择，即线性模型、非线性模型、非线性模型中高斯模型，或是指数增长模型等。模型的选择对预测结果有很大影响，本书在模型选择时，一方面是根据对历史数据的观察，另一方面是参考了一些已有文献、借鉴了相关的研究成果，从而选择了比较合适的各种模型。中国汽油需求预测的另一个关键点是参数的设定。其实，参数设定是与模型配套产生，本书在大多数情况选择好一个模型的时候也配套地规定了参数的设定方法，一般是使用历史数据回归的方式设定模型参数，有时候也根据一些专家在已有文献发表的意见进行适当的调整。最后，为了保证模型的稳定性，本书对已经建立的中国汽油需求预测模型的主体结构进行了系统动力学模拟，并通过模拟结果验证了模型系统的稳定性。同时，系统动力学模拟过程提供了参数设定的各种新的可能，可以为未来的研究提供更多思路。

第三，中国汽油需求预测的最大难点在于政策和技术因素的不确定性。本书根据突变理论给出了在不同情形，中国汽油需求预测的过程和结果。基于不同情形假设的差异，实际上已经为中国汽油需求预测提供了较大的自由度和灵活选择的空间，但是在较长的时间范围（本书的预测范围是从2020年到2040年）内，中国环境政策和碳排放政策有较大的不确定性，新能源汽车的技术水平和技术进步速度也有较大的不确定性。环境政策的不确定性，主要来自大气环境和温室效应在未来的发展变化趋势的不确定性，如果大气污染问题或者全球气候变暖的问题更加严重，那么国家环境政策也会更加严格；相反地，如果在现有环境政策控制下，或者在基于本书预测的情形，大气污染和全球气候问题已经可以得到有效控制，那么国家环境政策可能不会比本书预测的情形更加严格。新能源汽车技术的不确定性，主要来自纯电动汽车动力电池技术发展水平、燃料电池汽车膜电极技术发展水平、氢燃料储运技术发展水平等方面的不确定性。根据2019年以前的研究进展，化学界普遍认为锂电池技术的能源密度（单位重量或体积的电池的电力储存能力）提升的潜力有限，但是2019年一些科学家证实，固态的锂电池技术可以带来比以前的液态锂电池技术更高的能量密度。类似的技术创新不胜枚举，一些技术创新是对传统科学理论和技术思路的颠覆，从而为更新的技术突破提供了可能。基于以上分析，政策和技术因素的不确定性是中国汽油需求的中长期预测的最大难点。

第四，依靠大数据和人工智能技术的预测方法是中国汽油需求预测的发展方向。在现有的数据条件，中国的汽油需求预测面临一些难以跨越的障碍。首先，基于宏观数据的分析对关键变量的具体情况掌握不充分，例如燃油汽车的单位里程平均油耗，在宏观数据条件下只能大致地根据消费者的反馈进行估算，而不能根据每台车在不同工况的油耗统计出更加详细和准确的平均值。其次，基于宏观数据的分析对趋势的把握不敏感，一些对未来汽油需求发挥关键影响的重要信息可能被掩盖，例如燃油 LDV 的全年平均行驶里程，在宏观数据层面是根据全年总汽油消耗、单位里程平均油耗、消费者反馈的年行驶里程等数据进行估算，但是不能反映一些车辆长期闲置，而另一些车辆作为网约车而大量行驶的特征，被闲置的车辆会抑制未来的汽车购买需求，而网约车的数量和行驶里程也将很大程度地影响汽油需求预测的结果。最后，基于宏观数据的分析，难以把握一些关键边际成本的变化，例如生产新能源汽车的边际成本、生产燃油汽车的边际成本、生产汽油的边际成本，这些边际成本对于估算不同燃料的价格平衡点，进而预测各种燃料间替代关系的微观变化具有重要意义。综上所述，依靠宏观数据分析的预测方法面临诸多难以跨越的障碍，依靠大数据和人工智能技术的预测方法是中国汽油需求预测的发展方向。

6.7　本章小结

首先，基于突变理论进行了中国汽油需求预测应用研究。根据面板数据分布拟合，中国的千人汽车保有量符合高斯分布；使用尖点突变模型给出了纯电动汽车保有量突变的边界条件；使用蒙特卡洛方法预测出了未来汽车保有量的变化范围（2040 年达到 4 亿 ~ 7 亿辆）；预测了中国纯电动汽车的保有量：不突变情形下 2040 年中国纯电动汽车将达到 1 亿辆；最大突变情形下可达到约 2 亿辆；给出了中国未来各种情形下汽车保有量的预测结果和车型分布。预测了汽油车辆的年平均汽油消耗量，并给出了中国汽油需求的中长期预测结果。根据本书提出的预测方法，在不突变情形下 2035 年中国汽油需求将为 1.26 亿吨，与 IEA、OPEC 等国际组织的预测结果（约 1.4 亿吨）比较接近；最大突变情形下 2035 年中国汽油需求将为 1.08 亿吨，比 IEA、OPEC 等的预测结果低 23% 左右，比指数平滑法的结果低 58%，比蒙特卡洛法的结果低 46%，这将对中国石油工业产生重要影响。

其次，进行了研究方法对比和预测结果讨论。使用指数平滑法和蒙特卡洛方法进行了汽油需求预测。指数平滑法的预测结果显示，在不进行任何约束的情况下中国汽油需求在 2035 年可能达到 2.5 亿吨左右，比本书的突变方法预测结果高58%左右。蒙特卡洛模拟的预测结果显示，2035年中国汽油需求大概率落在1.5亿吨至2.5亿吨的范围，概率最大的预测值为2亿吨，比本书的突变方法预测结果高46%左右。根据系统动力学建模得到了模型参数对预测结果的影响规律，绘制了模型参数与预测结果的摄动关系图，如图6－40至图6－44所示，图6－41表明新能源汽车对汽油需求的短期影响较小，而长期影响逐渐扩大；图6－43表明能源效率（节能水平）对汽油需求的影响是长期稳定和一贯的。

综上所述，本章基于突变理论进行了中国汽油需求预测应用研究，并把突变理论的预测结果与其他方法的研究结果进行对比，发现在不突变情形下2035年中国汽油需求将为1.26亿吨，与IEA、OPEC等国际组织的预测结果（约1.4亿吨）比较接近；最大突变情形下2035年中国汽油需求将为1.08亿吨，比IEA、OPEC等预测的结果低23%左右，比指数平滑法的结果低58%，比蒙特卡洛法的结果低46%，这将对中国石油工业产生重要影响。

第7章 基于人工智能的汽油需求预测体系

人工智能的概念从技术上来说并没有什么特别的新意，无非“控制论”范围的延伸和复杂程度的提高。尽管使用了机器学习的算法，然而就算法原理本身而言，没有对传统算法产生什么质的飞跃。所以从完全的技术视角认识人工智能，所得出结论可能是“人工智能不值一提”。

然而从另外的视角（如应用的视角），在技术上人工智能有多么不值一提，在应用方面它就有多么伟大和不可或缺。人工智能的深刻内涵不仅限于当前已经出现的各种应用，而且在于人工智能的本质是赋予机器智慧，即机器参与决策，并且这种决策可以越来越复杂，最终变得和人类一样。于是在应用的层面，人工智能有了无限种可能，机器可以越来越多地代替人的智慧。米开朗基罗的著名绘画《上帝之手》（见图7-1），该图一定程度地说明了人工智能的意义和内涵。

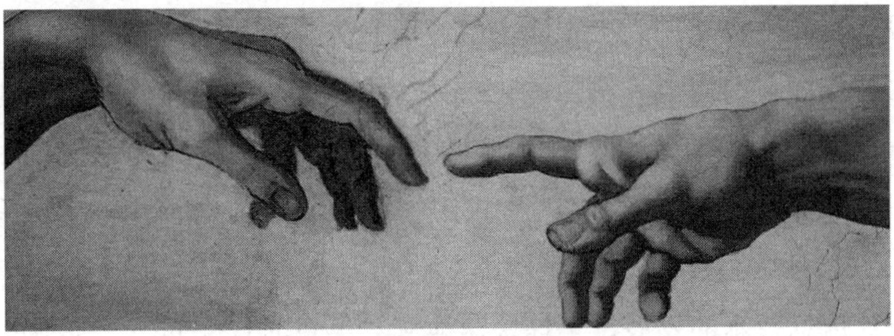

图7-1 米开朗基罗的绘画《上帝之手》

图片说明：这幅画是米开朗基罗《创世纪》壁画的一部分，右边是上帝的手，左边是亚当的手，上帝给了亚当生命和智慧；今天人类的手在右边，机器的手在左边，人类给了机器“智慧”，即人工智能。

从机器的特点方面分析，机器的优势是储存记忆和数值计算，劣势是不善于对复杂问题作出模糊的判断（比如公司战略决策）；相比机器，人类更善于作出复杂的判断，但是人类的记忆和计算能力远远不能和机器相比。所以，管理学的最新发展趋势是把机器的优势和人的优势有机结合，产生新的经济运行模式和公司治理模式。

具体到本书，中国汽油需求预测越来越多地需要人工智能的参与，一方面需要更大的数据容量，另一方面需要更强的数据分析能力。技术的进步已经使以上两点具备了实现的可能，随着移动互联网和物联网技术的进步，云端的储存系统已经可以记忆更多、更复杂的汽油消费数据，甚至可以精确到每一辆车（从保护隐私的角度建议不要读取车主信息，只记忆车辆信息）、每一个加油站，如此大数据的模式必然带来汽油需求预测的全新模式。同时，如此庞大的数据规模，传统的计算机算法通常难以满足分析的需要（这样的案例是真实发生的，用当前最快的个人计算机同时处理一百万个网格的油藏数值模拟黑油模型，已经是可容忍的计算时间极限），人工智能的计算和求解方法是解决问题的关键，也是本书探讨的重要问题。

以上所提到的人工智能还只是人工智能当前的应用，人工智能定义的引领性决定，人工智能可以参与人类的决策：一方面，人工智能可以参与算法设计，即不再是用人工智能求解，而是人工智能可以自主地设计和修改算法，亦即自动完成算法的进化；另一方面，人工智能可以深度地参与中国汽油供应和需求系统，在系统中参与决策，最终成为系统的一部分（例如当某车辆加油数量减少时，人工智能控制可能对该用户定点发送优惠券），成为供销系统和人工智能的双向耦合。

现代信息技术的发展，全球快速地从“信息时代”进入“数字时代”。大数据（Big Data）的充分利用，数字经济的快速发展，人工智能技术的日益成熟等，都决定了未来的中国汽油需求预测必然是基于利用物联网和互联网的实时全覆盖数据采集、使用大数据和云计算的实时数据处理、使用人工智能的汽油预测趋势分析等新兴技术，实现中国汽油需求预测的实时化、精准化，甚至汽油需求预测的结果可以被所有利益相关方实时地获取，并准确应用于成品油营销、炼油计划管理、汽车污染物排放预测和控制等方面。因此在未来的技术环境下，中国汽油预测将发生与现在完全不同的变化，呈现令人难以置信的崭新篇章。本节分析在现有技术条件（暂时忽略经济成本和协调机制），构建基于人工智能的汽油需求预测框架，包括数据采集、数据分析、模型构建、预测方法等方面的设想。

从什么样的高度理解“人工智能”，决定了怎样创造“人工智能”，也决定了所创造的“人工智能”的高度。人工智能（Artificial Intelligence），从英文含义理解，是指人类为机器赋予人造的智慧。就像在伊甸园上帝为亚当赋予生命，人类是赋予机器智慧。人类给机器以“智慧”才是理解人工智能的关键，也是人工智能的精髓。长远来看，人工智能可能创造出人类难以想象的未来，就像五千年来人类创造了难以想象的高度文明一样。人工智能的定义和人工智能的精髓如表7-1所示。

表7-1 人工智能的定义和人工智能的精髓

人工智能的三种定义	三类实例	人工智能的精髓	三大学派
1. 模拟人的行为	语音识别	（跨越时空的哲学解释） 就像上帝给亚当以生命 人类给机器以“智慧”	符号主义（数理逻辑）
2. 模拟人脑结构	神经网络		连接主义（仿生学）
3. 完成人的工作	自动驾驶		行为主义（控制论）

7.1 基于人工智能的汽油需求预测体系构成

本节提出的基于人工智能的中国汽油需求预测体系是一种基于数字经济手段和理念的、面向未来的、涵盖数据收集分析与预测的全方位汽油需求预测体系。首先，该体系包含基于物联网和图像识别等技术的数据采集系统，完成对每家加油站、每辆汽油燃油轻型汽车的数据采集和记录；其次，该体系包含基于云储存和大数据的数据存储分析系统，实现汽油消费数据的集中云储存和大数据分析；再次，该体系包含基于人工智能的数据回归和趋势预测系统，实现对加油站汽油销量数据、汽油车汽油消费数据（微观数据）的数据回归和趋势分析，进而找到汽油需求的变化规律（微观规律）；又次，该体系包含基于复杂人工智能的数据综合分析系统，综合汇总来自微观数据的信息，结合微观规律，分析出汽油需求变化的宏观和长期趋势及变化规律；最后，该体系同时收集来自汽车产业的数据，完成对汽车保有量和汽车油耗水平的监控和趋势分析，并结合汽油消费的宏观趋势和规律，最终给出汽油需求的准确预测。基于人工智能的中国汽油需求预测体系如图 7－2 所示。

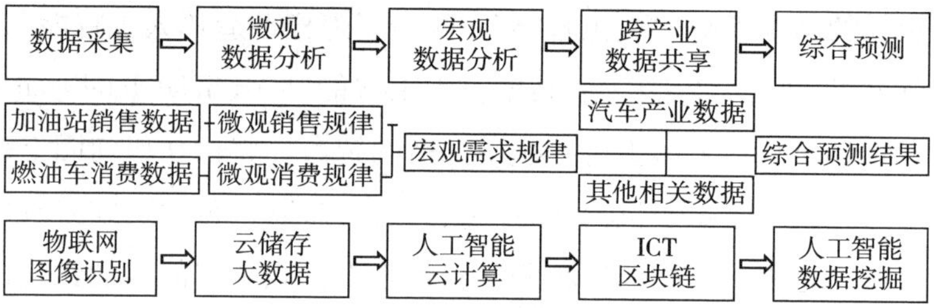

图 7－2　基于人工智能的中国汽油需求预测体系

7.2　基于人工智能的汽油需求预测展望

信息技术发展的意义不仅在于为原有的汽油需求提供便利，更在于为汽油需求预测新方法的提出奠定了新的基础。一方面，精准到每家加油站、每辆汽车的数据记录能力为汽油需求预测的数据获取提供了巨大便利；另一方面，也是更重要的，精准到个体级别的数据也为数据的精准分析，以及从微观数据找到影响汽油需求的真正原因等提供了新的方法和途径。在新的信息化条件，必然可以产生新的汽油需求预测方法，甚至整个汽油需求预测领域的研究都可能发生重要而深刻的变革，未来汽油需求预测的角度和方法可能与当前完全不同。以下将分析汽油需求预测的 3 种发展趋势。

7.2.1　汽油需求预测将从“宏观”走向“微观”

以往的汽油需求中长期预测完全是从宏观的角度分析，形成这种情况的原因是微观数据的缺乏，或者微观数据过于局部难以从微观数据分析得出对宏观预测有影响力的结果。现代信息技术的发展为汽油需求预测从

"宏观"走向"微观"提供了前提和可能。未来的需求预测可能在大数据和云计算的支撑之下，从宏观分析和预测领域，逐渐转变为微观数据的分析和预测，并且借助于数据的全覆盖能力通过直接的汇总，即能得到准确的汽油需求预测。

7.2.2　基于大数据和人工智能，实现精准预测

一方面，现有的基于宏观数据的汽油需求预测，因为信息获取的不充分性，难以分析出影响汽油需求的更多细节，而这些细节可能因为个体的差异而被放大，从而影响汽油需求预测的结果。另一方面，宏观需求预测更多的是对汽油需求趋势的判断，在具体的参数和预测条件假设等诸多方面没有完整而充足的依据，需要根据预测人自己的经验，分析判断，如果假设的数据或模型存在误差，那么误差可能经过多次迭代而被放大，进而影响整个汽油需求预测的结果，特别是长期预测的结果。

与现有的汽油需求预测方法相比，未来借助大数据和人工智能的汽油需求预测手段，一方面可以加强对个体差异的刻画和反映；另一方面可以为准确的模型假设和参数设定提供更充足的数据和方法支持，将更好地解决以上提出的两类问题，使得汽油需求预测的准确性更高。

7.2.3　预测结果实时反馈，成为决策系统的组成部分

基于信息系统的汽油需求预测的另一个好处是可以实现预测结果的实时反馈，实时的预测结果可以被利益相关方实时地用于生产决策、营销决策和库存控制等，形成"闭环"，那么汽油需求预测本身将成为汽油需求系统的一部分，并与汽油需求的其他影响因素相互耦合，最终使汽油需求预测成为汽油需求系统的"内生"组成部分。未来基于大数据和人工智能的汽油需求预测模块的"内生"概念示意图如图7-3所示。

中国的能源转型体现了中国经济转型和高质量发展的要求，反映了中国消费者能源消费观念的转变，承载了新能源汽车关键技术的进步，贯彻了国家低碳环保的法律法规和"清洁、低碳、安全、高效"的能源发展理念。中国经济转型的大背景已经使得原先用历史数据回归、外推法预测汽

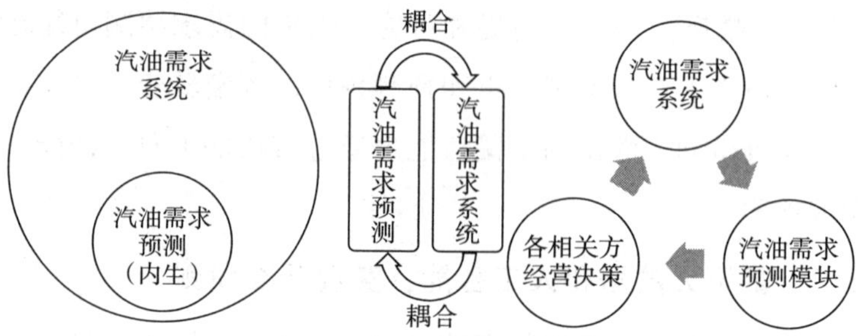

图7－3　基于大数据和人工智能的汽油需求预测模块“内生”概念示意图

油需求的方法面临挑战；更甚者，未来新能源汽车技术不排除发生颠覆性进步的可能，中国消费者群体的认识水平和环保意识也可能出现大幅提升。在此背景下，中国汽油需求预测系统可能出现“突变”，突变的结果可能导致中国的汽油需求在较短的时期快速下跌，进而对中国石油产业、对中国能源安全和中国交通运输事业发展等产生不同的影响。在能源转型的大背景下，原有的中国汽油需求预测方法已经不能满足新的预测需要。本书在对历史数据进行详尽分析的基础上提出了能源转型背景的中国汽油需求突变理论，提出了中国汽油需求中长期预测的理论和方法，并进行了应用研究。

参考文献

[1] VECCHIATO R. Analogical reasoning, cognition, and the response to technological change: Lessons from mobile communication [J]. Research Policy, 2020, 49(5): 103958.

[2] BLUME M, OBERLNDER A M, R GLINGER M, et al. Ex – ante assessment of disruptive threats: Identifying relevant threats before one is disrupted [J]. Technological Forecasting and Social Change, 2020, 158: 120103.

[3] TRIULZI G, ALSTOTT J, MAGEE C L. Estimating technology performance improvement rates by mining patent data [J]. Technological Forecasting and Social Change, 2020, 158: 120100.

[4] HOISL K, STELZER T, BIALA S. Forecasting technological discontinuities in the ICT industry [J]. Research Policy, 2015, 44(2): 522 – 532.

[5] SYDOW J, M LLER – SEITZ G. Open innovation at the interorganizational network level – Stretching practices to face technological discontinuities in the semiconductor industry [J]. Technological Forecasting and Social Change, 2020, 155: 119398.

[6] SPEDALE S. Technological Discontinuities: Is co – operation an option? [J]. Long Range Planning, 2003, 36(3): 253 – 268.

[7] MUNIR K A. Competitive dynamics in face of technological discontinuity: A framework for action [J]. The Journal of High Technology Management Research, 2003, 14(1): 93 – 109.

[8] BULLINI O L, ZARDINI A, ROSSIGNOLI C. Organizational techno-

logical opportunism and social media: The deployment of social media analytics to sense and respond to technological discontinuities [J]. Journal of Business Research, 2020, 112: 385 - 395.

[9] BERGEK A, BERGGREN C, MAGNUSSON T, et al. Technological discontinuities and the challenge for incumbent firms: Destruction, disruption or creative accumulation? [J]. Research Policy, 2013, 42(6): 1210 - 1224.

[10] ROSSER J B. The rise and fall of catastrophe theory applications in economics: Was the baby thrown out with the bathwater? [J]. Journal of Economic Dynamics and Control, 2007, 31(10): 3255 - 3280.

[11] BARANZINI A, WEBER S. Elasticities of gasoline demand in switzerland [J]. Energy Policy, 2013, 63: 674 - 680.

[12] SCOTT K R. Rational habits in gasoline demand [J]. Energy Economics, 2012, 34(5): 1713 - 1723.

[13] POCK M. Gasoline demand in europe: New insights [J]. Energy Economics, 2010, 32(1): 54 - 62.

[14] 袁磊，张宝生，王震．中国成品油需求仿真系统及仿真模拟研究[J]. 系统工程理论与实践, 2010, 30(4): 654 - 666.

[15] LI Z, SUN R, DONG K, et al. Increasing stringent regional environmental regulations impact gasoline demand in China [J]. Energy Procedia, 2019, 158: 3572 - 3575.

[16] RIVERS N, SCHAUFELE B. Gasoline price and new vehicle fuel efficiency: Evidence from Canada [J]. Energy Economics, 2017, 68: 454 - 465.

[17] 任玉珑，季玉华，朱丽娜，等．协整分析在交通能源需求预测中的应用 [J]. 科技管理研究, 2006,9:1,9 - 30.

[18] SWAMY P A V B, YAGHI W, MEHTA J S, et al. Empirical best linear unbiased prediction in misspecified and improved panel data models with an application to gasoline demand [J]. Computational Statistics & Data Analysis, 2007, 51(7): 3381 - 3392.

[19] AL - GHANDOOR A, JABER J, AL - HINTI I, et al. Statistical assessment and analyses of the determinants of transportation sector gasoline demand in Jordan [J]. Transportation Research Part A: Policy and Practice, 2013, 50(Supplement C): 129 - 138.

[20] AZADEH A, ARAB R, BEHFARD S. An adaptive intelligent algorithm for forecasting long term gasoline demand estimation: The cases of USA, Canada, Japan, Kuwait and Iran [J]. Expert Systems with Applications, 2010, 37(12): 7427 - 7437.

[21] MELIKOGLU M. Demand forecast for road transportation fuels including gasoline, diesel, LPG, bioethanol and biodiesel for Turkey between 2013 and 2023 [J]. Renewable Energy, 2014, 64(Supplement C): 164 - 171.

[22] 任静，周笑洋，丁文娟，等. 从汽车增长看我国未来汽柴油需求增长趋势 [J]. 中国石化，2017，7：39 - 40.

[23] 王红. 中国交通运输能源消费:变化趋势、影响因素与需求预测 [J]. 重庆理工大学学报(社会科学版)，2017，7：28 - 37.

[24] 丛新兴. 从汽车行业变化研判中国汽油消费峰值 [J]. 国际石油经济，2019，27(8)：60 - 70.

[25] BHASKARA RAO B, RAO G. Cointegration and the demand for gasoline [J]. Energy Policy, 2009, 37(10): 3978 - 3983.

[26] SCOTT K R. Demand and price uncertainty: Rational habits in international gasoline demand [J]. Energy, 2015, 79(Supplement C): 9 - 40.

[27] CARLEVARO F, ROMERIO F, SPIERER C, et al. Modeling and forecasting the world demand for oil [J]. IFAC Proceedings Volumes, 1989, 22(17): 343 - 348.

[28] MACKAY R M, PROBERT S D. Crude oil and natural gas supplies and demands up to the year ad 2010 for France [J]. Applied Energy, 1995, 50(3): 185 - 208.

[29] 许荣胜. 基于灰色系统理论的我国石油消费需求预测研究 [J].

国际石油经济，2005，4：36－38.

［30］NEL W P，COOPER C J. A critical review of IEA's oil demand forecast for China［J］. Energy Policy，2008，36(3)：1096－1106.

［31］PEDREGAL D J，DEJU N O，G MEZ N，et al. Modelling demand for crude oil products in Spain［J］. Energy Policy，2009，37(11)：4417－4427.

［32］周扬，吴文祥，胡莹，等．基于组合模型的能源需求预测［J］. 中国人口·资源与环境，2010，4：63－68.

［33］ASSAREH E，BEHRANG M A，ASSARI M R，et al. Application of PSO（particle swarm optimization）and GA（genetic algorithm）techniques on demand estimation of oil in Iran［J］. Energy，2010，35(12)：5223－5229.

［34］BEHRANG M A，ASSAREH E，GHALAMBAZ M，et al. Forecasting future oil demand in Iran using GSA（Gravitational Search Algorithm）［J］. Energy，2011，36(9)：5649－5654.

［35］LYU B，KWON H，LEE J，et al. Forecasting of naphtha demand and supply using time serial data causal analysis［M］//KLEMEŠ J J，VARBANOV P S，LIEW P Y. Computer Aided Chemical Engineering. Elsevier. 2014：829－834.

［36］梁巧梅，魏一鸣，范英，等．中国能源需求和能源强度预测的情景分析模型及其应用［J］. 管理学报，2004，1：4－62.

［37］韩君，梁亚民．趋势外推与 ARMA 组合的能源需求预测模型［J］. 兰州商学院学报，2005，6：92－95.

［38］邢小军，周德群．中国能源需求预测函数：主成份辅助的协整分析［J］. 数理统计与管理，2008，6：945－951.

［39］王珏，鲍勤．基于小波神经网络的中国能源需求预测模型［J］. 系统科学与数学，2009，11：1542－1551.

［40］付娟，金菊良，魏一鸣，等．基于遗传算法的中国清洁能源需求 Logistic 预测模型［J］. 水电能源科学，2010，9：175－178.

［41］高岩，周德群，刘晨琛．基于指数型新弱化缓冲算子的能源需求

预测［J］. 管理学报, 2010, 8: 1211 –1214.

［42］郭金童, 赵光明. 基于IOWA的我国能源需求组合预测模型的应用研究［J］. 未来与发展, 2010, 1: 68 –73.

［43］曾胜. 中国能源消费、经济增长与能源需求预测的研究［J］. 管理评论, 2011, 2: 38 –44.

［44］陈卫东, 朱红杰. 基于粒子群优化算法的中国能源需求预测［J］. 中国人口·资源与环境, 2013,3: 39 –43.

［45］付立东, 张金锁, 冯雪. GA –SA模型预测中国能源需求［J］. 系统工程理论与实践, 2015, 3: 780 –789.

［46］李健, 虞亚平. 基于误差校正的二次非线性能源需求预测［J］. 干旱区资源与环境, 2016, 11: 13 –18.

［47］马丁, 单葆国, 朱发根. 基于CO_2排放达峰目标的中长期能源需求展望［J］. 中国电力, 2017, 3: 180 –185.

［48］魏一鸣, 廖华, 范英. "十一五"期间我国能源需求及节能潜力预测［J］. 中国科学院院刊, 2007, 1: 20 –25.

［49］廖华, 魏一鸣. "十二五"中国能源和碳排放预测与展望［J］. 中国科学院院刊, 2011, 2: 150 –153.

［50］孙涵, 杨普容, 成金华. 基于Matlab支持向量回归机的能源需求预测模型［J］. 系统工程理论与实践, 2011, 10: 2001 –2007.

［51］彭新育, 王桂敏. 基于改进的PSO –GA混合算法的中国能源需求预测［J］. 科技管理研究, 2014, 17: 211 –215.

［52］冯雪, 张金锁, 邹绍辉. 基于多源信息融合的能源需求预测模型研究综述［J］. 统计与决策, 2016, 23: 29 –32.

［53］方德斌, 时珊珊, 杨建鹏. 新常态下中国能源需求预测预警研究［J］. 资源开发与市场, 2017, 1: 8 –13,26.

［54］曾胜, 刘朝明. 基于灰色技术区域能源需求预测模型分析［J］. 生产力研究, 2008, 22: 59,129 –130.

［55］李博, 靳取. 三种能源需求预测方法的比较分析——以四川省为

例［J］．吉林工商学院学报，2009，1：20－25.

［56］于汶加，王安建，王高尚．解析全球能源需求预测结果及相关模型体系［J］．资源与产业，2009，3：12－16.

［57］李泓泽，郭森，王宝．北京市能源消费与生产的灰色关联分析及能源需求预测［J］．能源技术经济，2012，5：12－16.

［58］刘俊杰，李树林，范浩杰，等．情景分析法应用于能源需求与碳排放预测［J］．节能技术，2012，1：70－75.

［59］张跃军，周彬，王丽．基于支持向量机模型的北京市能源需求预测研究［J］．北京理工大学学报（社会科学版），2013，3：8－12.

［60］李剑波，鲜学福．基于灰色神经网络模型的重庆能源需求预测［J］．西南大学学报（自然科学版），2016，6：136－141.

［61］吴士健，宋立群，刘新民．山东省能源消费与经济增长的协整关系及能源需求预测［J］．山东农业大学学报（自然科学版），2016，5：789－795.

［62］陈睿，饶政华，刘继雄，等．基于LEAP模型的长沙市能源需求预测及对策研究［J］．资源科学，2017，3：482－489.

［63］YUAN X－C，SUN X，ZHAO W，et al. Forecasting China's regional energy demand by 2030：A bayesian approach［J］．Resources，Conservation and Recycling，2017，127（Supplement C）：85－95.

［64］肖宏伟，吴艳军．新常态下北京市“十三五”分品种分行业能源需求预测研究［J］．发展研究，2017，6：42－51.

［65］王立杰，孙继湖．基于灰色系统理论的煤炭需求预测模型［J］．煤炭学报，2002，3：333－336.

［66］胡雪棉，赵国浩．基于Matlab的BP神经网络煤炭需求预测模型［J］．中国管理科学，2008，S1：521－525.

［67］DEBNATH K B，MOURSHED M，CHEW S P K. Modelling and forecasting energy demand in rural households of Bangladesh［J］．Energy Procedia，2015，75（Supplement C）：2731－2737.

[68] 高士友，才庆祥，彭晓晴，等．2016～2020年我国煤炭需求量预测 [J]. 煤炭技术，2017，3：331－332.

[69] 唐平雅．电力需求预测方法和能源需求预测模型探讨 [J]. 中国电力，2000，4：32－34，52.

[70] 林伯强．结构变化、效率改进与能源需求预测——以中国电力行业为例 [J]. 经济研究，2003，5：57－65，93.

[71] 何晓萍，刘希颖，林艳苹．中国城市化进程中的电力需求预测 [J]. 经济研究，2009，1：118－130.

[72] 赵会茹，杨璐，李春杰，等．基于协整理论和误差修正模型的电网投资需求预测研究 [J]. 电网技术，2011，9：193－198.

[73] ARIAS M B, BAE S. Electric vehicle charging demand forecasting model based on big data technologies [J]. Applied Energy, 2016, 183(Supplement C): 327－339.

[74] HE Y, JIAO J, CHEN Q, et al. Urban long term electricity demand forecast method based on system dynamics of the new economic normal: The case of Tianjin [J]. Energy, 2017, 133(Supplement C): 9－22.

[75] LAOUAFI A, MORDJAOUI M, HADDAD S, et al. Online electricity demand forecasting based on an effective forecast combination methodology [J]. Electric Power Systems Research, 2017, 148(Supplement C): 35－47.

[76] RAZA M Q, NADARAJAH M, EKANAYAKE C. Demand forecast of PV integrated bioclimatic buildings using ensemble framework [J]. Applied Energy, 2017, 208(Supplement C): 1626－1638.

[77] AMARA F, AGBOSSOU K, DUB Y, et al. Household electricity demand forecasting using adaptive conditional density estimation [J]. Energy and Buildings, 2017, 156(Supplement C): 271－280.

[78] HAPPLE G, FONSECA J A, SCHLUETER A. Effects of air infiltration modeling approaches in urban building energy demand forecasts [J]. Energy Procedia, 2017, 122(Supplement C): 283－288.

[79] SONG Z, NIU D, DAI S, et al. Incorporating the influence of China's industrial capacity elimination policies in electricity demand forecasting [J]. Utilities Policy, 2017, 47(Supplement C): 1 – 11.

[80] VU D H, MUTTAQI K M, AGALGAONKAR A P, et al. Short – term electricity demand forecasting using autoregressive based time varying model incorporating representative data adjustment [J]. Applied Energy, 2017, 205 (Supplement C): 790 – 801.

[81] BURILLO D, CHESTER M V, RUDDELL B, et al. Electricity demand planning forecasts should consider climate non – stationarity to maintain reserve margins during heat waves [J]. Applied Energy, 2017, 206(Supplement C): 267 – 277.

[82] SHAO Z, CHAO F, YANG S – L, et al. A review of the decomposition methodology for extracting and identifying the fluctuation characteristics in electricity demand forecasting [J]. Renewable and Sustainable Energy Reviews, 2017, 75(Supplement C): 123 – 136.

[83] KHAN M A. Modelling and forecasting the demand for natural gas in Pakistan [J]. Renewable and Sustainable Energy Reviews, 2015, 49(Supplement C): 1145 – 1159.

[84] SHAIKH F, JI Q. Forecasting natural gas demand in China: Logistic modelling analysis [J]. International Journal of Electrical Power & Energy Systems, 2016, 77(Supplement C): 25 – 32.

[85] SHAIKH F, JI Q, SHAIKH P H, et al. Forecasting China's natural gas demand based on optimised nonlinear grey models [J]. Energy, 2017, 140 (Part 1): 941 – 951.

[86] KARADEDE Y, ÖZDEMIR G, AYDEMIR E. Breeder hybrid algorithm approach for natural gas demand forecasting model [J]. Energy, 2017.

[87] 贡文伟，黄晶. 基于灰色理论与指数平滑法的需求预测综合模型 [J]. 统计与决策，2017，1：72 – 76.

［88］刘秉镰，杨明．城市物流园区需求预测的系统动力学模型构建［J］．城市交通，2009，5：21－26.

［89］徐中民，程国栋．黑河流域中游水资源需求预测［J］．冰川冻土，2000，2：139－146.

［90］何永贵，韩月娥，杨实俊，等．人力资源需求预测模型的优选［J］．华北电力大学学报，2005，6：80－83.

［91］WANG Q，JIANG F. Integrating linear and nonlinear forecasting techniques based on grey theory and artificial intelligence to forecast shale gas monthly production in Pennsylvania and Texas of the United States［J］. Energy，2019，178：781－803.

［92］蒋耒文，任强．中国人口、家庭户与住房需求预测研究［J］．市场与人口分析，2005，2：20－29.

［93］于松青，林盛．基于偏最小二乘回归的山东省电力需求预测分析［J］．干旱区资源与环境，2015，29（2）：14－20.

［94］武进静，韩兴勇．基于多元线性回归模型对江苏省物流需求的预测分析［J］．上海农业学报，2015，31（4）：62－68.

［95］SATARI YUZBASHKANDI S，MEHRJO A. Towards agricultural demand for the main energy carriers in Iran：Application of linear approximate almost ideal demand system（LA－AIDS）analysis［J］. Journal of the Saudi Society of Agricultural Sciences，2020.

［96］WANG Q，LI S，LI R. Forecasting energy demand in China and India：Using single－linear，hybrid－linear，and non－linear time series forecast techniques［J］. Energy，2018，161：821－831.

［97］胡小建，张美艳，卢林．物流需求预测模型构建［J］．统计与决策，2017，19：185－188.

［98］冯雪，张金锁．能源需求非线性组合预测中包容性检验方法的改进［J］．系统工程，2016，34（10）：142－147.

［99］李剑波，鲜学福．基于灰色神经网络模型的重庆能源需求预测

[J]. 西南大学学报(自然科学版), 2016, 38(6): 136 - 141.

[100] 李瑞, 张悟移. 基于 RBF 神经网络的物流业能源需求预测 [J]. 资源科学, 2016, 38(3): 450 - 460.

[101] MASON K, DUGGAN J, HOWLEY E. Forecasting energy demand, wind generation and carbon dioxide emissions in Ireland using evolutionary neural networks [J]. Energy, 2018, 155: 705 - 720.

[102] LU R, HONG S H. Incentive - based demand response for smart grid with reinforcement learning and deep neural network [J]. Applied Energy, 2019, 236: 937 - 949.

[103] JIANG S, CHIN K - S, WANG L, et al. Modified genetic algorithm - based feature selection combined with pre - trained deep neural network for demand forecasting in outpatient department [J]. Expert Systems with Applications, 2017, 82 (Supplement C): 216 - 230.

[104] 高峻峻, 谭崇利, 刘悦,等. 一类产品需求预测的支持向量机方法 [J]. 上海大学学报(自然科学版), 2009, 1: 71 - 76.

[105] JIANG P, LIU X, HUANG Y, et al. An adaptive data - driven model for erratic demand forecasting [J]. IFAC - PapersOnLine, 2017, 50(1): 9020 - 9025.

[106] BÜNNING F, HEER P, SMITH R S, et al. Improved day ahead heating demand forecasting by online correction methods [J]. Energy and Buildings, 2020, 211: 109821.

[107] KAZEMZADEH M - R, AMJADIAN A, AMRAEE T. A hybrid data mining driven algorithm for long term electric peak load and energy demand forecasting [J]. Energy, 2020, 204: 117948.

[108] 张惠丽, 郭进平. 中国铁矿石需求预测系统动力学模型研究 [J]. 金属矿山, 2006, 2: 22 - 25.

[109] 马永欢, 牛文元. 基于粮食安全的中国粮食需求预测与耕地资源配置研究 [J]. 中国软科学, 2009, 3: 11 - 16.

［110］WILLIAMS S, SHORT M. Electricity demand forecasting for decentralised energy management [J]. Energy and Built Environment, 2020, 1(2): 178-186.

［111］VAN BELLE J, GUNS T, VERBEKE W. Using shared sell-through data to forecast wholesaler demand in multi-echelon supply chains [J]. European Journal of Operational Research, 2020.

［112］LOBO B J, BROWN D E, GRAZAITIS P J. Long-term forecasting of fuel demand at theater entry points [J]. International Journal of Forecasting, 2019, 35(2): 502-520.

［113］李宏勋，聂慧．基于灰色—偏最小二乘组合模型的中国天然气需求预测［J］．资源与产业，2019，21(6)：9-19.

［114］王翀．基于模型组合法的我国能源消费需求趋势预测［J］．统计与决策，2018，34(20)：86-89.

［115］ZHANG Z, JING R, LIN J, et al. Combining agent-based residential demand modeling with design optimization for integrated energy systems planning and operation [J]. Applied Energy, 2020, 263: 114623.

［116］LI C, JIA X, ZHOU Y, et al. A microgrids energy management model based on multi-agent system using adaptive weight and chaotic search particle swarm optimization considering demand response [J]. Journal of Cleaner Production, 2020, 262: 121247.

［117］EDELENBOSCH O Y, VAN VUUREN D P, BLOK K, et al. Mitigating energy demand sector emissions: The integrated modelling perspective [J]. Applied Energy, 2020, 261: 114347.

［118］BAECKE P, DE BAETS S, VANDERHEYDEN K. Investigating the added value of integrating human judgement into statistical demand forecasting systems [J]. International Journal of Production Economics, 2017, 191(Supplement C): 85-96.

［119］ALVARADO-VALENCIA J, BARRERO L H, ÖNKAL D, et al. Expertise, credibility of system forecasts and integration methods in judgmental demand forecasting [J]. International Journal of Forecasting, 2017, 33(1): 298 -313.

[120] 朱彤，王蕾.《国家能源转型:德、美实践与中国选择》——对能源转型的战略性思考 [J]. 国际石油经济, 2016, 24(5): 115.

[121] 朱彤. 德国与美国当前能源转型进程比较分析 [J]. 国际石油经济, 2016, 5: 1 -8.

[122] 林绿，吴亚男，董战峰,等. 德国和美国能源转型政策创新及对我国的启示 [J]. 环境保护, 2017, 19: 64 -70.

[123] 赵宏图. 国际能源转型现状与前景 [J]. 现代国际关系, 2009, 6: 35 -42.

[124] HAUTER D, 王聪聪. 德国能源转型:民主与和谐维度下的多重管治 [J]. 南京工业大学学报(社会科学版), 2015, 2: 19 -25.

[125] 刘明德，江阳阳. 德国能源转型战略及对我国的借鉴 [J]. 中国能源, 2017, 7: 14 +29 -35.

[126] 刘坚，任东明. 欧盟能源转型的路径及对我国的启示 [J]. 中国能源, 2013, 12: 8 -11.

[127] KUZNETS S. Economic growth and income inequality [J]. The American Economic Review, 1955, 45(1): 1 -28.

[128] LE T -H, NGUYEN C P, SU T D, et al. The Kuznets curve for export diversification and income inequality: Evidence from a global sample [J]. Economic Analysis and Policy, 2020, 65: 21 -39.

[129] GRABARCZYK P, WAGNER M, FRONDEL M, et al. A cointegrating polynomial regression analysis of the material Kuznets curve hypothesis [J]. Resources Policy, 2018, 57: 236 -245.

[130] WINDARTI N, HLAING S W, KAKINAKA M. Obesity Kuznets curve: International evidence [J]. Public Health, 2019, 169: 26 -35.

[131] ANTONAKAKIS N, COLLINS A. A suicidal Kuznets curve? [J]. Economics Letters, 2018, 166: 90 -93.

［132］王虹．不同收入水平国家能源库兹涅茨曲线走势分析［J］．统计研究，2011，28(12)：72－76.

［133］赵晓罡，薛继亮．基于库兹涅茨曲线模型的能源消费与经济增长动态关系研究［J］．统计与决策，2011，11：130－131.

［134］王永冲，高广阔，李濛．中美能源库兹涅茨曲线研究——基于正交偏最小二乘法［J］．经济与管理，2013，27(3)：69－74.

［135］DINDA S. Environmental Kuznets curve hypothesis：A survey［J］. Ecological Economics，2004，49(4)：431－55.

［136］STERN D I. The rise and fall of the environmental Kuznets curve［J］. World Development，2004，32(8)：1419－1439.

［137］SHAHBAZ M，SHAFIULLAH M，KHALID U，et al. A nonparametric analysis of energy environmental Kuznets curve in Chinese provinces［J］. Energy Economics，2020，104814.

［138］LIU W. Modeling gasoline demand in the United States：A flexible semiparametric approach［J］. Energy Economics，2014，45：244－253.

［139］ATALLA T N，GASIM A A，HUNT L C. Gasoline demand，pricing policy，and social welfare in Saudi Arabia：A quantitative analysis［J］. Energy Policy，2018，114：123－133.

［140］AKLILU A Z. Gasoline and diesel demand in the EU：Implications for the 2030 emission goal［J］. Renewable and Sustainable Energy Reviews，2020，118：109530.

［141］SCOTT K R. Demand and price uncertainty：Rational habits in international gasoline demand［J］. Energy，2015，79：40－49.

［142］LIN C Y C，PRINCE L. Gasoline price volatility and the elasticity of demand for gasoline［J］. Energy Economics，2013，38：111－117.

［143］PARK S Y，ZHAO G. An estimation of U. S. gasoline demand：A smooth time－varying cointegration approach［J］. Energy Economics，2010，32(1)：110－120.

[144] COYLE D, DEBACKER J, PRISINZANO R. Estimating the supply and demand of gasoline using tax data [J]. Energy Economics, 2012, 34(1): 195 -200.

[145] 王敬敏，康俊杰．基于解释结构模型的能源需求影响因素分析[J]．中国电力，2017，50(9)：31 -36.

[146] PÁZSIT I, DYKIN V, KONNO H, et al. A possible application of catastrophe theory to boiling water reactor instability [J]. Progress in Nuclear Energy, 2020, 118: 103054.

[147] TIAN Y, ZHENG B, SHEN H, et al. A novel index based on the cusp catastrophe theory for predicting harmful algae blooms [J]. Ecological Indicators, 2019, 102: 746 -751.

[148] WANG Y, WEIDMANN U A, WANG H. Using catastrophe theory to describe railway system safety and discuss system risk concept [J]. Safety Science, 2017, 91: 269 -285.

[149] LV S, YANG R, HUANG C. Contusion and recovery of individual cognition based on catastrophe theory: A computational model [J]. Neurocomputing, 2017, 220: 210 -220.

[150] GAO S, SUN H, ZHAO L, et al. Dynamic assessment of island ecological environment sustainability under urbanization based on rough set, synthetic index and catastrophe progression analysis theories [J]. Ocean & Coastal Management, 2019, 178: 104790.

[151] CHEN H, ZHANG Y, LIU H, et al. Cause analysis and safety evaluation of aluminum powder explosion on the basis of catastrophe theory [J]. Journal of Loss Prevention in the Process Industries, 2018, 55: 19 -24.

[152] CHEN Y, ZHANG S, ZHANG Y, et al. Comprehensive assessment and hierarchical management of the sustainable utilization of urban water resources based on catastrophe theory [J]. Journal of the Taiwan Institute of Chemical Engineers, 2016, 60: 430 -437.

[153] AALDERING L J, LEKER J, SONG C H. Competition or collaboration? —Analysis of technological knowledge ecosystem within the field of alternative powertrain systems: A patent - based approach [J]. Journal of Cleaner Production, 2019, 212: 362 - 371.

[154] SAKTI A, AZEVEDO I M L, FUCHS E R H, et al. Consistency and robustness of forecasting for emerging technologies: The case of Li - ion batteries for electric vehicles [J]. Energy Policy, 2017, 106: 415 - 426.

[155] LEE J H, HARDMAN S J, TAL G. Who is buying electric vehicles in California? Characterising early adopter heterogeneity and forecasting market diffusion [J]. Energy Research & Social Science, 2019, 55: 218 - 226.

[156] RIETMANN N, H GLER B, LIEVEN T. Forecasting the trajectory of electric vehicle sales and the consequences for worldwide CO_2 emissions [J]. Journal of Cleaner Production, 2020, 261: 121038.